# Aufmacher
## Titelstorys deutscher Zeitschriften

SCHRIFTEN DES MUSEUMS DER UNIVERSITÄT TÜBINGEN MUT
BAND 5

HERAUSGEGEBEN VON BERND ENGLER UND ERNST SEIDL

**TEXTE**
Julia Biel, Luise Böhm, Sabine Brem, Tanja Brodbeck, Natalie Clauss, Laura Daubner, Hanna Gabriela Diedrichs gen. Thormann, Karina Dipold, Nicolas Dittgen, Frank Duerr, Konrad Dussel, Frederik Efferenn, Bernd Engler, Gaia Englert, Silke Fürst, Marvin Gedigk, Michaela Gförer, Fabian Halm, Christine Handke, Peter Hanisch, Svenja Heißner, Sarah Hergöth, Johanna Katharina Herrmann, Christina Karvela, Laura Koch, Saskia Koch, Greta Lang, Johann Luketscha, Corinna Mevißen, Andreea Minca, Katharina Palmer, Lorena Pistone Nascone, Sophie Reinbold, Astrid Rilling, Franz-Hubert Robling, Patrick Rössler, Natalie Savas, Jochen Schlotterbeck, Trixi-Sophia Schmidtchen, Iris Schüz, Florian Schwarz, Ernst Seidl, Joachim Sieber, Pia Snella, Burcin Sökücü, Thomas Thiemeyer, Anne Ulrich, Laura Walter, Judith Wilking, Christian Wörner, Ricarda Wolf

**GESTALTUNG**
Marvin Gedigk und Frank Duerr

**REDAKTIONELLE MITARBEIT**
Edgar Bierende, Christian Bornefeld, Sabine Brem, Marvin Gedigk, Sarah Hergöth, Andreea Minca, Peter Moos, Christine Nawa, Natalie Savas

FOTOGRAFIEN
Hanna Diedrichs gen. Thormann und andere



ISBN: 978-3-9812736-8-7

FRANK DUERR UND ERNST SEIDL

# A

# AUFMACHER

## TITELSTORYS DEUTSCHER ZEITSCHRIFTEN

Aufmerksamkeit erregen und Interesse
wecken - das sind die beiden wichtigsten
Aufgaben eines Aufmachers. Illustrierte
nutzen diese sensationsreichen Eye-Catcher
um die Neugier der potentiellen Käufer zu
steigern. Spiegel, Stern, twen, Quick, Simpli-
cissimus, Titanic, Burda, Brigitte und Bravo
sind damit Zeichen ihrer Zeit. Die Sonder-
ausstellung "Aufmacher. Titelstorys
deutscher Zeitschriften", zu sehen im
Museum der Universität Tübingen MUT vom
13. Juli bis 28. September 2014, präsentiert
die größten Schlagzeilen des 20. Jahrhun-
derts und blickt hinter die Kulissen bekannt-
er Massenmedien.
A
AUFMACHER
Headline
muss kurz, prägnant und verständlich
sein, um Interesse zu wecken
Bildmotiv
muss als ein erfolgreicher Eye-Catcher die
Aufmerksamkeit erregen
Betreten
er Schloßan
auf eigene Ge
Das Besteigen
Mauer ist verb
Staatl. Liegenschaftsam

# INHALT

## Anfang



## Katalog

# Beiträge



# Anhang

# ANFANG

# Bernd Engler

## Grußwort

Die Eberhard Karls Universität Tübingen bietet ihren Studierenden neben einer großen Anzahl an Seminaren und Vorlesungen auch vielfältige Möglichkeiten zum Erwerb von berufsbildenden und überfachlichen Qualifikationen. Es ist unser Ziel, dass die Studierenden im Sinne eines forschenden Lernens gleichermaßen wissenschaftlich arbeiten wie auch die Fähigkeiten für ihr späteres Berufsbild erwerben.

In einem zweisemestrigen Ausstellungsseminar des Museums der Universität Tübingen MUT konnten die Teilnehmerinnen und Teilnehmer in Kooperation mit dem Career Service der Universität sowohl praktische Erfahrungen sammeln als auch Schlüsselqualifikationen trainieren. Über 40 Studierende aus ganz unterschiedlichen Studienrichtungen erwarben ein Semester lang die theoretischen Grundlagen, die für die Organisation einer Ausstellung nötig sind: Experten gaben wöchentlich Einblicke in die Anforderungen der Ausstellungsorganisation und informierten über museologische Theorien, Projektmanagement, Gestaltung von Räumen und Druckmedien, Museumspädagogik, Presse- und Öffentlichkeitsarbeit sowie über Fragen der Finanzierung. Im zweiten Semester wurden diese Kenntnisse praktisch umgesetzt. Frank Duerr, Wissenschaftlicher Mitarbeiter des MUT, erarbeitete das Curriculum, leitete das Seminar und stand den Studierenden mit Rat und Tat zur Seite.

Das „Aufmacher“-Seminar bildet das erste Teilprojekt der Drittmittelmaßnahme „MAM|MUT. Museale Aufarbeitung von Museumsbeständen am MUT“ unter der Leitung von Professor Dr. Ernst Seidl. Es wird gefördert durch das Ministerium für Wissenschaft, Forschung und Kunst Baden-Württemberg. Im Rahmen dieses Ausstellungsprojektes digitalisierten und inventarisierten die Studierenden mit den Projektmitarbeitern Dr. Edgar Bierende, Sabine Brem und Peter Moos die Zeitschriftensammlung des Ludwig-Uhland-Instituts für Empirische Kulturwissenschaft. Abschluss dieses Seminars ist nun die von den Studierenden organisierte Ausstellung „Aufmacher. Titelstorys deutscher Zeitschriften“. Und das Ergebnis dieses Projekts aus der Studium-Professionale-Reihe kann sich mehr als sehen lassen, wie ich meine: Entstanden ist eine inhaltlich anregende wie gestalterisch anspruchsvolle Ausstellung. Die vorliegende Katalogpublikation belegt die erbrachte Leistung und zeigt, wie wertvoll die Förderung der berufsbildenden und überfachlichen Qualifikationen der Studierenden ist.

Die Universität Tübingen freut sich über den großen Erfolg dieses innovativen Seminarkonzepts, dankt allen Beteiligten und hofft, zukünftig weitere gelungene Seminarprojekte der Öffentlichkeit präsentieren zu können.

Professor Dr. Bernd Engler
Rektor der Eberhard Karls Universität Tübingen

# Ernst Seidl

## Unterhaltsame Forschungsinfrastruktur

Keine der zahlreichen wissenschaftlichen Sammlungen an der Universität Tübingen hängt so eng mit der täglichen Lebenswirklichkeit der Menschen zusammen wie das Archiv der Alltagskulturen des Ludwig-Uhland-Instituts. Es umfasst dabei sehr unterschiedliche Einzelsammlungen aus der Empirischen Kulturwissenschaft. Dazu zählen Konvolute zu Kleidung, Masken, Schmuck oder politischen Abzeichen. Andere Bestände beherbergen Fotosammlungen, Tondokumente oder Archive zur Fachgeschichte, um nur einige zu nennen.
Unter diesen Sammlungskonvoluten ist sicherlich das Zeitschriftenarchiv jenes, das am engsten mit dem Alltag jedes Einzelnen von uns verbunden ist. Die Illustrierten, die vor allem aus der zweiten Hälfte des 20. Jahrhunderts stammen, gehören gleichzeitig als massenmediale Organe ohne Zweifel zu den am wenigsten wertvollen Einzelobjekten in allen Sammlungsbeständen der Universität. Und jeder von uns kennt wohl einen Zeitgenossen, der ein Abonnement von mindestens einem Magazin hält oder sogar mehrere Zeitschriftenreihen sammelt, wenn er es nicht selbst tut. Diese Hochglanzhefte sind Massenware und sie sind offensichtlich nichts Besonderes. Dennoch: Dass genau diese Sammlung der Illustrierten zum Arbeitsfeld des ersten MAM|MUT Teilprojekts gemacht wurde, hat nicht nur konservatorische Gründe – so war die Sammlung wahrlich in keinem guten Zustand und auch nicht inventarisiert. Vielmehr führten gerade die konservatorische Aufarbeitung einer wenig geschätzten Sammlung sowie ihre öffentliche Präsentation in einer Ausstellung mehrere entscheidende Aspekte vor Augen, auf die es uns dabei ankam:
Zum einen konnte anhand dieses Beispiels das vom Ministerium für Wissenschaft, Forschung und Kunst Baden-Württemberg großzügig geförderte Drittmittelprojekt „MAM|MUT – Museologische Aufarbeitung der Museumsbestände am MUT" erprobt und seine zentralen Aufgabenfelder erschlossen werden. Gemeint sind damit der Aufbau der Datenmasken des Programms TMS, die Inventarisierung mit Hilfe von Studierenden und auch die Ausstellungsarbeit durch Studierende. Zum anderen konnte die Sammlung aufgearbeitet und die Hefte zugänglich und wieder auffindbar gemacht werden. Dieser Effekt erscheint uns mit Blick auf die besondere Funktion der Sammlungen für Forschung und Lehre sowie ihren ganz spezifischen Kontext an einer Universität noch wesentlich relevanter zu sein.
Das bedeutet im Einzelnen, die Studierenden können über dieses Praxisseminar hinaus, dessen Publikation mit diesem Band hier vorliegt, auch in Zukunft in weiteren Seminaren die kulturwissenschaftliche Analyse von ‚Aufmachern' betreiben. Dieser Effekt ist schon jetzt in weiteren Folgeseminaren zu beobachten, nicht nur in der Empirischen Kulturwissenschaft, sondern auch am Seminar für Allgemeine Rhetorik und am Kunsthistorischen Institut. Die Sammlung wird also zu einer besser nutzbaren und daher wieder nützlichen Lehrsammlung. An ihr können also Studierende analytische Fähigkeiten trainieren.
Nicht minder wichtig erscheint uns jedoch ein zweiter Effekt: Die etwas vergessene und vernachlässigte Sammlung aus dem Schlossturm steht nunmehr erst tatsächlich für die kultur-, bild- und medienwissenschaftliche Forschung zur Verfügung. Die Inventarisierung erlaubt

es, den Gesamtbestand der Reihentitel zu recherchieren und die Sammlung als Materialbasis von Forschung wieder neu zu entdecken. Und schließlich erhält die Sammlung durch die im Rahmen des ersten Teilprojektes erarbeitete Ausstellung insgesamt Beachtung. Das Interesse an den Objekten – in- und außerhalb des Ludwig-Uhland-Institutes – wird neu geweckt, und die Sammlung kann als Quelle der Forschung auch von außen wiederentdeckt werden. Die Zeitschriften bilden somit nicht nur immer unterhaltsame, oft genug auch kuriose, meist aber erhellende Lektüre; sie stellen nun jedoch noch weit mehr dar, nämlich eine veritable Forschungsinfrastruktur. Damit folgt das Museum der Universität Tübingen MUT kongenial den „Empfehlungen zu wissenschaftlichen Sammlungen als Forschungsinfrastrukturen" des deutschen Wissenschaftsrates aus dem Jahr 2011. Dieses Ziel der Bereitstellung von Forschungsinfrastruktur ist dabei nicht das Geringste des „MAM|MUT"-Projektes. In diesem Drittmittelprojekt werden konkret zwei langfristige Perspektiven fokussiert: Erstens die Digitalisierung und Erschließung von universitären Sammlungen mit Hilfe einer zentralen Museumsdatenbank und zweitens die Konzeption von praxisorientierten Lehrprojekten in museumskundlicher Ausrichtung. Hierdurch kann in gleicher Weise der Verpflichtung dem wissenschaftlichen Erbe gegenüber wie auch den Erfordernissen von Forschung, Lehre und Bildung entsprochen werden. Vor allem unbekannte oder bedrohte Sammlungen der Universität Tübingen werden auf diese Weise in einjährigen Praxisseminaren gerettet, der Forschung erschlossen und der Öffentlichkeit zugänglich gemacht. Nach der hier dokumentierten Inventarisierung und Präsentation der Zeitschriftensammlung im ersten Jahr des MAM|MUT-Projektes wird im Jahr 2014/15 der Fundus Tübinger Wissenschaftsgeschichte erfasst und ausgestellt werden. Im dritten Jahr der Projektlaufzeit soll schließlich die medizinhistorische Moulagensammlung der Universitätshautklinik bearbeitet und einer breiten Öffentlichkeit zugänglich gemacht werden. Diese drei, bisher vielleicht etwas im Schatten der Wahrnehmung stehenden Sammlungen wurden aus mehreren Gründen ausgewählt. Einerseits sollten sie natürlich gerettet und zugänglich gemacht werden; andererseits sind es bewusst Konvolute aus möglichst unterschiedlichen Wissenschaftsbereichen, genauer der Kultur-, Technik- und Medizingeschichte. Damit sollte die Tragfähigkeit des Konzepts getestet und auch die Anwendung der speziell für die fachliche Breite ausgewählte Datenbank erprobt werden. Und die bisherigen Ergebnisse geben ein überaus erMUTigendes Zeichen für die Zukunft der Tübinger Universitätssammlungen.

Und so bleibt mir nur noch, glücklich über das großartige Ergebnis dieser Studierenden-Ausstellung als erstem Teils des MAM|MUT-Projekts, von Herzen allen Beteiligten Dank zu sagen. Das sind alle Leihgeber der Ausstellung und Autoren des Katalogs sowie alle Studierende und Mitarbeiter der Universität, aber nicht zuletzt das großartige MUT-Team. Ganz besonders aber Frank Duerr, von dem ich wirklich sehr hoffe, dass er seine als Versprechen getarnte Drohung auf Seite 19 nicht wahrmachen möge!

# Frank Duerr

Aufmacher.
Bedeutende Zeitschriftencover der letzten 100 Jahre

Abb. 1: Die „Aufmacher"-Studierendengruppe mit Kurator Frank Duerr

„Wie stark sind die Deutschen?" fragt sich der *Stern*, „Schönheit nach Maß" verkündet *Das Magazin* und sogar ganze „neun Seiten mit Mädchen zum Aufreißen" verspricht der *Playboy*. Gepaart werden diese Headlines mit visuellen Reizauslösern, denn Aufmerksamkeit erregen und Interesse wecken sind die beiden wichtigsten Aufgaben eines sogenannten Aufmachers. Zeitschriften nutzen diese sensationsreichen Eye-Catcher um den potentiellen Käufer vom Kauf zu überzeugen. *Spiegel*, *Stern*, *twen*, *Quick*, *Simplicissimus*, *Titanic*, *Burda*, *Brigitte* und *Bravo* vermitteln gleichzeitig mit den Aufmachern bestimmte Zeichen ihrer Zeit. Die Sonderausstellung, vom 13. Juli bis 28. September 2014 im Museum der Universität Tübingen MUT auf Schloss Hohentübingen zu sehen, präsentiert bedeutende Schlagzeilen des 20. Jahrhunderts und enthüllt dabei den Zeitgeist mehrerer Epochen. Gleich zu Beginn der Ausstellung wird der Besucher für die Konventionen von Zeitschriften sensibilisiert: Zeitschriftentitel, Schlagzeile, Bildmotiv werden durch übereinandergelagerte, weiße Konturlinien hervorgehoben und per Beamerprojektion einzelner Cover überdeckt. Im Anschluss daran passiert man die gesellschaftlichen, historischen, ästhetischen und ideologischen Kernthemen des 20. Jahrhunderts in Deutschland: Der „Aufbruch in eine moderne Welt" um 1910, die „Gleichgeschaltete Ästhetik" des Nationalsozialismus, die „Wunder" der Nachkriegszeit, der „Rausch der Liebe" der 1960er/70er Jahre, die Umweltbewegung der 1980er Jahre und die polarisierende Wiedervereinigung sowie das mit Skepsis erwartete „Millennium" sind bedeutende Epochen Deutschlands, die über die Titel der Zeitschriften in den Blick genommen werden.

Dabei wird über die bereitgestellten Audioguides verdeutlicht, mit welchen bildrhetorischen Strategien und Konventionen die Titelblätter erfolgreich waren. Zusätzlich zu den Zeitgeist-Abteilungen widmet sich ein Themenschwerpunkt den Rollenbildern und dem Rollentausch der Geschlechter. Interviews mit Chefredakteuren, einem Verleger, einem Sammler, einem Forscher und dem Kurator der Ausstellung sowie das Memory per MultiTouch und die Leseecke laden zu einer vertiefenden Beschäftigung mit den Aufmachern des 20. Jahrhunderts ein.

Als größte Exponatquelle der Schau diente die Zeitschriftensammlung des Ludwig-Uhland-Instituts für Empirische Kulturwissenschaft, die innerhalb eines zweisemestrigen Projekts vom MUT erstmals systematisch inventarisiert wurde. Dr. Edgar Bierende und Peter Moos, Mitarbeiter des Drittmittelprojekts MAM|MUT, arbeiteten mit der studentischen Mitarbeiterin Sabine Brem an der Erschließung der Sammlung und bekamen durch das Service-Learning-Seminar tatkräftige Unterstützung von 50 Studierenden. Zwar war mit den 19 000 Einzelheften ein reizvoller Fundus an Zeitschriften vorhanden, doch wurden die daraus ausgewählten Objekte um einige Leihgaben und Ankäufe ergänzt, um die Abteilungen der Ausstellung noch griffiger zu gestalten. Aufbauend auf den Erfahrungen der Vorgängerprojekte – etwa *Mind|Things – Kopf|Sache*, 2012 – stand zunächst die Ausarbeitung eines differenzierten Curriculums und die Einbindung des Seminars in interdisziplinäre, praxisorientierte Lehrstrukturen des Studium Professionale im Career Service der Universität an. Das Seminar wurde für über 50 Studierende geöffnet und es entstanden acht Arbeitsgruppen zu den Themen Event, Ausstellungsbau/Gestaltung, Finanzen, Kultur-PR, Medien, Konzept, Redaktion und Corporate Design. Im Kurs wurden die Teamleiter und ein studentischer Projektleiter gewählt, die auch Aufgaben des Delegierens und Kontrollierens übernehmen sollten. Fachlichen Input erhielten die Studierenden durch 14 Vorträge externer Experten aus Wissenschaft, Wirtschaft und Veranstaltungsmanagement. Durch die regelmäßige Vorstellung von Arbeitszwischenberichten und durch die meilensteingeleitete Selbstorganisation der Arbeitsgruppen und durch zwei Exkursionen mit museologischen Schwerpunkten zur Schulung in professioneller Ausstellungsarbeit sowie durch die Einbindung von nahezu einem Dutzend Kooperationspartnern wuchs das Projekt bis zur Eröffnung extrem in die Breite. Alle denkbaren Prozesse eines Ausstellungsprojekts wurden durchgespielt, umgesetzt oder zeitig verworfen. Einen ausführlichen Bericht zu den Geschehnissen des Projektverlaufs finden sich im Beitrag Duerr/Efferenn am Ende dieses Katalogs. Diese Publikation dokumentiert aber nicht nur Abbildungen und Texte der Exponate, sondern auch einiger weiterer Objekte, die zu den Themengebieten passen. Alle Objekt- und Abteilungstexte wurden von den Studierenden verfasst.

Ergänzt werden diese Zeitschriftentitelanalysen durch Beiträge von Wissenschaftlern unterschiedlicher Couleurs. Diese interdisziliniäre Konstellation verdeutlicht unter anderem auch das breite Interesse an den Massenmedien und speziell den Publikumszeitschriften. Nach der Ausarbeitung eines Zeitschriftenanalysemodells aus rhetorischer Perspektive („Aufmacher. Die Rhetorik der Titelseite" von Frank Duerr) beschreibt Konrad Dussel, Professor für Neuere und Neueste Geschichte der Universität Mannheim, in seinem Artikel „Strategien eines Marktführers. Die Titelseiten der *Berliner Illustrirten Zeitung* 1891 bis 1945" wie sich die Titelgestaltung jener Zeitschrift veränderte und wann und wodurch ihre größte Auflage erzielt werden konnte. Dussel verdeutlicht, wie einerseits die Aufmacher einen wesentlichen Anteil am Erfolg dieses Blatts hatten, andererseits wie sehr der Inhalt dem Cover qualitativ folgen musste, um die Leserschaft langfristig zu binden.

Im zweiten Beitrag beschäftigt sich Peter Hanisch, Doktorand der mittelalterlichen und modernen Sprachen an der Universität Oxford, in seinem Aufsatz „Die Sportzeitschrift ohne Sport" mit der schrittweisen Entwicklung der *Sport im Bild* zum *Silberspiegel*.

Joachim Sieber, Wissenschaftlicher Mitarbeiter am Lehrstuhl Geschichte der bildenden Kunst der Universität Zürich, stellt in seinem Aufsatz „Vorreiter gestalterischer Neuerung im Zeitschriftenmarkt der Schweiz: Titelblätter der kulturpolitischen Monatszeitschrift *information* (1932–1934)" Aufmacher Schweizer Zeitschriften vor. Dabei geht er sowohl auf technische, als auch inhaltliche Aspekte ein und zieht Vergleiche zu ihren Pendants in Deutschland.
Patrick Rössler, Professor für Kommunikationswissenschaft der Universität Erfurt, diskutiert in seinem Aufsatz „Dem Zeitgeist auf der Spur" die kulturelle Neugestaltung als Leitmotiv von Titelseiten der 1920er Jahre und erklärt unter anderem am Beispiel des Magazins *das neue frankfurt,* wie die Zeitschrift als Vermittlungsinstanz zwischen Avantgarde und Bevölkerungsmehrheit fungiert.
Anne Ulrich, Akademische Rätin am Seminar für Allgemeine Rhetorik der Universität Tübingen, thematisiert in ihrem Katalogbeitrag „Die kleine Traumfabrik – Titelstorys deutscher Fernsehzeitschriften" die bis dato spärlich behandelten Zeitschriftentitel von Fernsehzeitschriften. Dabei analysiert und exemplifiziert sie die Covergestaltung einiger Programmhefte, wodurch die Bandbreite rhetorischer Strategie jener Hefte deutlich wird.
Franz-Hubert Robling, Dozent am Seminar für Allgemeine Rhetorik der Universität Tübingen, erläutert in seinem Katalogbeitrag „Die Rhetorik von Titelbild und Titelstory des Spiegels" die publizistische Wirkungsabsicht und die rhetorische Wirkungstechnik als Kernelemente eines erfolgreichen Aufmachers.
Silke Fürst, wissenschaftliche Mitarbeiterin am Department für Medien- und Kommunikationswissenschaft der Université du Fribourg, erläutert in ihrem Aufsatz „Die Empfänger als Aufmacher – *Spiegel*-Bilder des Medienpublikums", mit welchen Mitteln das Nachrichtenmagazin *Der Spiegel* die Leserschaft selbst zum Aufmacher werden lässt, um durch beispielsweise Generalisierungsstrategien einen Verkaufsschlager zu erzielen.
Sabine Brem und Thomas Thiemeyer geben in ihrem Beitrag „Spurensuche" einen Einblick in die Entstehung der Zeitschriftensammlung am Ludwig-Uhland-Institut für Empirische Kulturwissenschaft. Frau Brem ist studentische Mitarbeiterin des Drittmittelprojekts MAM|MUT und Lehrbeauftragte der Empirischen Kulturwissenschaft an der Universität Tübingen. Herr Thiemeyer ist Juniorprofessor am Ludwig-Uhland-Institut für Empirische Kulturwissenschaft und Koordinator des Projekts *wissen&museum*.
Abschließend beschreiben Frank Duerr und Frederik Efferenn den Projektverlauf von „Aufmacher". Die Dokumentation verdeutlicht wie die fünfzigköpfige Studierendengruppe in strukturierter Form und höchstmotivierter Arbeitsleistung diese Publikation, die Ausstellung und diverse Begleiterscheinungen sowie zahlreiche Kooperationen realisieren konnte.
Zum Schluss dieser Einführung möchte ich mich vielmals bei allen Studierenden, bei dem gesamten MUT-Team, bei allen Sponsoren, bei Helfern, bei den Förderern und den Gönnern recht herzlich für die breite Unterstützung bedanken. Bei solchen Projekten muss immer der Ausnahmezustand ausgerufen werden – das ist klar. Dieses Mal konnten wir uns sogar auf die Erfahrung der letzten Jahre stützen und waren zudem sehr gut anfinanziert worden, wofür wir uns besonders beim Ministerium für Wissenschaft, Forschung und Kunst Baden-Württemberg bedanken. Auch die vorhandene Infrastruktur durch das Museum *Alte Kulturen* im Schloss Hohentübingen stellte die perfekte Grundlage für die Umsetzung der Ausstellung dar. Doch gerade diese fantastischen Voraussetzungen führten dazu, dass mehr Teilprojekte in Angriff genommen und diese mit noch mehr Qualität zu realisieren versucht wurden als zunächst geplant. Damit förderten und forderten wir alle Beteiligten und überstrapazierten teilweise die verfügbaren Kontingente. Ich hoffe jedoch, dass mit den Ergebnissen vieles wieder entschuldigt ist, was einigen Teilnehmerinnen und Teilnehmern sowie Kolleginnen und Kollegen zugemutet wurde. Ich verspreche, ein solches Projekt nicht zu schnell zu wiederholen. Und nun bleibt mir noch, Ihnen viel Freude beim Blättern und Lesen zu wünschen.

# KATALOG

ein erfolgreicher Eye-Catcher
samkeit erregen

# AUFBRUCH IN EINE MODERNE WELT

#Kultur #Wandel #Reise #Globus

„On or around December 1910, human character changed" so die britische Schriftstellerin Virginia Woolf. Die Zeit nach der Jahrhundertwende ist geprägt durch die kollektiven Folgen der Industriellen Revolution und durch die individuelle Suche nach einer kulturellen Identität. Es entsteht ein spannungsgeladenes Nebeneinander von konservativen Strömungen und einer breit angelegten Neuorientierung: Die hochentwickelte, elektrifizierte und hochbeschleunigte Industrie- und Massengesellschaft sorgt für den endgültigen Aufbruch in eine moderne Welt. Die neue Mobilität, die Antarktisforschung, die Luftfahrt und die Atomphysik sind die Höhepunkte dieses Zeitgeists. Populäre Zeitschriftenreihen berichten von einem geistigen Aufschwung und propagieren die Ideale des neuen Lebensstils. Beispielsweise das Leben einer selbstbewussten Frau, der Ausflug ins gesunde und naturbezogene Leben oder die Reise um die ganze Welt. Das Zeitschriftencover entwickelt sich zum primären Kaufkriterium der Zeitschrift: Bunte Collagen zieren die Cover dieser Zeit. Erotisierende Frauendarstellungen, abstrakte Bildmittel und futuristische Bildmotive sorgen dafür, dass sich eine ‚Kreativitätsexplosion' in der Zeitschriftengestaltung vollzieht. Diese Entwicklung folgt der bildenden Kunst, die mit vertrauten ästhetischen Regeln des Sichtbaren bricht. Das Spiel mit dem Unbekannten vollzieht sich jedoch nicht nur in der Kunst, sondern auch in der Wissenschaft, beispielsweise durch Erkenntnisse, die den Raum und die Zeit betreffen. *// Gaia Englert*

## **SIMPLICISSIMUS** 1906/15

Deutsches Literaturarchiv Marbach

Um die Jahrhundertwende verband man Reisen mit Fortschritt. Noch bevor es der breiten Bevölkerung möglich war große Touren zu machen, tat es ein anderer: Kaiser Wilhelm II. Der Volksmund verlieh ihm aufgrund seiner Reiselust den Spitznamen „Reisekaiser“. Da die Medien über seine Fahrten ausführlich berichteten, stieg seine Popularität beträchtlich. Der Aufmacher von Eduard Thöny setzt seine Ziele durch die Aufkleber des Reisekoffers ins Bild. Ächzend schaut der erschöpfte Reichsadler aus dem Handkoffer. Die passende Bildüberschrift „Der Reichsmusterkoffer“ könnte auf die expansive Außenpolitik des Kaisers und dessen Bestreben neue Bündnispartner zu gewinnen anspielen. // *Sophie Reinbold*

**MODERNE KUNST** 1908/09
Sammlung Widolf Wedlich, Tübingen

Versonnen blickt eine junge Frau aus strahlend blauen Augen. Das dunkle Haar der jungen Dichterin ziert ein Kranz, und in der Hand hält sie ihre Schreibfeder. Entspannt lehnt ihr Oberkörper auf der Weltkugel als wäre es ein Spielball. Kopf und Kinn ruhen auf den Händen. Ausgezeichnet ist sie durch einen Strahlenkranz, der ihr Haupt in der Tradition von Heiligen umfängt. In dieser Weise sinnt sie – im bildhaften wie im wörtlichen Sinne – über die Kunst und die Welt nach. Diese Titelseite folgt dem üblichen Gestaltungsschema der Zeitschrift *Moderne Kunst*, in dem das Bild eines Künstlers die ganze Seite schmückt, so wie in diesem Fall die Jugendstilgraphik von Faustin Besson.
*|| Greta Lang*

Nr. 3. – Jahrgang 1910 Sonntag, 10. Januar

Chemnitzer
Illustrierte Zeitung

Wochenchronik der Allgemeinen Zeitung

Ein neuer Frauenberuf: „Die Aviatrice"
Mademoiselle Aboukala auf ihrem Santos Dumont-Flieger in Paris

Cop. M. Braoger

## CHEMNITZER ILLUSTRIERTE ZEITUNG 1910/03

Privatsammlung

Mit ernstem Gesichtsausdruck sitzt Mademoiselle Aboukala in ihrem Eindecker, einem Santos-Dumont-Flieger. Das Foto stammt von M. Braoger und ist mit der Bildunterschrift versehen: „Ein neuer Frauenberuf: Die Aviatrice". Zu jener Zeit begannen einige wenige Frauen als Pilotinnen zu arbeiten. So trat die französische Fliegerin Aboukala gegen Bezahlung etwa bei Autorennen oder Flugshows auf und gab Flugunterricht. Solche Frauen wurden in der Öffentlichkeit entweder mit einem Kopfschütteln bedacht oder gefeiert und verehrt. Auf Seiten der damaligen Frauenrechtsbewegung, die für die Gleichstellung der Geschlechter und für eine Neubewertung der tradierten Geschlechterrollen kämpfte, waren diese Pilotinnen wichtige Vorbilder. // *Judith Wilking*

**KLADDERADATSCH** 1916/01

Ludwig-Uhland-Institut für Empirische Kulturwissenschaft

Ein nacktes Kind sitzt auf der Erdkugel. Es trägt auf seinem Haupt einen Rosenkranz und in seinen Händen hält es Palmzweig und Schwert. Attribute und Kind gehen auf die christliche Ikonographie des Barocks zurück: das Christuskind auf einer Weltenkugel. Doch christlichen Frieden sucht man in der Welt im Jahr 1916, in der Zeit des Ersten Weltkrieges, vergebens. Der Künstler Willibald Krain gibt seinem Kindlein eine neue, politische Aussage. Statt den Frieden in die Welt zu bringen, bohrt das Kind sein Schwert ins Vereinigte Königreich. Dieses färbt sich rot wie Blut, und weitere Blutstropfen fließen. Wer mochte in diesen schrecklichen Zeiten noch an die alten Werte glauben, an die christliche Botschaft von Frieden und Liebe, wo doch die Welt im Chaos des Ersten Weltkriegs versank? || *Johann Luketscha*

**JUGEND** 1919/01
Sammlung Widolf Wedlich, Tübingen

Die das Titelblatt dominierende Welle der Januar-Ausgabe der *Jugend: Münchner illustrierte Wochenzeitschrift für Kunst und Leben* spielt auf den berühmten Farbholzschnitt „Die Flutwelle von Kanagawa" des japanischen Künstlers Katsushika Hokusai aus dem Jahr 1830 an. In humorvoller Weise wird mit dem Bild des Däumlings in der Nussschale samt Segel mit dem Schriftzug „Hoffnung" auch auf die Tradition der neuzeitlichen Emblematik zurückgegriffen. Der Ritt auf dem Wellenkamm und die Sanduhr am Mast können als Zeichen für die stürmischen, wechselhaften Zeiten gedeutet werden. Zugleich schwingt hier die Stimmung des Aufbruchs einer zukunftsorientierten Gesellschaft mit. Jedoch verdeutlicht die zu brechen drohende Welle, dass Hoffnung auch in jähem Kollaps enden kann. // *Ricarda Wolf*

Die Rakete

Zeitschrift für Raumschiffahrt

In 1½ Stunden um die Erde

Breslau Januar-Juni 1927

Ergänzungsheft

**DIE RAKETE** 1927/01
Universitätsbibliothek Stuttgart

„In 1 1/2 Stunden um die Erde" – Die Begeisterung über den technischen Fortschritt in der Raumfahrt führte in der Weimarer Republik zu einer wahren Raketeneuphorie. 1927 führte diese zur Gründung des „Vereins für Raumschiffahrt e.V.", der die Zeitschrift *Die Rakete* herausgab. Das Coverbild im Zusammenspiel mit der fantastischen Schlagzeile erinnert an Bücher von Jules Verne, die von Raketenflügen zum Mond und von schnellen Reisen rund um den Globus berichten – besonders an den berühmten Roman „In 80 Tagen um die Welt" (1873). Geschwindigkeit wurde zum Ausdruck eines sich immer schneller vollziehenden Fortschritts. // *Johann Luketscha*

**DAS LEBEN** 1928/01
Privatsammlung

Reiselust – hierfür gibt es gute Gründe: Der Erste Weltkrieg und die deutsche Inflation (1914–1923) waren vorüber. Die wirtschaftliche Lage hatte sich gegen Ende der 1920er Jahre scheinbar verbessert. Vom Titelbild winkt uns fröhlich eine junge Frau zu. Sie sitzt auf ihrem großen Reisekoffer, der von einem Gepäckträger bewegt wird. Die Lokomotive im Hintergrund und das übergroße rote Bahnsignal mit dem Zeitschriftentitel *Das Leben* kennzeichnen den Ort der Handlung. Bahnhöfe sind Ausgangs- und Endpunkt eines sich immer stärker entwickelnden Tourismus in der Weimarer Zeit. Urlaubsreisen wurde zum modernen Massenkonsumgut. Frauen zeigten sich nicht nur zunehmend selbstbestimmt, sondern auch so selbstbewusst, dass sie offensichtlich gern auch alleine verreisten. // *Sophie Reinbold*

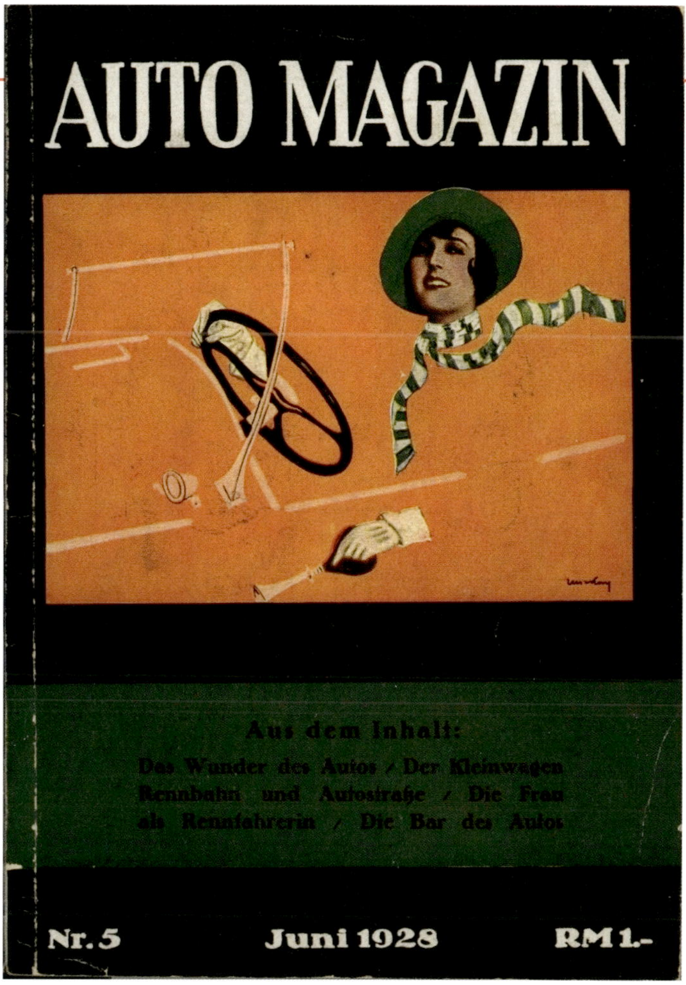


**AUTO MAGAZIN** 1928/05

Archiv der Filmpublizistik Patrick Rössler, Erfurt

Eine Frau fährt lächelnd Auto. Mit einer Hand hält sie das Steuer, während sie die andere auf die Hupe legt. Hut und Schal sind farblich deutlich hervorgehoben. Dagegen ist ihr Körper quasi unsichtbar, da er im Orange des Bildgrundes aufgeht. Auch die Karosserie des Autos wird vom selben Farbton geschluckt und ist nur über einige Konturlinien nachzuvollziehen. Auf diese Weise bleibt der Blick des Betrachters auf einige wenige Elemente des Bildes konzentriert. So tritt die Bildaussage deutlich hervor: selbstbewusst, sicher und souverän fährt die moderne Frau Auto – sie ist emanzipiert. Mit diesen Qualitäten warb die Automobilbranche in den 1920er Jahren nicht nur für einen technischen, sondern auch für einen gesellschaftlichen Fortschritt.

*|| Judith Wilking*

**REVUE DES MONATS** 1928/10
Archiv der Filmpublizistik Patrick Rössler, Erfurt

Lachend sitzt sie auf dem Erdball, als gehöre ihr die ganze Welt. Ein anmutiges Kleid, ein großer Hut, schicke Schuhe und ein kleines Reiseköfferchen – so ausstaffiert lockt die Dame die Leser, sich mit ihr auf eine Weltreise zu begeben. Dieses Cover stammt aus dem Jahr 1928. Die Inflation ist überstanden und die „roaring twenties" halten alle und alles in Atem. Besonders der Film und seine Stars feierten in Europa und Amerika Triumphe. Glamour und Luxus in allen Spielarten und Varianten sind die beherrschenden Themen in den Texten und Fotos dieser Zeitschrift. Gleiches gilt auch für die graphische Gestaltung der Titel-Cover, mit denen der Verlag den eigenen gehobenen ästhetischen Ansprüchen und denen der Leserschaft versuchte zu entsprechen.
*|| Greta Lang*

**DAS MAGAZIN** 1928/48
Privatsammlung

Aufbruch und Sehnsucht nach dem Unbekannten – die dargestellte Frau sitzt auf einer Weltkugel, die zu ihrem Spielball zu werden scheint. Von Bewegungsfreiheit und Neugierde zeugen die vielen Aufkleber auf ihrem Koffer und das Fernrohr, auf das sie sich stützt. Frauen eroberten zunehmend die ehemals von Männern dominierte Welt: Selbstbewusst greift die Abgebildete nach männlichen Accessoires, wie dem Zylinder, und streift neben ihren langen Zöpfen auch die zugeknöpfte Kleidung ab. „Schönheit nach Maß" ist Ende der 1920er Jahre ein wichtiges Thema des industriellen Fortschritts: Das Massenmedium Film prägte das Modeselbstverständnis der Frau. Die Einführung von einheitlichen Konfektionsgrößen in der Textilindustrie führte zu erschwinglichen Preisen. // *Gaia Englert*

# GLEICH-
# GESCHALTETE
# ÄSTHETIK

#Nationalsozialismus #Volksaufklärung #Deutschsein #Pressefreiheit

Nach der Zeit des individuellen Aufbruchs folgte eine Zeit der gewaltsamen Vereinheitlichung. Pressefreiheit wurde abgeschafft, Ideale wurden diktiert, das gesamte politische und gesellschaftliche Leben wurde in eine Form gepresst. Ab 1933 wurden die Grundlagen einer Demokratie durch Gleichschaltung eliminiert. Das einheitliche Bild des Deutschen war Teil der Propaganda unter Hitler beziehungsweise Goebbels. Um den Prozess der sogenannten ‚Volksaufklärung' schnell voranzutreiben, wurde die mediale Macht der Zeitschriften genutzt: In allen Sparten des täglichen Lebens wurde die Pressefreiheit aufgehoben. Es waren fast nur noch nationalsozialistische Ideale auf den Titelblättern zu sehen. Kunstzeitschriften warben mit typisch deutscher Kunst in Abgrenzung zu exotisch fremden Objekten und verarbeiteten fast ausschließlich nationalsozialistische Ästhetiken. So erzwang sich die vorgegebene, starre Wertewelt der Faschisten einen Platz im kulturellen Gedächtnis. Auch Frauenzeitschriften vermittelten das arische Menschenbild der Kindererziehung, Mode, Hobbys und Freizeitgestaltung über den Aufmacher. Der Idealtypus des deutschen Mannes wurde auf Sport- und Propagandazeitschriften zum Aufmerksamkeitsfänger. // *Svenja Heissner*

## **BEYER´S MODENBLATT** 1935/16

Ludwig-Uhland-Institut für Empirische Kulturwissenschaft

Das Cover der Modezeitschrift zeigt eine Frau, die durch ihr extravagantes Winterkostüm mit Pelzkragen und ihre Haltung modisch und selbstbewusst wirken soll. Dies erscheint im Kontext der Ideologie des NS-Regimes ungewöhnlich, da sie der deutschen Frau lediglich die Rolle der Mutter zugedacht hatte. Doch das Modeblatt „Frau – Volk – Welt" zielte auf all diejenigen, die den Nationalsozialismus als Aufbruch in ein mondänes Dasein verstanden. „Der jetzt so moderne militärische Einschlag wird durch den apart verschnürten Kordelverschluß erreicht", so heißt es auf Seite 2. Zwar widmet sich der Großteil des Heftes der Frauenmode, dieser wird jedoch ergänzt durch Familienthemen und die Werbung für volksdeutsche Filme. // *Laura Daubner*

## BERLINER ILLUSTRIRTE ZEITUNG 1936/Sonderheft

Ludwig-Uhland-Institut für Empirische Kulturwissenschaft

Der im Vordergrund des Titelmotivs abgebildete Athlet verkörpert die im Nationalsozialismus propagierten arischen Ideale: Der Sportler ist athletisch und muskulös gebaut, seine hellblonden Haare sind zu einem lockeren Seitenscheitel gekämmt, die blauen Augen fixieren den Rezipienten und vermitteln Tatkraft und Stärke. Vor dem ebenfalls himmelblauen Hintergrund ist die Abbildung einer antiken Statue illustriert, die das ästhetische Ideal des NS-Regimes zeigt. Das Glanz- und Glamourblatt *Berliner Illustrirte Zeitung* und die Olympischen Sommerspiele 1936 in Berlin wurden für Adolf Hitlers Propaganda missbraucht. Der Verleger Kurt Zentner wurde nach diesem Heft, das 800 000 Mal verkauft wurde, in die USA gesandt, um sich dort neue Aufmacher-Strategien anzueignen. 1941 entstand unter seiner Leitung der *Stern*. || *Iris Schüz*

**DER SILBERSPIEGEL** 1937/02

Ludwig-Uhland-Institut für Empirische Kulturwissenschaft

Die Skiausrüstung lässig über der Schulter, den Blick freudig nach hinten gerichtet – das Cover zeigt eine junge, gut gekleidete Frau, die anscheinend unterwegs zur nächsten Skipiste ist. Durch die Untersicht entstehen Dynamik und Sportlichkeit, die den Betrachter in den Bann ziehen. Die Farbgestaltung ist harmonisch, das Rot des Titels wiederholt sich in Kleidung und Lippenfarbe, was zwar anziehend, jedoch nicht aufdringlich wirkt. Der Hintergrund ist mit einem Silberton kostspielig und als Markenzeichen des *Silberspiegels* ausgeführt. Das Modeblatt, das 1934 aus der Zeitschrift *Sport im Bild* hervorging, thematisiert Kultur, Mode und Sport. Eine Kombination, die den Zeitgeist und die Vorliebe der Elite im Dritten Reich vor Ausbruch des Zweiten Weltkriegs beschreibt. // *Laura Walter*

**DEUTSCHE ILLUSTRIERTE** 1937/21

Ludwig-Uhland-Institut für Empirische Kulturwissenschaft

Eine Frau mit breitem Lachen steht am Strand und erfreut sich „Am ersten schönen Badetag", wie die Bildunterschrift titelt. Sie blickt über ihre Schulter zurück auf den Betrachter, als wollte sie sagen: Komm mit! In diesem Bild schwingt das damals allseits bekannte Motto beziehungsweise der Name der nationalsozialistischen Organisation KDF mit: Kraft durch Freude. Sie war der größte Reiseveranstalter des Dritten Reiches. Im Verständnis der NS-Ideologie war Freizeit kein Selbstzweck, sondern hatte im Dienste des Staates und des Volkes zu stehen. Ziel war die Stärkung des Heimatgefühls, des Nationalstolzes und des Gemeinschaftsgefühls. In letzter Konsequenz war alles auf die Steigerung der Kriegstüchtigkeit gerichtet, wozu man ein gesundes und motiviertes Volk benötigte. // *Trixi Sophia Schmidtchen*

## VOLK UND RASSE 1939/09

Ludwig-Uhland-Institut für Empirische Kulturwissenschaft

Zehn Männer mit nacktem Oberkörper und kurzen Sporthosen werfen gleichzeitig je einen Ball in die Luft. Die symmetrische Aufstellung der Männer, die gleiche Körperbewegung und die synchrone Aktion muten zunächst harmlos an, stehen jedoch für den im Dritten Reich propagierten ‚gesunden Volkskörper'. Mit den Mitteln des militärischen Drills und Gehorsams sollten die Deutschen diszipliniert und in letzter Konsequenz für den Krieg gefügig gemacht werden. Der Zweite Weltkrieg begann mit dem Überfall auf Polen am 1. September 1939 just mit dem Erscheinen dieses Heftes. Die Zeitschrift *Volk und Rasse* diente der NSDAP als wirksames Propagandamittel. Als Herausgeber dieser Zeitschrift firmierten so bekannte NS-Größen wie Heinrich Himmler und Richard Walther Darré. // *Laura Daubner*

**FRAUENWARTE** 1940/06

Ludwig-Uhland-Institut für Empirische Kulturwissenschaft

„Vom Kriegsdienst unserer Arbeitsmaiden" – der Aufmacher und die illustrierende Fotografie bedienen viele der nationalsozialistischen Propaganda-Ideale in reportageartiger Manier. Die tatkräftige, zielstrebige und unerschrockene Arbeitsmaid marschiert in Reih' und Glied durch eine vom Krieg zerstörte Straße. Selbst ausgebrannte Ruinen können diese deutschen Frauen weder aufhalten noch schrecken. Auf diese Weise verkörpern sie die von der NS-Propaganda ausgegebenen Tugenden, wie Disziplin, Ordnung und Tatkraft. So werden die Arbeitsmaiden des Covers zum Vorbild aller deutschen Frauen, die geschlossen und furchtlos in Richtung ‚Endsieg' marschieren sollen. // *Gaia Englert*

## DIE KUNST IM DEUTSCHEN REICH 1941/2A

Ludwig-Uhland-Institut für Empirische Kulturwissenschaft

Athena, die Göttin der Künste und Wissenschaften, ist im Profil mit pseudo-antikem Helm gezeigt, darunter der deutsche Reichsadler mit Hakenkreuz und rechts davon eine Fackel. Aus diesen wenigen Elementen ist das Titelblatt gestaltet. So erhält die Darstellung besondere Signifikanz, womit ein hoher Wiedererkennungswert einhergeht. Die goldbraune Farbgebung der Bildelemente soll die Assoziation zu Bronze herstellen und somit die Wertigkeit des Gezeigten unterstreichen. Das Emblem wurde nicht nur für diese Zeitschrift, sondern schon seit 1937 für die NS-Kunstausstellungen in München, die „Große Deutsche Kunstausstellung", verwendet. Der Zentralverlag der NSDAP bediente sich also eines in der Öffentlichkeit bekannten Zeichens, um für seine Zeitschrift zu werben. // *Gaia Englert*

## **KÖLNISCHE ILLUSTRIERTE ZEITUNG** 1941/09

Ludwig-Uhland-Institut für Empirische Kulturwissenschaft

Was hier nach einem idyllischen Spaziergang im Schnee von Vater und Kind aussieht, ist in Wirklichkeit politische Propaganda der Nationalsozialisten: „Im Rucksack des deutschen Soldaten macht das kleine Lappenmädchen eine lustige Spazierfahrt auf Skiern" lautet der Titel zum Foto. Die scheinbar fröhliche Szenerie verrät nichts über die wahre Situation in Norwegen im Februar 1941. Die Besetzung Norwegens am 9. April 1940 durch die deutsche Wehrmacht hatte zur Folge, dass es zur Rationierung von Lebensmitteln kam. Viele Norweger litten an Mangelkrankheiten. Die Lappen oder Samen zählten nach der NS-Rassenideologie zu den „Minderwertigen", wie Juden und Afrikaner. Das lächelnde Lappenmädchen des Covers hätte im NS-Staat keine Zukunft gehabt. // *Trixi Sophia Schmidtchen*

Freiburg i. Br., 3. Mai 1942 — 20. Jahrgang • Nr. 18

# Die Woche im Bild

**Illustrierte Familienzeitschrift mit Abonnenten-Versicherung**

## 1. Mai – National-Feiertag des deutschen Volkes

Hi. „Der Winter ist vergangen, ich seh des Maien Schein . . .", so beginnt ein altes, schönes Volkslied. Ja, es ist der Monat Mai, der am trefflichsten das Erwachen der Natur symbolisiert. Fluchtartig hat sich der General Winter in die eisigen Berge des Nordens zurückgezogen. Die Maiensonne fliegt nun golden und warm über die Fluren, Wälder und Hügel hin und lockt mit ihrem Schein das erste Grün aus der Erde. Immer wieder, in jedem Jahr, durchbraust ein neues und wunderbares Erleben den Menschen, wenn der Zauberer Mai sein Zepter schwingt. Und mit tiefstem Jubel erfüllt wohl die Ankunft des Maien die Herzen unserer Soldaten, die das Gewaltigste aller Zeiten in Rußland erlebt haben.

Schier Menschenunmögliches leisteten sie in der grausamen Kälte des Ostens. Sie aber standen wie eine Mauer und der stärkste Ansturm des Generals Winter erschütterte sie nicht. Er mochte seine eisigen Schneestürme schicken, so oft er wollte, der deutsche Soldat harrte aus.

Und nun schreitet der Frühling wieder durchs Land. An seiner Spitze der Zauberer Mai, der alles Starre wieder löst, der mit frohen und bunten Farben die blühende Natur bekleidet, der die müde, zag und alt gewordenen Herzen der Menschen wieder erfrischt und verjüngt.

„Der Mai ist gekommen . . ." Es ist ein eigenes Gefühl, an einem Maitag durch das blühende Land zu wandern. Es ist, als ob sich tief im Innern eine Wandlung vollzieht, alles Schmerzende, alles Kummervolle hat nicht mehr Platz, man spürt in sich das Blut pochen und drängen. Wünsche werden wach und wollen bald erfüllt sein. Man fühlt sich stark genug, fast einer ganzen Welt kämpfend entgegenzutreten.

Nicht umsonst bestimmte man zum Tag der Arbeit den 1. Mai. Dieser Tag, das Symbol der Freude, des erwachenden Lebens, der Ausblick auf neue zu schaffenden Werke, die Rückschau auf die geleistete Arbeit, die nun erst recht ihre Würdigung erhält, ist für uns Deutsche ein Feiertag im wirklichen Sinne des Wortes geworden.

Wenn wir schon in Friedenszeiten auf wahre Wunderleistungen der Arbeit zurückschauen konnten, so ist heute im 3. Kriegsjahre der 1. Maitag ein Tag geworden, der der Menschheit das Mächtigste und Gewaltigste zeigt, was nur ein zu einer Gemeinschaft geschmiedetes Volk und der Wille eines zum Führer geborenen und berufenen Menschen schaffen konnten.

Es wäre Grund genug vorhanden, diesen Tag mit lautem Jubel, mit Singen und Tanzen zu feiern, wenn nicht eine Wolke der Trauer über unserem Volke läge. Die Opfer, die unsere Soldaten brachten, mahnen, den 1. Maitag in einer Haltung zu feiern, die eines deutschen Menschen würdig ist. Eine Feier, die von einer inneren, stillen Freude verklärt ist, ist echt und führt auch die Herzen der Feiernden zur Selbstbesinnung und Dankbarkeit, die wir dem Herrgott schulden, der uns so sichtbarlich zum Siege führte.

Unsere großen Toten des Krieges stehen mitten unter uns, wenn wir die Feier des Tages der Arbeit beginnen. Sie wollen nicht unsere Tränen und Klagen, sondern sie verlangen den stillen Ernst, der diesem Tage angemessen ist. Sie helfen uns selber mit, wieder an der Arbeit Freude zu finden, sie zeigen uns, daß es die Arbeit der Heimat war, die das Schwert des Sieges mitschmieden half, sie geben uns frohen Mut zur Arbeit wieder, indem sie auf eigenes Opfer hinweisen, das nicht vergeblich gebracht werden darf. Stolz feiert das deutsche Volk diesen Festtag.

Ein Jahr harter, entbehrungsvoller Arbeit liegt wieder hinter uns. Kein Werk ruhte. Faust und Stirn leisteten Wunder. In jedem deutschen Menschen brauste der freudige Rhythmus des Schaffens, der Tat, die in sich die Neuordnung einer schöneren Welt birgt.

Dieses Bewußtsein läßt heute unsere Herzen höher schlagen. Der 1. Mai, der „Tag der Arbeit", ist uns ein vom Herrgott geschenkter Tag, an dem uns offenbar wird, daß uns nur durch die Arbeit die Erfüllung des Daseins, der Ehre und des Sieges wurde.

Heute, am Tage der Arbeit, dürfen wir darum das freudige Bewußtsein, für unsere Väter, Brüder und Söhne draußen an den Fronten durch unsere Arbeit eine Mauer errichtet zu haben, die härter als Stahl und Eisen ist, offen und stolz zur Schau tragen.

Bodenseefischer — ARBEIT ADELT — Foto: Anne Winterer, Konstanz („Das Rheinbuch" v. Otto Brües)

## DIE WOCHE IM BILD 1942/18

Ludwig-Uhland-Institut für Empirische Kulturwissenschaft

„Arbeit adelt", so lautete seit 1935 das Motto des Reichsarbeitsdienstes im Dritten Reich. Diese alliterative Bildunterschrift wird durch einen Bodenseefischer visualisiert. Der junge Mann ist in Unteransicht gezeigt. Er strahlt Stärke und Tatendrang aus. Doch nicht nur die Ansicht und die Bildunterschrift wirken heroisierend: Die Helligkeit des Himmels um die Kopfpartie des jungen Mannes wirkt wie eine Aureole und verstärkt die intendierte Botschaft. Die Schlagzeile benennt das tagesaktuelle Ereignis: Der 1. Mai als „Tag der nationalen Arbeit". Er wurde am 10. April 1933 durch die NSDAP zum gesetzlichen Feiertag erhoben. // *Laura Walter*

## DAS KLEINE MAGAZIN 1938/13

Ludwig-Uhland-Institut für Empirische Kulturwissenschaft

Eine Frau steht auf Zehenspitzen zum Absprung ins Wasser bereit. Jeder Muskel ist angespannt. Gesicht und Arme sind nach oben gereckt. Im Vordergrund sitzt durch dunklere Farbe abgesetzt die Figur eines Mannes. Auch sein Körper ist angespannt, sein Blick nach oben gerichtet. Das Aquarell dieses gedruckten Covers stammt vom Künstler Theo Thomas. Es trägt den Titel: „Schönheit im Schwimmstadion – lebend und in Bronze". Auf diese Weise wird das Thema Schönheit im Magazin eingeleitet, das in vielen verschiedenen Artikeln verhandelt wird. Im Kontext der Zeit wird so das Cover-Motiv aus dem Jahr 1938 verständlich als Wunschbild einer allmächtigen NS-Propaganda, deren Stereotypen von Schönheit alle Bereiche des Lebens und der Kunst dominierten. // *Iris Schüz*

# WUNDER!

#Nachkriegszeit #Wirtschaftswunder #Fräuleinwunder #Bern #Lengede

Nach den Schrecken des Zweiten Weltkriegs stand in Deutschland der Wiederaufbau des zerstörten Landes unter Wohnungsnot, Hunger und großer Armut im Vordergrund. In dieser schweren Zeit waren positive Ereignisse willkommen und wurden auch über Zeitschriften verbreitet. Mit der Deutschen Mark hatte die Bundesrepublik eine harte Währung als eine der Voraussetzungen für das Wirtschaftswunder, das sich in Ludwig Erhard personifizierte und durch die Gastarbeiter Realität werden konnte. Von Politik wollten aber viele Deutsche nicht mehr viel wissen, stattdessen kümmerte man sich zuerst um das Eigene. Überall wurden Häuser und Wohnungen gebaut, man träumte vom eigenen Auto, sei es auch noch so klein, dem Kühlschrank oder sogar von einer Italienreise. Auch die Vereinigten Staaten von Amerika beeinflussten die junge Bundesrepublik. Die attraktiven, selbstbewussten und modernen deutschen Frauen lösten aber auch umgekehrt in Hollywood das ‚Fräuleinwunder' aus. Der Sieg der Deutschen bei der Fußball-Weltmeisterschaft 1954 wurde im Nachhinein als ‚Wunder von Bern' bezeichnet. Als ein weiteres Wunder ging die Rettung von elf Bergleuten beim Grubenunglück in Lengede im Jahr 1963 in die Geschichte ein.
*|| Christian Wörner*

Sonderheft: Der größte Tag des deutschen Fußballs!

Seite 21

Unser beliebtes Preisausschreiben:

Wer sind Deutschlands populärste Fussballer ?

Heute die 2. Preisfrage

Nr. 27

Kicker

FUSSBALL-JLLUSTRIERTE

MÜNCHEN, 5. 7. 1954

HERAUSGEBER DR. FRIEDEBERT BECKER

Deutschland umarmt seine Weltmeister

Stellvertretend für die ganze deutsche Nationalelf, die gestern mit der Weltmeisterschaft den größten Triumph der deutschen Fußballgeschichte feierte, blicken uns die freudeverklärten Gesichter von Fritz Walter und Jupp Posipal (rechts) an. Der Dank der deutschen Fußballgemeinde aber gilt allen 22 Spielern, die zum Weltmeisterschaftsaufgebot gehörten und durch ihren Geist, ihr Können und ihre Kameradschaft diesen stolzen Erfolg möglich machten. Foto: Hanns Hubmann

Faksimile-Nachdruck anlässlich der kicker-Edition „Das Wunder von Bern"

**KICKER** 1954/27

Abteilung für Handschriften und Alte Drucke Bayerische Staatsbibliothek München

Bis heute gilt der Gewinn der Fußball-Weltmeisterschaft 1954 als eines der bedeutendsten Ereignisse der deutschen Nachkriegszeit. Als ‚Wunder von Bern' ging es in die Geschichtsbücher ein. Dem *Kicker* war dieser Sieg ein Sonderheft wert. Auf dem Cover strahlen die beiden frisch gebackenen Weltmeister Fritz Walter und Jupp Posipal um die Wette. Die enorme Bedeutung für das nach dem Krieg am Boden liegende Deutschland und die allgemeine Euphorie über den Gewinn der Weltmeisterschaft spiegeln sich in der Überschrift: „Deutschland umarmt seine Weltmeister". Das darin anklingende ‚Wir-Gefühl' trug zum neuen deutschen Selbstwertgefühl bei. Mit erhobenen Köpfen blickte ganz Deutschland mit seinen neuen jungen Helden wieder nach vorn. || *Florian Schwarz*

**BURDA** 1955/Modesonderheft
Ludwig-Uhland-Institut für Empirische Kulturwissenschaft

Vorbei die Zeit der Schürze! Die Frau von 1955 trägt ein weißes Kostüm mit gestreifter Bluse und den dazu passenden Hut und Handschuhe als üppige Accessoires sowie große Perlenohrclips und eine opulente Brosche. Der Aufmacher geizt mit Text und reizt mit Mode, die die Weiblichkeit und die Eleganz betont. Die Mode der 1950er Jahren brachte sehr häufig die ‚Grande Dame' als Titelmotiv. In der Zeit des ‚new look', von Marylin Monroe und Brigitte Bardot wurde das Magazin von Aenne Burda ein großer Erfolg, nicht zuletzt aufgrund der beiliegenden Schnittmuster-Bögen. // *Sarah Hergöth*

## GLÜCKLICH WOHNEN 1958/05

Ludwig-Uhland-Institut für Empirische Kulturwissenschaft

Abgeschlossenheit und Geborgenheit, diese beiden Gefühle vermittelt das Cover des traditionellen Einfamilienhauses mit Satteldach, Fensterläden und eingezäuntem Garten. In diese private, bürgerlich konservative Idylle dringt – kenntlich durch die Antenne auf dem Dach – nur das neue Medium Fernsehen ein, womit die weite Welt ins heimische Wohnzimmer gelangte. Das Cover der Bausparkassen-Kundenzeitschrift kommt ohne Schlagzeile aus. Das Bild vom ‚Häuschen im Grünen' soll beim Betrachter eigene Assoziationen erzeugen – der große Traum vom Eigenheim. Ein Haus mit Garten am Rande der Stadt blieb für die meisten Deutschen ein unerfüllter Wunsch, der auch mit Hilfe der Bausparkassen nur wenigen vergönnt war zu realisieren.

*|| Christian Wörner*

**ILLUSTRIERTE FILM-BÜHNE** 1958/4121
Ludwig-Uhland-Institut für Empirische Kulturwissenschaft

Liselotte Pulver feierte ihren Durchbruch als Schauspielerin 1958 mit dem Musik-Film „Das Wirtshaus im Spessart". Ihr Erfolg und der des Films werden auf dem Cover durch die Wahl des Bildmotivs – den Wanddurchbruch – angezeigt. Beide Hauptdarsteller des Films tragen Männer-Kleidung, stehen oder sitzen dicht nebeneinander, lachen und halten Becher in den Händen. Hierdurch sind sie als fröhliche Zecher gezeigt. Frohsinn und Heiterkeit waren die Garanten dafür, dass Filme im Nachkriegsdeutschland zum Kassenschlager werden konnten. Eine Mehrheit sehnte sich nach einer glücklichen Gegenwart. Die kritische Aufarbeitung der eigenen nationalsozialistischen Vergangenheit und deren Verbrechen wurden kollektiv verdrängt. // *Svenja Heißner*

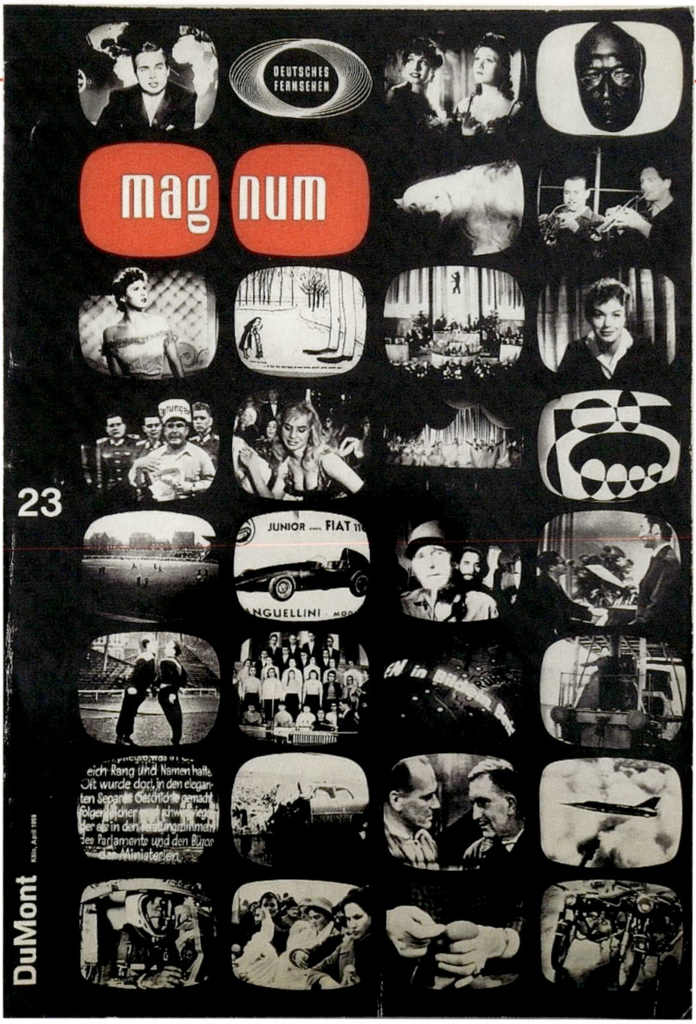


**MAGNUM** 1959/04
Sammlung Widolf Wedlich, Tübingen

32 einfarbige Fernsehbildschirme bilden den Aufmacher der Kulturzeitschrift *magnum* aus dem Jahr 1959. Die Masse der Fernsehbilder zeigt Szenen mit Nachrichtensprechern, Filmstars, Sportlern, aber auch viele Wunder dieser Zeit, wie etwa die kubanische Machtübernahme der Revolutionäre unter Fidel Castro. Das Titelbild bietet dem Käufer auf nur einer Seite einen Überblick des Zeitgeschehens, das massenmedial inszeniert wird. Die bedeutendste deutsche Kulturzeitschrift der 1950er und 1960er Jahre war bekannt für die große Aussagekraft ihrer Bilder, die mit Schriften und Reportagen von Politologen, Künstlern und Schriftstellern ergänzt wurden.
*|| Natalie Savas*

## NEUE BERLINER ILLUSTRIERTE 1959/13

Ludwig-Uhland-Institut für Empirische Kulturwissenschaft

Das rot-weiße Cabrio vor gelbem Grund springt jedem Betrachter des Covers sofort ins Auge. Man blickt aus der Vogelperspektive auf einen Wagen der Marke Wartburg, produziert im VEB Automobilwerk Eisenach. Eine lächelnde Frau winkt dem Betrachter zu und weist zugleich mit ihrer Geste auf die Schlagzeile „NBI verschenkt 60000 DM im großen Osterpreisausschreiben". Parallel zur Entwicklung im Westen war auch in Ostdeutschland das Auto zum Statussymbol geworden. Es stand für persönlichen Erfolg und Wohlstand. Aufgrund der Planwirtschaft in der DDR kam es jedoch zu langen Wartezeiten beim Neuwagen-Kauf. So blieb der Traum vom eigenen Auto für viele ein unerfüllter, falls nicht das Los-Glück, wie hier beim Preisausschreiben der NBI, einem lächelnd zur Seite sprang. // *Marvin Gedigk*

**DER SPIEGEL** 1959/25

Ludwig-Uhland-Institut für Empirische Kulturwissenschaft

Ludwig Erhards Markenzeichen waren dicke Zigarren. Er strebte Wohlstand für alle an. Als Bundesminister für Wirtschaft versuchte er dieses Ziel durch eine freie und soziale Marktwirtschaft zu erreichen. Erhard, für viele ‚Vater des deutschen Wirtschaftswunders', war einer der beliebtesten Politiker. Hierauf weist auch die Schlagzeile hin: „We like Ludwig". Diese Ausgabe zeigt das typische Cover-Schema des *Spiegels*: Porträtfoto mit Schlagzeile. Erhards Foto ist als Schulterstück und in Unteransicht gezeigt. Durch diesen engen Ausschnitt ist der Betrachter ihm ganz nah, zugleich muss er zu ihm aufblicken. Diese Darstellungsweise entspricht seinem damaligen Image. Erhard galt als volksnah. Er war einer, zu dem man gerne aufblickte.

*|| Andreea-Loredana Minca*

**SIMPLICISSIMUS** 1961/01
Sammlung Widolf Wedlich, Tübingen

Ludwig Erhard war der erste Bundesminister für Wirtschaft. Mit seinem Namen ist das deutsche Wirtschaftswunder verbunden. Große Popularität erlangte die soziale Marktwirtschaft über sein Buch *Wohlstand für Alle* (1957). Auf dem Cover ist Erhard als sechsarmiger, goldener Buddha gezeigt. Auf allen Händen trägt diese Gottheit seine Deutschen. Zwei leichtbekleidete Damen reichen ihm Sekt und Zigarre, während die anderen ihm zuprosten. Alle sind in Feierlaune und blicken optimistisch ins neue Jahr. Die Schlagzeile „Maßhalten – aber mit Maß!", ruft mit einem Augenzwinkern einerseits zur Mäßigung auf, aber nimmt diese zugleich wieder zurück, denn Produktion und Konsum sollten ausgewogen sein – eben Wohlstand für Alle!
*|| Andreea-Loredana Minca*

**REVUE** 1962/19

Ludwig-Uhland-Institut für Empirische Kulturwissenschaft

„Ab heute: Raffinessen aus fremden Küchen", so titelt die Zeitschrift. Direkt darunter sind in Frontalansicht der lustige und populäre Film- und Theaterschauspieler Willy Millowitsch samt Sohn Peter zu sehen. Beide Namen sind unten rechts zu lesen. Die Ärmel hat der Komödiant für diese schwere Arbeit bereits hochgekrempelt. Mit beiden Händen hebt er mittels Besteck eine große Portion Spaghetti aus dem Kochtopf. Das schrille Rot seines Hemdes sowie das Gelb seiner Schürze machen deutlich, dass es hier bunt und lustig zugeht. Diese italienischen „Raffinessen", die nackten Nudeln entlocken dem Mund des Sohnes ein großes „Oh!". Mit diesem lustigen Cover wird der Leser gelockt, denn was bei Millowitschs auf den Tisch kommt, darf bei uns nicht fehlen! *|| Sarah Hergöth*

**AKTUELL** 1962/30
Ludwig-Uhland-Institut für Empirische Kulturwissenschaft

Ein Bauarbeiter schiebt seine Schubkarre über Bohlen aufwärts. Die zugehörige Schlagzeile „Buon giorno collega!“ macht deutlich, dass hier ein italienischer Gastarbeiter gezeigt sein soll. Foto samt Schlagzeile vermittelt ein positives Bild der in Deutschland lebenden Arbeitsmigranten. Die Unteransicht des Arbeiters heroisiert ihn, und das Bildmotiv der nach oben geschobenen Schubkarre lässt an den wirtschaftlichen Aufstieg im Nachkriegsdeutschland jener Zeit denken. Doch offensichtlich wusste man über die neuen Arbeitskollegen wenig, weshalb als Zusatz zur Schlagzeile die Frage formuliert wurde: „Wie leben und arbeiten die Ausländer in der Bundesrepublik?“ || *Marvin Gedigk*

**BRIGITTE** 1963/21

Ludwig-Uhland-Institut für Empirische Kulturwissenschaft

Deutschland wacht auf. Zu Beginn der 1960er Jahre wandelte sich die Gesellschaft. Diese Veränderungen waren in vielen Bereichen des Alltags bemerkbar. Gerade in der Mode wurden die neuen Trends deutlich. Die Frauen dieser Generation legten das betont feminine Erscheinungsbild der 1950er Jahre ab. Der aus Frankreich stammende „new look" war out. Der große rote Hut auf dem Cover ist dem eines Cowboys nachempfunden und auch der hochgeschlagene Kragen spielt auf männliche Selbstdarstellungen an, wie sie etwa Humphrey Bogart pflegte. Die modisch gekleidete Frau zeigt somit neue Trends, ohne dass eine eigene Schlagzeile darauf verweist. Das Cover lockt stattdessen mit Inspirationen zur neuen Gestaltung der eigenen vier Wände: „Neuer grosser Sonderteil: SO WIRD IHRE WOHNUNG HÜBSCHER!" || *Svenja Heißner*

**BUNTE** 1963/47

Ludwig-Uhland-Institut für Empirische Kulturwissenschaft

Zwei Rettungssanitäter stützen einen soeben geretteten Bergmann. Die Schlagzeile der *Bunte* aus dem Jahr 1963 kündigt das Ende eines Dramas an, das am 24. Oktober begonnen hatte und fortan als das „Wunder von Lengede" in die deutsche Mediengeschichte eingehen sollte. Betroffen waren 129 Männer der Mittagsschicht, als der zur Grube gehörende Klärteich einbrach. 79 dieser Männer konnten sich in den ersten Stunden retten, 29 kamen ums Leben, die restlichen saßen 14 Tage ohne Nahrung und ohne Hoffnung auf Rettung fest. Solche extremen Ereignisse wurden zu jener Zeit gern mit dem Begriff des ‚Wunders' in Verbindung gebracht und eigneten sich natürlich auch, perfekte Aufmacher zu werden. // *Sarah Hergöth*

**DIE KLUGE HAUSFRAU** 1967/38

Ludwig-Uhland-Institut für Empirische Kulturwissenschaft

Auf zusätzliche Headlines kann diese Kundenzeitschrift getrost verzichten, denn wo kauft „Die kluge Hausfrau" ihre Lebensmittel wohl am besten ein – natürlich bei EDEKA! Obwohl hier eine Frau bei der täglichen Arbeit des Kochens gezeigt ist, hat sie ihr Äußeres keineswegs vernachlässigt. Haarband, schicke Bluse und lackierte Fingernägel unterstreichen ihr gepflegtes Erscheinungsbild. In dieser Weise entspricht sie dem Klischee der guten Haus- und Ehefrau, die ihren Mann nicht nur bekocht und kulinarisch verwöhnt, sondern auch über ihr hübsches Erscheinungsbild zu erfreuen weiß. Solche Stereotypen von Mann und Frau galten noch lange als unumstößlich. Erst die 68er-Bewegung wagte es, an den scheinbar fest gefügten Geschlechterrollen zu rütteln. // *Christian Wörner*

**HOBBY** 1969/14
Ludwig-Uhland-Institut für Empirische Kulturwissenschaft

Die Mission der Apollo 11 war und ist eines der größten Ereignisse für die Menschheit des 20. Jahrhunderts. Neil Armstrong betrat am 21. Juli 1969 um 3.56 Uhr MEZ als erster Mensch den Mond. Die Zeitschrift wirbt mit diesem Großereignis: Darin wird „der genaue Fahrplan" der ersten Mondlandung für Sonntag, den 20. Juli, angekündigt. Der Aufmacher zeigt im Vorgriff auf die tatsächliche Mondlandung eine Illustration. Zu sehen ist der Moment, in welchem die Mondfähre der Apollo 11 im Begriff ist, die Mondoberfläche zu erreichen – die Erde ist bereits in weite Ferne gerückt.
*|| Sarah Hergöth*

**STERN** 1969/33
Ludwig-Uhland-Institut für Empirische Kulturwissenschaft

Auf der Titelseite frontal zum Betrachter abgebildet steht ein Astronaut. Die zugehörige Überschrift stellt klar, dass es sich bei dem Foto um die Mondlandung handeln muss. „In Farbe und gestochen scharf: 16 Seiten Mond". Im Gegensatz zur Zeitschrift *Hobby* vom Juli 1969 hat die Landung also bereits stattgefunden und es können ‚echte' Aufnahmen des neu eroberten Planeten als Aufmacher verwendet werden. Wie es die Anmerkung unten rechts betont, fotografierte Armstrong seinen Kollegen Aldrin. Die Headline der Ausgabe verspricht: „Die Fotos des Jahrhunderts", wovon das Titelbild nur einen Vorgeschmack auf das im Heftinneren Folgende bieten soll.
*|| Sarah Hergöth*

# IM RAUSCH DER LIEBE

#Liebe #Drogen #Musik #68er

Freie Liebe und der Rausch des Drogenkonsums waren zentrale Phänomene der 1960er und 1970er Jahre. Die jüngere Generation lehnte sich gegen das Establishment auf, protestierte gegen den Vietnamkrieg und gegen konservative Autoritäten. Miniröcke und Schlaghosen kamen ebenso in Mode wie die neu nach Deutschland gekommenen Musikrichtungen der Hippies und der Flower-Power-Bewegung. Jimi Hendrix, Joe Cocker und Janis Joplin, die 1969 beim legendären Woodstock-Festival auftraten, setzten Trends und prägten nicht nur den musikalischen Geschmack, sondern auch den gesamten Lebenswandel der Jugend. Zeitschriften, wie die in der Mitte der 1950er Jahre entstandene *Bravo*, befeuerten diesen Star-Hype mit großen Bildmotiven auf dem Cover und dem berühmten Star-Schnitt im Innenteil. Die Cover wurden bunter, poppiger und griffen beim Layout oder als Titelstory die Themen Liebe und Drogen auf. Die sexuelle Revolution legte den Grundstein für die Toleranz gegenüber offenen Beziehungen, freier Partnerwahl, Verhütung und rechtmäßiger Abtreibung. Der herrschende Zeitgeist propagierte eine von Zwängen und bürgerlichen Tabus befreite Lebensvorstellung für die Gesellschaft und das Individuum.
*|| Florian Schwarz*

**QUICK** 1971/02

Ludwig-Uhland-Institut für Empirische Kulturwissenschaft

Ihr offenes Haar, ihre Nacktheit sowie das blumige Stirnband stehen repräsentativ für den „Summer of Love“, beeinflusst durch die in den 1960er Jahren aufkommende Hippiebewegung. Besonders die Musik- und Modeszene wird in dieser Zeit von der amerikanischen Jugendkultur dominiert. Neben Drogenkonsum und freier Liebe hebt man sich durch bunte Kleidung oder durch eine bis dahin ungehörige Freizügigkeit von der spießbürgerlichen Generation der Eltern ab. Die Schlagzeilen „Hat die Sexwelle unsere Kinder verdorben?“ und „So klauten wir die halbe Million“ werben um den Käufer mit Sex & Crime. // *Saskia Koch*

**TWEN** 1962/11
Sammlung Widolf Wedlich, Tübingen

„Mein Bauch gehört mir!" scheint die junge Frau durch ihren selbstbewussten, der Kamera zugewandten, Blick auszudrücken – und das in allen zwölf Abbildungen. Das Gesicht wird förmlich vom schwarzen Hintergrund geschluckt und hebt so den dominanten und provokanten Schriftzug „Abtreibung" hervor. Der Paragraph 218 löste in den 1960er Jahren eine Frauenbewegung aus, die sich in der Selbstbestimmtheit über ihren eigenen Körper übergangen sah. Das Titelmotiv steht durch seine mehrfache Abbildung für die überindividuelle Thematik des Aufmachers; denn jede Frau könnte in die Notlage einer Abtreibung geraten. Vermutlich war dieser Aufmacher die Vorlage für die neun Jahre später erschienene Ausgabe des *Sterns* mit dem Titel „Wir haben abgetrieben!" || *Tanja Brodbeck*

**AKTUELL** 1962/33

Ludwig-Uhland-Institut für Empirische Kulturwissenschaft

Man erkennt nicht viel auf dem Bildausschnitt: Nur eine Spritze, die in den teils nackten Oberschenkel knapp oberhalb eines Damenstrumpfes gestochen wird. Im Grunde genommen könnte jeder in der Fotografie dargestellt sein, wie auch jeder Opfer der Drogen werden kann. Die Schlagzeile mit den roten, wackeligen Lettern „Rauschgift" verweist auf das in den 1960er Jahren immer größer werdende Problem der Gesellschaft mit Drogen und anderen Betäubungsmitteln. Doch trotz der Kritik an dem 1930 in Deutschland eingeführten Opiumgesetz, sah man keine Veranlassung zur Panik, denn ein Krieg, wie es ihn im 19. Jahrhundert in China um den Opiumhandel gab, galt in Deutschland als höchst unwahrscheinlich. // *Astrid Rilling*

**PARDON** 1964/01

Ludwig-Uhland-Institut für Empirische Kulturwissenschaft

„Ich lebe in einer Mischehe." Diese Schlagzeile – oder dieses Selbstbekenntnis – steht auf einer weißen Spitzendecke geschrieben. Unter einer biederen, rot-weiß-karierten Bettdecke schauen drei Extremitäten hervor: Fuß, Huf und Fischflosse. In ironisch-witziger Weise wird hier die Mischehe des Katholizismus thematisiert. Eine Ehe, die zwischen zwei unterschiedlichen Konfessionsangehörigen geschlossen werden soll, kann nach kanonischen Recht nur unter Auflagen gestattet werden. Die Matrimonla mixta ist nur durch die Erlaubnis des Ortsbischofs möglich. Solche Eingriffe in die Privatsphäre wurden in den 1960er Jahren als nicht mehr zeitgemäß empfunden. Sie sind und waren – um im Bild des Covers zu bleiben – weder Fisch noch Fleisch.
*|| Lorena Pistone Nascone*

## SELBST IST DER MANN 1966/07

Ludwig-Uhland-Institut für Empirische Kulturwissenschaft

Neben einer Hobelbank steht am rechten Bildrand ein junger Mann, der die getane Arbeit mit konzentriertem Blick begutachtet. Mit dem Titel der Zeitschrift „Selbst ist der Mann" und dem Claim „Do it yourself" soll dem potentiellen Leser suggeriert werden, auch er könne dank Anleitung und Übung das Handwerk beherrschen. Doch in Kombination mit der Headline „Richtig hobeln – aber wie?" wird der Aufmacher unfreiwillig zum Lacher für heutige Betrachter, die den Schrifttext in Verbindung mit dem pubertären Jugendlichen mit Selbstbefriedigung assoziieren. // *Jochen Schlotterbeck*

**CAPITAL** 1967/01
Ludwig-Uhland-Institut für Empirische Kulturwissenschaft

Diverse Tabletten heben sich vermeintlich fröhlich und bunt – vergleichbar mit Süßigkeiten – vom schwarzen Hintergrund des Wirtschaftsmagazins ab. Gemeinsam formen sie das Wort „Pille" und geben so der Titelstory „Die Pille im Büro" eine greifbare Dimension, die dem Phänomen des heimlichen Tablettenkonsums entgegenwirken soll. Das deutsche Wirtschaftsmagazin berichtet 1967 über den hohen Tablettenkonsum der Deutschen während der Arbeitszeit. Vor allem Angestellte in Führungspositionen erlagen der Versuchung, ihre Leistungsfähigkeit durch Medikamente zu steigern. Gesundheitliche Folgen und Risiken des Tablettenkonsums wurden dabei ausgeblendet. In Zeiten von Ritalin und anderem Doping ist heute die Aktualität des Themas ungebrochen. // *Karina Dipold*

## **PARDON** 1967/02

Ludwig-Uhland-Institut für Empirische Kulturwissenschaft

„Rauschgift, Rauschgift über alles." Mit dieser Schlagzeile wird die verbotene erste Zeile der deutschen Nationalhymne persifliert und zugleich ein Thema der Jugendkulturkultur thematisiert: der Drogenkonsum. In Regenbogenfarben präsentiert sich ein fantastisches, janusköpfiges Wesen. Mit beiden Händen wirft es eckige Pillen in seine Münder. Zugleich sind zappelnde, nackte Beine und ein behaarter Pferdehuf zu sehen. Die zappelnden Beine sind aus dem Bilderkreis des Höllensturzes entlehnt. Sünden und Laster führen im christlichen Verständnis zum Sturz in die Hölle. Hier schließt sich der Kreis zur Cover-Thematik. Rauschgifte führen zwar zu einer Bewusstseinserweiterung, jedoch längerfristig zu Abhängigkeit, Krankheit und letztlich zum Tod.
*|| Lorena Pistone Nascone*

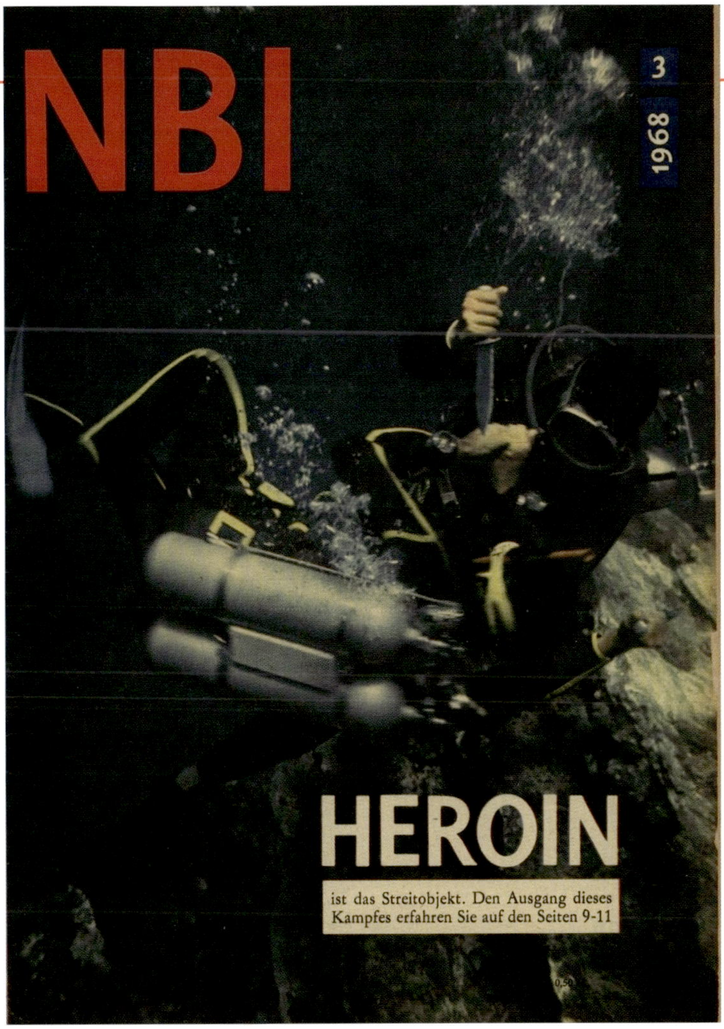


## NEUE BERLINER ILLUSTRIERTE 1968/03

Ludwig-Uhland-Institut für Empirische Kulturwissenschaft

Das Cover zeigt einen erbitterten Kampf zweier Taucher ums Überleben: Mit gezücktem Dolch bedroht einer der beiden Hauptdarsteller sein Gegenüber, was ein bedrückendes Bild abgibt. Die dargestellte Szene stammt aus einem ostdeutschen Krimi, der unter dem Titel „Heroin" im Jahr 1968 gezeigt wurde. Inhalt des Films ist der Transitschmuggel von Heroin zwischen Budapest und Berlin, worauf auf dem Zeitschriftencover mit der Headline „HEROIN ist das Streitobjekt" hingewiesen wird. Einer der beiden kämpfenden Protagonisten ist ein verdeckter Ermittler, dessen Identität aufflog, weshalb die Drogenschmuggler ihn umbringen wollen. Mit der Schlüsselszene des Films und dem reißerischen Titel soll auf eine Story in der Zeitschrift aufmerksam gemacht werden, die sich mit dem Inhalt des Spielfilms genauer befasst. // *Astrid Rilling*

**DER SPIEGEL** 1968/32

Ludwig-Uhland-Institut für Empirische Kulturwissenschaft

Mit segnender wie mahnender Geste verweist Papst Paul VI. auf die Schlagzeile „Nein zur Pille", deren i-Punkt durch das Bild einer Antibabypille ersetzt wurde. Beim Anblick dieser Geste sowie des ernsten Gesichtsausdrucks des Kirchenoberhaupts wird die 1968 und bis heute noch gültige Ablehnung dieser Empfängnisverhütung verdeutlicht. „Noch niemals in den letzten hundert Jahren hat sich ein Papst so über die Meinung der Mehrheit in seiner Kirche hinweggesetzt. [...] Das Papst-Wort ist der jüngste Niederschlag von 2000 Jahren christlicher Leibfeindlichkeit." (*Spiegel*).

*|| Saskia Koch*

**UNDERGROUND** 1969/05

Ludwig-Uhland-Institut für Empirische Kulturwissenschaft

Eine Motorradfahrerin fährt auf den Betrachter zu. Auf der Scheibe der Cockpitverkleidung steht in roten Buchstaben: „Werden wir wieder verboten?“ Hierbei handelt es sich nicht, wie man zunächst vermuten könnte, um ein Verkehrsverbot gegen Biker, sondern um ein laufendes Verbotsverfahren gegen das *Deutsche Schülermagazin Underground*. Es sollte auf den Index gesetzt werden, da manche darin eine Jugendgefährdung sahen. Doch trotz dieses Gegenwindes fährt das Magazin mit voller Fahrt weiter und lässt sich, wie das Cover zeigt, nicht bremsen. Der eigentliche Aufmacher „Schieß nicht, sing“ zeigt, dass vor allem explosive Themen aufgegriffen wurden. Im Leitartikel wird zur Wehrdienstverweigerung aufgerufen und für den zivilen Ersatzdienst geworben. || *Natalie Savas*

**JASMIN** 1970/11

Ludwig-Uhland-Institut für Empirische Kulturwissenschaft

Die nur mit einem T-Shirt bekleidete Frau hockt mit angezogenen Beinen auf einem Stein. Sie schaut den Betrachter nicht an, sondern blickt lächelnd auf die Erde. Ihre Sitzhaltung scheint unbequem und der harte Stein bietet kaum Halt, so dass ihre Position recht instabil zu sein scheint. Das sonnenverbrannte, verdorrte Feld um sie herum macht deutlich, dass unter solch harten Bedingungen nur schwerlich etwas wachsen und gedeihen kann. Die Schlagzeile „Ehen zu dritt" greift ein heißes Thema auf und sollte offensichtlich einen Stein ins Rollen bringen. Ob mit diesem Cover-Bild des Modells auf dem Stein in vertrockneter Umgebung ein Bildkommentar zur Ehe zu dritt gegeben werden sollte oder nicht, liegt im Auge eines jedes einzelnen Betrachters.
*|| Katharina Palmer*

**TWEN** 1971/03

Ludwig-Uhland-Institut für Empirische Kulturwissenschaft

Eine laszive Blondine in Frontalansicht präsentiert sich uns gleich doppelt. Ihr nackter Oberkörper vor weißem Hintergrund ist unterhalb der Brüste gespiegelt. Diese beinahe punktsymmetrische Gestaltung erinnert an Spielkarten. Während die Spiegelung von Bildmotiven auf Spielkarten dem Zwecke dient, dass Spieler ihre Karten stets richtig herum vor sich haben, entfällt dieser Sinn für Leser von Zeitschriften. An die Stelle der Funktion tritt die Ästhetik. Die Doppelung der schönen Nackten verführt den Betrachter zum ständigen Blickwechsel. Hierdurch wird er sich unvermittelt seines Sehens bewusst. Der intime und vermeintlich unbeobachtete Voyeur wird so – ob gewollt oder ungewollt – zum Kronzeugen seiner eigenen Handlung. // *Katharina Palmer*

Aus rechtlichen Gründen darf das Cover leider nicht abgedruckt werden.

**STERN** 1971/24

Ludwig-Uhland-Institut für Empirische Kulturwissenschaft

„Wir haben abgetrieben!" Dieses Bekenntnis steht in großen Lettern auf dem Cover. Die Überschrift dieser Ausgabe markiert einen historischen Meilenstein der deutschen Frauenbewegung. Eine Vielzahl an Frauen-Bildnissen ist rasterartig angeordnet. Unter jedem Bild steht ein Name, darunter auch etliche Prominente, wie etwa Romy Schneider und Senta Berger. All diese Frauen einte ihr gemeinsamer Kampf gegen den Paragraphen 218, der aus dem Jahr 1870 stammte. Er stellte Abtreibung unter Strafe und nötigte viele Frauen dazu, illegale und daher riskante Abtreibungen vorzunehmen. Alice Schwarzer rief gegen diesen Paragraphen eine Kampagne ins Leben. Sie bewog 374 Frauen dazu, sich öffentlich zu ihrer Abtreibung zu bekennen. Damit war ein zentrales Thema der Frauenbewegung enttabuisiert und in die Öffentlichkeit gebracht.
*|| Pia Snella*

**BRAVO** 1971/35

Ludwig-Uhland-Institut für Empirische Kulturwissenschaft

Diese dunkelbraunen Rehaugen ziehen den Betrachter sofort in ihren Bann. Aber auf dem Cover ist nicht die Unschuld vom Lande gezeigt. Die Schauspielerin Uschi Glas gewährt hier tiefe Einblicke ins Dekolleté ihres Sommerkleides. Damit entspricht dieses Foto ihrem Image als ‚Schätzchen' im Sinne einer deutschen femme fatale. Nach ihrem großen Kino-Durchbruch 1966 in einem Karl-May-Western als Indianer-Halbblut Apanastchi avancierte sie zur jungen deutschen Vorzeige-Schauspielerin. Doch dieses Bild der dunkelhäutigen Schönheit wandelt sich 1968 mit dem Film *Zur Sache, Schätzchen*. Hier zeigt sie einen heißen, jedoch unvollendeten Striptease. Über Nacht machte diese Szene sie bekannt und brachte ihr den Beinamen des ‚Schätzchens' ein. Fortan stand ihre Person oft nur noch für einen Aspekt: junge Liebe. // *Karina Dipold*

**PLAYBOY** 1975/03

Sammlung Widolf Wedlich, Tübingen

Der Aufmacher ist hier ein ‚Aufreißer': Die rot gekleidete Frau vollbringt wahrhaft Fantastisches, indem sie das Papier der Titelseite zerreißt und dabei ihren Hintern entblößt. Dem Leser wird somit suggeriert, dass er nur in den Innenteil blättern müsse, um das Playmate in völliger Nacktheit zu betrachten. Dies wird durch den dazugehörigen Titel „...und neun Seiten mit Mädchen zum Aufreißen" verstärkt und bei dem einen oder anderen ein Gefühl der Spannung – welcher Art auch immer – erzeugt.

*|| Jochen Schlotterbeck*

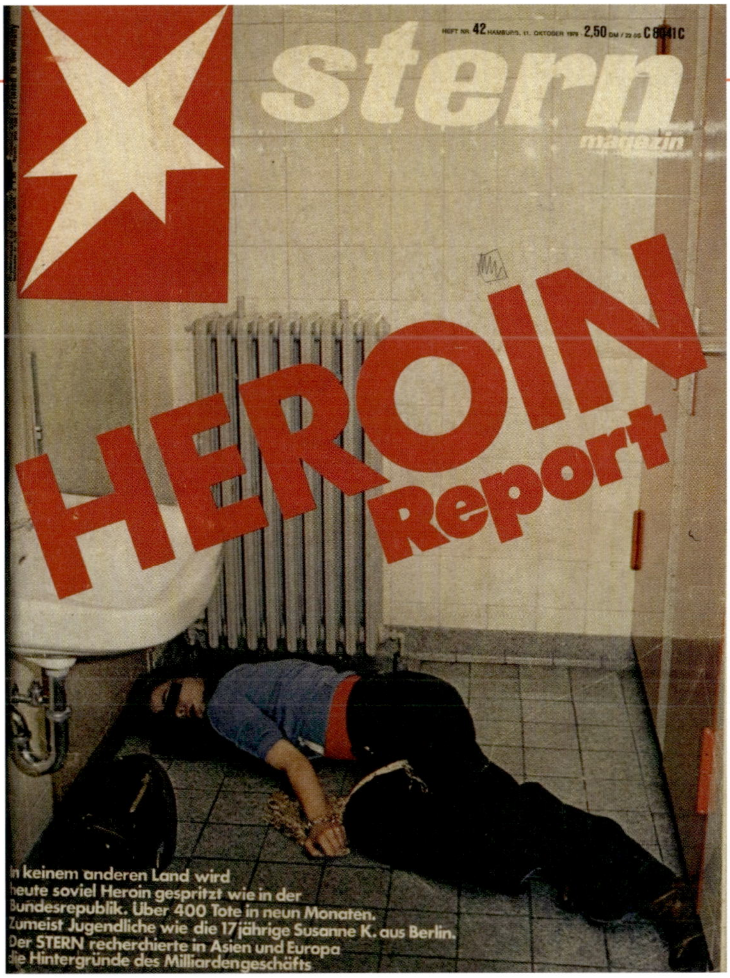


**STERN** 1979/42

Ludwig-Uhland-Institut für Empirische Kulturwissenschaft

Der leblose Körper einer jungen Frau auf den kalten Fliesen eines Toilettenraumes zieht die Blicke auf sich. Die Schlagzeile in Großbuchstaben „HEROIN-Report" verrät den Todesgrund. Hiermit wird ein brisantes gesellschaftliches Thema aufgegriffen. Keiner kann und soll länger wegsehen und verdrängen, denn zunehmend waren von dieser Sucht auch Kinder und Jugendliche betroffen. Die Folgen der Drogenabhängigkeit waren Beschaffungskriminalität, Prostitution und am Ende oftmals der sogenannte ‚Goldene Schuss'. Noch heute ist die Geschichte *Wir Kinder vom Bahnhof Zoo* der Christiane F. die bekannteste Story zu diesem Thema. 1978 publizierte der *Stern* diese Reportage in Auszügen. Das Buch wurde zum erfolgreichsten deutschen Sachbuch seit dem Zweiten Weltkrieg. // *Pia Snella*

# UMWELT
# BEWEGT

#Klima #Ökos #Protest #Aufklärung

Ab den 1960er Jahren wurden Umweltprobleme immer lauter diskutiert. Öffentliche Aufklärungsaktionen über herrschende Missstände bewegten viele Menschen dazu, sich Protestgruppen und Umweltschutzorganisationen anzuschließen. Provokante Plakate und Karikaturen weckten das Interesse der Öffentlichkeit. Bekannte Zeitschriften machten das Thema häufig zum Aufmacher und erreichten ein breites Publikum. Die auffälligsten Titelblattgestaltungen zeigen jedoch die Untergrundpublikationen: Alternativzeitschriften, die direkt in der ‚Öko-Szene' entstanden und dort ihr Publikum fanden. Durch die neue Subkultur von Magazinen standen nicht mehr Materialismus und Konsum im Vordergrund, sondern Umweltschutz, Wiederverwertung und ein neues Moralverständnis. Gedruckt wurde auf recyceltem Papier; Handzeichnungen und einfache Collagen ersetzten Hochglanzfotos. Themen wie Anti-Atomkraft und Fortschrittskritik wurden auf zugespitzte Weise populär. Durch witzige, provokante und aufsehenerregende Zeitschriftentitel bahnte sich die Umweltschutzbewegung ihren Weg durch die konservative Gesellschaft. In Tübingen gründete sich unmittelbar nach dem Vortrag „Überleben im Atomzeitalter" von Professor Harald Stumpf im Jahr 1970 das Komitee für Umweltschutz, neben dem sich kurz darauf der Bund für Umweltschutz etablierte. Politisch formierte sich aus diesem neuen Umweltschutzgedanken eine eigene Partei: 1980 gründeten sich die Grünen und boten sich als Wahlalternative an, die ökologisch, sozial, basisdemokratisch und gewaltfrei sein sollte.
*// Svenja Heissner*

**KONKRET** 1978/09

Ludwig-Uhland-Institut für Empirische Kulturwissenschaft

Nackt und mit grüner Farbe bemalt springen die Kinder auf dem Cover der *konkret* dem Leser entgegen. Sie stehen sinnbildlich für die sich Ende der 1970er Jahre formierende Partei Die Grünen. Das Titelfoto unterstreicht dabei das zuweilen ungezügelte, naive und chaotische Vorgehen der noch in den Kinderschuhen steckenden politischen Umweltbewegung. Die Prognose „Die Grünen kommen" sollte sich in den 1980er Jahren bewahrheiten: Die Grünen besetzten nach und nach politische Ämter und vertraten auf parlamentarischer Ebene die neuen sozialen Bewegungen der BRD. Ökologie, Atomkraft und Frieden sind auch heute noch Themen, die nun seriös von der einst so rebellischen Partei vertreten werden. *|| Frederik Efferenn*

## **SZENE HAMBURG** 1981/10

Ludwig-Uhland-Institut für Empirische Kulturwissenschaft

Das Zeitschriftencover zeigt eine Karikatur von Hanno Engler. Wie Adam und Eva steht ein bürgerlich gekleidetes Paar vor dem Baum der Erkenntnis. Das Paar ist vom Anblick des Baumes sichtlich entsetzt: Wie eine Würgeschlange umschlingt eine stark befahrene Straße den Baum. Straßenbaumaschinen warten nur darauf, das Straßennetz weiter auszubauen. „Erwürgt uns der Fortschritt?" wird in der Schlagzeile gefragt. Antwort auf die Frage gibt die Karikatur: Der Zustand des Baumes ist kritisch – abgebrochene Äste, kaum Blattwerk, wenig Wurzelwerk. Der Baum wird sterben, wenn der Ausbau der Straße weiter vorangetrieben wird.

*|| Hanna G. Diedrichs gen. Thormann*

## GRASWURZELREVOLUTION 1981/11

Ludwig-Uhland-Institut für Empirische Kulturwissenschaft

Friede, Freude, Freundschaft – das Foto mit tanzenden Menschen unterschiedlichen Alters und Geschlechts strahlt eine positive Stimmung aus. Der gezeigte Moment erinnert an Bilder von Musikfestivals und Friedensdemonstrationen. Durch die Headline: „Tanz auf dem Larzac", wird das gezeigte historische Ereignis konkret benannt und zugleich auf den bekannten deutschen Filmtitel „Tanz auf dem Vulkan" angespielt. Anfang der 1970er Jahre kämpften Bauern der südfranzösischen Larzac-Hochebene um ihre Felder. Sie protestierten gegen die Pläne der Regierung, eine Militärbasis in jener Region zu erweitern. Der Protest von Larzac steht somit nicht nur für den Erhalt der Lebensgrundlage der Bauern, sondern auch für den Schutz von Biosphäre und Landschaft. // *Johanna K. Herrmann*

**ZEITMAGAZIN** 1981/52
Sammlung Widolf Wedlich, Tübingen

Ein weißes Gesicht blickt uns an – als hätte man eine lebende Tote vor sich. Diese Friedensaktivistin führt ein Demo-Plakat mit sich, auf dem in weißen Lettern steht: „Wir wollen kein EUROSHIMA". Das politische Ziel der deutschen Friedensbewegung war es, die atomare Aufrüstung in Europa zu stoppen. Als Synonym für die atomare Zerstörung steht die japanische Stadt Hiroshima, die am 6. August 1945 durch eine einzige Atombombe vollständig zerstört wurde. Der mit dem Cover-Bild verbundene Leitartikel beleuchtet die neu entstandene Szene der deutschen Friedensbewegung und fragt: „Wer macht da mit, wer steht dahinter?" Aus der Massen-Protestbewegung gegen Aufrüstung und Atomenergie formierte sich eine neue deutsche Partei: Die Grünen. // *Natalie Savas*

**PARDON** 1982/04

Ludwig-Uhland-Institut für Empirische Kulturwissenschaft

Das Cover thematisiert die Reaktion des Staates auf Protestbewegungen in den 1980er Jahren. Die Rolle des Bundeskriminalamtes wird – im Stil von Tierfabeln – durch einen unsympathischen, grimmig schauenden Raben verkörpert. Auf die Demonstranten herabblickend fragt er: „Ist diese Demonstration angemeldet?" Wie unangemessen und überzogen sein Auftreten ist, zeigt sich in der Darstellung der Angesprochenen. Zu sehen ist eine friedliche Ansammlung von Pflanzen und Tieren. Folgt man der Überschrift „Frühling in Deutschland", dann könnte es sich bei der gezeigten Flora und Fauna um Frühlingsboten handeln. Im übertragenen Sinne könnte hier auch eine Anspielung auf die – wie im Frühling die Pflanzen – aus dem Boden sprießenden Protest- und Umweltbewegungen vorliegen. // *Corinna Mevisen*

**NEBELHORN** 1983/29

Ludwig-Uhland-Institut für Empirische Kulturwissenschaft

Das Cover wirkt düster, drohend und dämonisch. Zu sehen sind drei Kühltürme eines Atomkraftwerkes, aus denen dichte Dampfschwaden emporsteigen. Über dem Kernkraftwerk schwebt der personifizierte Tod. Wie der Geist aus der Flasche wächst er riesig und bedrohlich gen Himmel. Er trägt jedoch nicht – wie üblich – eine Sense bei sich, sondern spielt auf einer Flöte. In dieser Darstellungsweise steht er in der Tradition des mittelalterlichen Totentanzes und scheint uns so zum letzten Reigen aufzuspielen.
Die Nutzung der Kernenergie brachte in den Augen ihrer Gegner viele Gefahren und unkontrollierbare Risiken mit sich: Radioaktivität, Kontaminierung und Strahlentod. Auch heute sorgt das Thema Kernenergie für kontroverse Diskussionen. // *Laura Koch*

**DRUCKSACHE** 1984/05
Ludwig-Uhland-Institut für Empirische Kulturwissenschaft

Das Cover hat keine Headline. Doch darauf kann man verzichten, da auf die Bekanntheit von Kunst gesetzt wird. Für die Gestaltung des Covers griff man auf das berühmte Werk von Edvard Munch zurück: *Der Schrei*. Wie im Original ist im Vordergrund eine Person mit weit geöffnetem Mund zu sehen. Doch damit enden die Gemeinsamkeiten, denn der Hintergrund ist eine Neuschöpfung. Darin erklärt sich das Entsetzen der Person des Vordergrundes. Am Horizont erblickt man eine trostlose Skyline. Dicke schwarze Rauchwolken steigen hier auf. Ganz links stehen zwei Personen mit Gasmasken. Neben ihnen bewegt sich ein ölartiger Strom, der zur Mülldeponie wurde. Diese Neu-Auslegung als Schrei gegen Umweltzerstörung lag nahe, da das Original auch unter dem Titel *Der Schrei der Natur* bekannt ist. // *Christina-Maria Karvela*

**PFLASTERSTRAND** 1986/239
Ludwig-Uhland-Institut für Empirische Kulturwissenschaft

Mit bunten Decken, Sonnenschirm und Picknickkorb hat es sich eine junge Familie auf einer grünen Wiese gemütlich gemacht. Die dunkle Hautfarbe der Sonnenbadenden könnte die Folge einer möglichen Verstrahlung oder anderer Umweltschäden sein, denn die Idylle wird durch das Atomkraftwerk im Hintegrund krass zerstört. Wenige Monate vor dem Erscheinen der Ausgabe hatte sich die Nuklearkatastrophe von Tschernobyl ereignet. Im Wahlkampf für die anstehende Bundestagswahl wurde die von der Kernenergie ausgehende Gefahr von den etablierten bürgerlichen Parteien nicht thematisiert. Auf diese Negierung der Gefahr bezieht sich der Titel „Apocalypse ciao", der auf dem Kriegsfilmtitel *Apocalypse now* von 1979 anspielt. // *Julia Biel*

**RAN** 1987/10

Ludwig-Uhland-Institut für Empirische Kulturwissenschaft

Auf der Titelseite ist ein mit grünem Anzug bekleideter Mann zu sehen. Er steckt seinen Kopf in eine Hecke, wie ein Strauß, der seinen Kopf in den Sand steckt. Wer den Kopf sprichwörtlich ‚in den Sand steckt' verschließt die Augen vor unangenehmen Realitäten. Diese Assoziation wird durch den Aufmacher „Umweltfahndung. Die dicken Fische sind nicht zu fassen" unterstrichen. Die Thematik spricht die seit der Nuklearkatastrophe von Tschernobyl im Jahre 1986 geführte Diskussion über Umweltmaßnahmen und -verbesserungen an. Diese wurde jedoch von Großkonzernen, den Anzugträgern, abgeblockt und negiert. // *Burcin Sökücü*

## SCHWARZER FADEN 1991/02

Ludwig-Uhland-Institut für Empirische Kulturwissenschaft

In dieser Ausgabe zeigen die Headlines Farbe. Die Schriftzüge sind mit einem giftigen Gelb hinterlegt und markieren so die Brisanz der Themen. Die Hintergrundfarbe der Headlines findet sich auch in der arabischen Kleidung des Mannes und sogar in dessen Sonnenbrille. Der von Kriegen und ethnischen Konflikten geprägte Nahe und Mittlere Osten ist nicht nur Thema des Covers, sondern auch – laut Inhaltsverzeichnis – der meisten Beiträge dieses Heftes. Der Mann steht vermutlich vor einem Elektrowarenladen, über dessen Eingang der Schriftzug „atomic showroom" prangt. Mit diesen wenigen bildnerischen Mitteln werden die Gefahren eines atomaren Konfliktes in der arabischen Welt angedeutet. // *Sarah Hergöth*

# JETZT WÄCHST ZUSAMMEN...

#Ost-West-Konflikt #Wiedervereinigung #Deutscher Michel

„...was zusammengehört." Mit diesen Worten konnte Willy Brandt der Wiedervereinigung von Ost- und Westdeutschland legendär Ausdruck verleihen. Mit dem Fall der Berliner Mauer, die für 28 Jahre das Symbol für das erstarrte Verhältnis der Supermächte USA und Sowjetunion stand, endete am 9. November 1989 die Trennung Deutschlands und der Kalte Krieg. Die beiden deutschen Staaten wurden wiedervereint, und der Sozialismus und die SED-Diktatur der DDR fanden kurz darauf ihr Ende. Nach der anfänglichen Freude wurden die hohen Erwartungen an das geeinte Deutschland jedoch aus Sicht einiger Zeitgenossen enttäuscht. Vorurteile gegeneinander blieben bestehen. Die ‚Ossis' der ehemaligen DDR wurden einerseits mit Solidarität und Menschlichkeit, andererseits aber vor allem mit Rückständigkeit gleichgesetzt. Die ‚Wessis' wurden im Gegenzug für ihre Schnelllebigkeit, ihren Materialismus und ihre Arroganz kritisiert. Die metaphorische Darstellung dieses Konflikts zwischen Ost- und Westdeutschland findet man vermehrt auf den Zeitschriftencovern dieser Epoche. Mit Polemik, Satire und Spott wird durch den doppelten ‚Deutschen Michel' thematisiert, wie die Deutschen aus der BRD und DDR noch fremdeln. *// Ricarda Wolf*

**PARDON** 1976/07

Ludwig-Uhland-Institut für Empirische Kulturwissenschaft

Der unbekleidete Jüngling mit dem Kopf des Altbundeskanzlers Helmut Kohl ist von Flora und Fauna umgeben: Die im Winde wehenden roten Blüten, die an einem blauen Band gehalten werden, und die grün blühende Landschaft sowie die visualisierten Klänge einer Kithara erinnern an den Sonnengott Apollon. Vor der Bundestagswahl 1976 spielt der spätere ‚Vater der Einheit' auf den Saiten des wieder vorgesehenen Finanzministers Franz Josef Strauß das Lied von „Freiheit statt Sozialismus". Dieser Slogan der CDU richtete sich gegen die Ostpolitik der SPD. Im Kontext des Covers wird dieser Claim sprichwörtlich zur alten Leier. Auch wenn der Kanzlerkandidat sich noch so sehr bemüht gleich einem jungen Sonnengott zu erscheinen, so bleibt er doch eine pseudo-antike Lachnummer // *Natalie Savas*

**TITANIC** 1989/11
Ludwig-Uhland-Institut für Empirische Kulturwissenschaft

Die 17-jährige „Zonen-Gaby" ist eine fiktive Person, die nahezu alle Klischees eines ostdeutschen Teenagers erfüllt: Jeanskleidung, rote Dauerwelle und Freudentränen über ihre erste Banane. Satirisch wird dieses ‚erste Mal' durch eine Gurke visualisiert, die wie eine Banane geschält ist. Das Statement „Meine erste Banane" verweist auf die Unvertrautheit der DDR-Bürger mit exotischen Südfrüchten. Außerdem steht die Banane metaphorisch für die Geschenke westdeutscher Bürger. Das Covermodel heißt eigentlich Dagmar und stammt aus Worms. Bis heute ist sie als Zonen-Gaby ein beliebtes Postkartenmotiv, das die *Titanic* im Jahr 2005 erneut aufgriff: Zonen-Gaby wurde dabei durch Zonen-Geli (61) mit dem Gesicht der Bundeskanzlerin ersetzt.
|| *Natalie Clauss*

**DER SPIEGEL** 1989/51

Ludwig-Uhland-Institut für Empirische Kulturwissenschaft

Das Cover ist schlicht: Unter einer schwarz-rot-goldenen Mütze blicken zwei Augenpaare hervor. Die Ähnlichkeit der Gesichter lässt an Brüder oder sogar Zwillinge denken. Mit diesem Bildmotiv wird auf die nationale Personifikation des ‚Deutschen Michels' und in seiner Doppelung auf die beiden Deutschlands in Ost und West angespielt. Die Headline geht auf ein 1963 von Herrmann Eich verfasstes Buch mit dem Titel „Die unheimlichen Deutschen" zurück. Anlass für diesen Aufmacher war die beginnende deutsche Wiedervereinigung. Der Leitartikel geht der Frage nach, welche Ängste bei den europäischen Nachbarn vor der bevorstehenden deutschen Wiedervereinigung bestehen. Aus deren Sicht war die Vorstellung eines doppelt so starken ‚Deutschen Michels' unheimlich. // *Natalie Savas*

**RAN** 1990/05
Ludwig-Uhland-Institut für Empirische Kulturwissenschaft

Einer der wichtigsten deutschen Infanterietaktiker der Frühen Neuzeit wird hier herangezogen, um Schlagzeile zu machen, denn Georg von Frundsberg prägte 1513 das geflügelte Wort „Viel Feind, viel Ehr". Aus diesem wurde für dieses Heft eine neue Schlagzeile kreiert, die die aktuelle politische Situation zwischen Ost- und West-Deutschland beschreibt: „Kein Feind, kein Heer". Der für das Cover inszenierte Kuss zwischen zwei deutschen Soldaten aus Ost und West, zuvor im Osten als sozialistischer Bruderkuss bezeichnet, wird nun zum deutsch-deutschen Bruderkuss der Wiedervereinigung. Zugleich wird diese im Zusammenspiel der bemalten Soldatengesichter thematisiert: Schwarz-Rot und Rot-Gold vereinen sich zur deutschen Nationalflagge. || *Luise Böhm*

**FÜR DICH** 1990/11

Ludwig-Uhland-Institut für Empirische Kulturwissenschaft

Die ostdeutsche Frauenzeitschrift *Für Dich* greift mit der Schlagzeile „Qual der Wahl" die erste gesamtdeutsche Bundestagswahl im Dezember 1990 nach der Wiedervereinigung am 3. Oktober 1990 auf. Gerade die westdeutschen Parteien waren in den neuen Bundesländern wenig bekannt. Daher versuchte die Presse, wie auch diese Zeitschrift, politische Aufklärung zu leisten. Als bissiger Kommentar zur aktuellen gesellschaftspolitischen Situation ist das Cover Girl zu begreifen. Sie lutscht an einem besonderen Eis: Die aufgerissene Verpackung ist mit den Namen der ost- und westdeutschen Parteien beschriftet. Doch nicht das Äußere, die Verpackung, zählt, da letztlich nur der Inhalt, nämlich das süße Eis in den Farben der deutschen Nationalflagge wirklich gut schmeckt. // *Natalie Savas*

**ZEITMAGAZIN** 1990/51
Sammlung Widolf Wedlich, Tübingen

Der Titel „Einheitsmenü" geht auf die österreichische Tageszeitung *Fremden-Blatt* von 1917 zurück. Diese Schlagzeile greift das *Zeitmagazin* im Dezember 1990 wieder auf: „Einheitsmenü" anstatt dem traditionellen „Weihnachtsmenü". Die Speise wurde auf einem Stern angerichtet und unter einer Glocke verdeckt, die am Griff von einer Schleife in den deutschen Nationalfarben geschmückt wird. Im Hintergrund beleuchtet ein friedlicher Stern das Gedeck, doch die Geflügelschere ermöglicht auch die Teilung des Angerichteten. Das Einheitsmenü wird so zum Überraschungsmenü. In der Titelstory wird die Glocke gelüftet und Empfehlungen für das erste „gesamtdeutsche Weihnachtsfest" durch den Gastronomiekritiker Wolfgang Siebeck ausgesprochen: Empfohlen werden „keine Experimente" und der „Rehrücken in den Farben Schwarz-Rot-Gold", einem „nationalen Erbe Germaniens". // *Natalie Clauss*

**DIE AKTUELLE** 1991/11

Ludwig-Uhland-Institut für Empirische Kulturwissenschaft

David Hasselhoff lächelt mit offenem Blick im Halbprofil den Betrachter an. Er versinnbildlicht mit seiner Lederjacke und dem roten Hemd die amerikanische Coolness und gibt den ‚Daumen hoch' für das wiedervereinigte Deutschland. Am Brandenburger Tor gab David Hasselhoff seinen Song *Looking for freedom* in der Silvesternacht 1989 zum Besten. Dass sich der Hit für acht Wochen auf Platz 1 der deutschen Charts hielt, verwundert nicht. Ob dieses Lied, wie eine deutsche Zeitschrift dem Baywatch-Star in den Mund legte, wirklich für den Mauerfall mitverantwortlich war, bleibt hingegen offen. // *Michaela Gfrörer*

**ZITTY** 1992/21
Ludwig-Uhland-Institut für Empirische Kulturwissenschaft

Die Ernüchterung über die Spaltung der Gesellschaft und das schwierige Zusammenwachsen zeigen sich in der Allegorie, in der die beiden ‚Deutschen Michel' sich nicht mehr anders zu helfen wissen, als einander anzuschreien. Die Schlagzeile der „Mauer[n] in den Köpfen" unterstreicht, ja untermauert, diese Streitszene. Zwei Jahre nach dem Fall der Berliner Mauer schwindet die Anfangseuphorie, wirtschaftliche Probleme treten zutage, Frustration und Enttäuschung scheinen das Ergebnis der Wende zu sein. Das Covermotiv zieht damit eine kritische Bilanz. // *Luise Böhm*

# MILLENNIUM

#Technik #Industrie #Gesellschaft #Digitalisierung

Vor der jüngsten Jahrtausendwende grassierte die Millennium-Hysterie. Die fortschreitende Vernetzung und Globalisierung, die neben den Wirtschaftsstrukturen auch das soziale Leben stark beeinflussen, weckten Ängste vor dem Kollaps durch den Millennium-Bug oder Y2K-Bug. Aufgrund dieses nicht kalkulierbaren Risikos wurden Katastrophenszenarien heraufbeschworen, die Computerabstürze in großem Maß prophezeiten. Vor allem in den USA legten sich Abertausende Notvorräte an. Pseudoreligiöse Gruppen forderten zum Massensuizid auf. In Deutschland gab es keine ausgeprägte Panik, jedoch waren die Menschen durch die enorme Weiterentwicklung der Computertechnologie teilweise beunruhigt. Die zentrale Frage war: Wie abhängig ist unser Leben von der digitalen Welt? Gerade weil die sicherheitsrelevanten Computersysteme von Banken, Staatseinrichtungen, Kraftwerken oder Konzernen von einem apokalyptischen Chaos hätten befallen werden können, malten sich die Massenmedien diverse Szenarien aus. Der digitale Wandel bekam eine neue Dimension, denn die möglichen Folgen eines Börsencrashs, Fehlzündung von nuklearen Waffen oder Flugzeugabstürze waren unabsehbar. Die Welt hielt an Silvester 2000 den Atem an, überstand die Hysterie jedoch schadlos. *// Frank Duerr*

**DE SCHNÜSS** 1988/12

Ludwig-Uhland-Institut-für-empirische-Kulturwissenschaft

Aufgeregt, überfüllt, verwirrend und bunt – Attribute, die man mit diesem Cover von *De Schnüss* assoziieren kann. Abgebildet ist eine Collage von Teilen technischer Erfindungen. Sie regt den Betrachter dazu an, den Blick schweifen zu lassen. Besonders fällt die vierfache Wiederholung der sich berührenden Finger auf, die das Thema von Michelangelos Erschaffung Adams (1512) aufgreift. Hier wurde jedoch die Hand Gottes durch die des TV-Außerirdischen E.T. ersetzt. Die Schlagzeile spiegelt die Angst der Menschen Ende der 1980er Jahre bezüglich der technischen Entwicklung wider. Befürchtet wurde eine Überforderung im Umgang mit den neuen Medien oder eine zunehmende Entfremdung des Menschen durch die digitale Freizeitgestaltung, die durch die Berührung mit dem Außerirdischen symbolisiert wurde. Die Angst vor der Digitalisierung der Welt ist auch heute noch ein wichtiges Thema. // *Laura Schena*

## SCHÄDELSPALTER 1992/03

Ludwig-Uhland-Institut für Empirische Kulturwissenschaft

Dass Liebe blind macht ist allgemeinhin bekannt, doch dass diese Blindheit nicht bei der Computerliebe halt macht, zeigt uns der *Schädelspalter* eindrucksvoll durch sein Cover. Schaltkreise verdecken die Sicht, die Hardware drückt auf die Nase, und Kabel erschweren das Hören. Was in den 1990er Jahren schleichend Einzug in das Arbeitsleben hielt, ist längst nicht mehr aus unserem Alltag wegzudenken und prägt unser Verhalten und unsere Wahrnehmung nachhaltig. Nach der Wiedervereinigung Deutschlands findet der Heimcomputer Einzug in vielen deutschen Haushalten und wird vor allem als Arbeitsgerät und Spielkonsole genutzt. Bis heute dominiert den gesellschaftlichen Diskurs die Frage danach, wie viel Einfluss die Computerwelt vor allem auf das Gesellschaftsleben, die Jugendkultur und die Freizeit haben darf. // *Christine Handke*

**CICERO** 2011/11

Ludwig-Uhland-Institut für Empirische Kulturwissenschaft

Der Leuchtkegel des Flachbildschirms ist gleichzeitig Spot und Zielpunkt. Das Cover ist eine Umkehrung des wohl bekanntesten Bildes zur Evolutionstheorie von Charles Darwin: der Aufstieg vom Affen zum Menschen. Hier jedoch steigt der Mensch Schritt für Schritt abwärts, von Buch zu Buch, um am Ende nicht mehr aufrecht, sondern als gebeugter Affe vor einem Fernseher am Boden zu kauern. Bildungsverlust aufgrund eines steigenden Medienkonsums ist das Thema. Die Schlagzeile fasst dies in der Wortneuschöpfung „Flach-Bildung" zusammen. Der Zusatz: „Deutsches Fernsehen – Deutsche Schulen – Verblödet die Nation?" weist auf die vermeintlich negative Wechselwirkung zwischen Fernsehen und Bildung hin. Ein strittiges Thema, das über die Millenniumsgrenzen hinweg für Diskussionen sorgen wird. *|| Fabian Halm*

**neon** 2012/10
Ludwig-Uhland-Institut für Empirische Kulturwissenschaft

Der Blick fällt zuerst auf die nackten Frauenbeine, die in der Luft zu schweben scheinen. Das Cover zeigt eine junge Frau im freien Fall vor einer dunklen Sternennacht, eine Symbolik der Unendlichkeit des Internets, die mit den unbekannten Grenzen des Universums gleichgesetzt wird. Bringt uns die digitale Welt den freien Fall oder totale Freiheit? Das Internet und die digitale Welt bieten viele Möglichkeiten; noch nie war die Welt für eine Generation so offen wie heute. Gleichzeitig bietet die globalisierte Gesellschaft jedoch keinen festen Halt mehr, das Internet ist tief in unser Leben eingedrungen. || *Nicolas Dittgen*

# ROLLEN BILDER

#Frau #Mann #Sexualität #Gesellschaft

Bei der Betrachtung eines durchschnittlichen Zeitschriftenladens und seiner Druckerzeugnisse wird schnell deutlich, dass das Hauptmotiv der Titelseiten die Darstellung von Frauen ist. Männer tauchen meist nur in Form von Abbildungen wichtiger Politiker oder anderer berühmter Persönlichkeiten auf. Das kommunikative Ziel, das die Abbildungen von Frauen im Gegensatz zu den Darstellungen von Männern ausdrückt, unterscheidet sich größtenteils sehr deutlich. In dieser Abteilung werden Stereotype, aber auch viele Ausnahmeerscheinungen nebeneinandergestellt: Starke Beschützer versus einfühlsamer Softie? Gewissenhafte Hausfrau versus rebellische Emanze? Die vermehrte Beschäftigung mit Sexismus, Pornographie, Emanzipation und die immer größere Popularität der Frauenbewegung beeinflussen neben der inhaltlichen Ausrichtung der Zeitschriften auch deren graphische Umsetzung. Die Darstellung des Körpers als Reizobjekt kann erotisch oder provokant konnotiert sein. Ein weiteres Themenfeld dieser Zusammenstellung an ‚Aufmachern' zeigt den satirisch-gemeinten, aber auch politisch motivierten Rollentausch: Frauen in Männerrollen und Männer in Frauenrollen. // *Gaia Englert*

Nr.7/81 Juli 1981
6.Jahrgang DM 2,00
H3394E
StadtMagazin
SCHÄDELSPALTER
Hannovers Veranstaltungsmagazin
FRAUEN
IN „MÄNNERJOBS"
SKANDAL!
231 Gewinner warten auf ihre Preise!
Wir nennen Namen

EMMA
Okt. 87
VON FRAUEN FÜR FRAUEN
Orgasmus-Story:
DIE POTENTE FRAU
EMMA-Kampagne gegen PORNOgraphie!

pardon
deutsche satirische Monatsschrift
Nr. 6 Juni 1964
DM 1,50
Deutschlands Mädchen:
Im Bette unbesiegt
Die Playboy-Story: Attraktion der Freien Welt
Volkswartbund: Die immer an die Unzucht denken
Literatur-Kompress: Preisgekrönte Mammut-Wichtel
Was tut der Bär im Frigidaire?

Nr. 6 · 87
Juni (Heft 109)
DM 5,50
C5039E
cinema
Europas größte Filmzeitschrift
Großer Report
Tabus im Kino
Verboten, zensiert, beschlagnahmt: CINEMA untersucht, wo die Grenzen der künstlerischen Freiheit liegen
Über 50 Filme für den Sommer
Salvador • Die diebische Elster • Chronik eines angekündigten Todes • Der Angriff • Another Country • Herausforderung Mexiko • Asphalt-Kid • Tai-Pan • Komm und siehe! • Das grüne Leuchten •
Anthony Delon

JASMIN
Die Zeitschrift für das Leben
B 8489 D
10/71
DM 1,50
Wie findet eine einsame Frau den richtigen Mann?
Geliebt, verwöhnt, zu Tode gefüttert: Deutschlands Luxushunde
Das anständigste Sexbuch des Jahres: Wie man Ehen wieder glücklich macht
Nehmen Sie Schlaftabletten? Hoffentlich sind es die richtigen!
Liz Taylor und Richard Burton schreiben in Jasmin: Sieben Jahre Ehe
Wenn Sie einmal überfallen werden: Judo hilft, aber es gibt noch bessere Mittel (Seite 24-29).

Ihr Heft, meine Herren!
Newmag
Nr. 2 Februar 1991 9 DM Y 9120 E
DAS MAGAZIN FÜR DEN MODERNEN EUROPÄER
BRIGITTE NIELSEN
Die neue Frau ist böse
MODE
Der Mann am Morgen
PERFEKT, DEFEKT?
Die Sexoholics
STAR-KOCH HEINZ WINKLER
Die süßen Schwächen der Prominenten
PROF. GERTRUD HÖHLER
Mehr Aggression, meine Herren!

ALLES, WAS MÄNNERN SPASS MACHT
JULI 7/98 • 9 DM
PLAYBOY
Bravo! jasmin gerat
► Mit 17 TV-Star
► Mit 19 bei uns
► Sexy wie nie!
LOTHAR MATTHÄUS
Der Libero über Lust, Liebe und sein neues Leben
MASERATI
Das glanzvolle Comeback einer legendären Marke
TOUR DE FRANCE
Playboy-Reporter testete die härtesten Alpenpässe
+++ Plus +++

Emma
G 4155 EX
Frauenliebe + Emanzipation
Lesbierinnen über sich!
Alice Schwarzer: Wie mies sind Frauen?
Sucht nach der Pille
Krieg in der Schule
Zu Karin Struck
Frauen in den Betriebsrat?
Französinnen im Wahlboykott
Die Angst vorm Altern

EMMA
G 4155 E
Juli 86
Medizinisch erwiesen:
MÄNNER KÖNNEN KINDER KRIEGEN
Alles über feministische Therapie
Quoten Pro + Contra
Steffi in Wimbledon
Bald nur noch Super-GAU-Babies?

DM 4.00
C 20554 E
dasda
avanti
Das Magazin für Kultur und Politik
REPORT: Abschied vom Männlichkeitswahn
Eine Untersuchung beweist: Der alte Chauvie hat ausgespielt
Kommt eine linke Tageszeitung?
Corben ©1977

Nr. 49
C 5730 C
QUICK
Gangster-Krieg in Berlin:
Der Boss saß nackt im Schrank
So geht unsere Wirtschaft kaputt:
Funktionäre fallen dem Kanzler in den Rücken
Zärtlich wie Siamkatzen:
Die Mädchen aus dem Land des Lächelns
Neue Serie
Das Abenteuer, heute ein Mann zu sein

Nr. 33
C 5730 C
QUICK
Der Streit um Berlin
Farbbericht über die Stadt, um die wir kämpfen müssen
Deutschlands Ärzte fordern:
Frauen macht eine Pause mit der Pille!
Das wird die Diskussion des Jahres
Denn das bedeutet:
Männer jetzt müßt ihr die Pille nehmen!
Rose Kennedy
Die Geschichte einer Mutter
Der abgeschlossene QUICK-Leseteil

JASMIN
B 8489 D
5/71
DM 1.50
Die Zeitschrift für das Leben zu zweit
Der sinnliche Mann
Eine Anleitung, wie jeder Mann aus einer Frau, kühl wie Marmor, eine wunderbare Geliebte machen kann

JASMIN
B 8489 D
6/71
DM 1.50
Die Zeitschrift für das Leben zu zweit
27 und noch immer ohne Mann
Ein großer Bericht über Mädchen, die etwas falsch machen
Gewinnen Sie herrlichen antiken Schmuck
... im neuen Preisausschreiben
Der sinnliche Mann
Anleitung für Zärtlichkeit zu allen Stunden und an allen Stellen

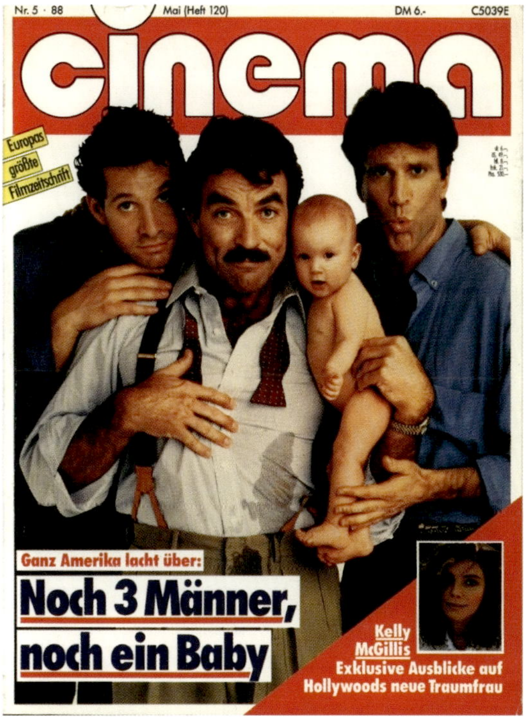
Nr. 5 · 88
Mai (Heft 120)
DM 6.-
C5039E
cinema
Europas größte Filmzeitschrift
Ganz Amerika lacht über:
Noch 3 Männer, noch ein Baby
Kelly McGillis
Exklusive Ausblicke auf Hollywoods neue Traumfrau

EMMA
DAS MAGAZIN VON FRAUEN FÜR MENSCHEN
Freund Singer
Frau Schindler
Die Väter-Mafia
Der FrauenStreik
TRANSSEXUELL

pardon
die deutsche satirische Monatsschrift · Frankfurt am Main · D 7020 E · 4. Jahr · Nr. 8 · August 1965 · DM 1,5
QUICK
... und das grosse Ferien-Preisrätsel
Liebe im Urlaub
Printed in German

pardon
die deutsche satirische Monatsschrift · D 7020 E · 7. Jahr · Nr. 4 · April 1968 · DM 2,– · öS 15.– · sFr. 2.–
Vorsicht! Kontrolle im Schlafzimmer
Kampagne gegen Sex und Lippenstift
r soll unser neuer Lübke sein?
ARDON fand den besten Kandidaten

pardon
die deutsche satirische Monatsschrift · Frankfurt am Main · D 7020 E · 4. Jahr · Nr. 7 · Juli 1965 · DM 1,50
Das gesunde Volks-empfinden ist unter-wegs
Bleibt sauber

Nr. 2 · Februar 1977 · C 7020 EX
pardon
Nichts ist mehr verdeckt:
Der totale Durchblick
Provokantes, Politisches und Privates zur Frauenbewegung von Alice Schwarzer, Karin Struck, Iring Fetscher, Jochen Steffen, Helma Sanders und anderen.
Verbraucht mehr Atomstrom!
Die neuen PARDON-Vorschläge zur Energie-Werbung

ENTERTAINMENT FOR MEN
PLAYBOY
SENATOR FULBRIGHT CHARTS A NEW COURSE FOR AMERICA
A 16-PAGE PICTORIAL ON SEX IN FOREIGN FILMS OF THE SIXTIES
EX-FCC HEAD NEWTON MINOW ON A FRESH APPROACH TO TV
FACT, FICTION AND HUMOR BY LEN DEIGHTON · JOHN CHEEVER JEAN SHEPHERD · SHEL SILVERSTEIN

JASMIN
B 8489 D
15/70
DM 1.50
Die Zeitschrift für das Leben zu zweit
Alles über:
Die sinnliche Frau
Ihr Geld
Abtreibung
XY-Zimmermann
und
die Onanie beim erwachsenen Mann und bei der erwachsenen Frau

ALLES, WAS MÄNNERN SPASS MACHT
DEZEMBER 12/98 • 9 DM
PLAYBOY
Katarina Witt

47
C 5730 C
Q
QUICK
10 Jahre Sexwelle in Deutschland:
Bilanz eines schamlosen Jahrzehnts
Mit Geld geht alles:
Der Schwindel mit den Doktortiteln
Der grosse QUICK-Report:
Kirche in der Krise

Nr.2·83
Februar (Heft 57) DM 5.- C5039E
cinema
Simmel exklusiv in cinema
Adriano Celentano:
Der Supertyp
Mit Video/TV Journal

AMICA
HOLLYWOOD '96
60 Seiten-Special: Macher, Megastars, Millionen
MODELL-FALL MOSTAR
Wie macht man Frieden auf dem Balkan?
MANNEQUIN HARALD SCHMIDT
So schön kann doch kein Mann sein!
FIT UND FUN IM WEIBERSPACE
Wie Frauen das Internet erobern
DER TOD UND DAS MÄDCHEN
Richard Avedon inszeniert Nadja Auermann
neu

stern
magazin
Wie krank war Hitler?
Die erste Dokumentation aus den Aufzeichnungen seiner Ärzte
Die Heinz-Rühmann-Story
32 EXTRA-SEITEN
Mach mehr aus deinen Fotos
FOTO & FILM JOURNAL
Die Männer dieser Welt
Der italienische Mann

4 wochen rhein-main-lahn
az
D 4493 E
MIT LESERN FÜR LESER
AUGUST 1986 · 8/86 · Nr. 126
DM 3,50
Mann
ist wieder wer
Wir verlosen FALL SCHIRM SPRÜNGE
Fein zurückgemischt

pardon
TROTZ ZENSUR
Neueste
Cartoons aus der ČSSR
Alle locken mit nackten Mädchen
Wir diesmal nicht!

EMMA
Stress
mit der
Schönheit
Männer reden
über ihren
Körper

stern
magazin
Wie hat
Amerika
es nur dahin
gebracht?
Gewalt beherrscht die großen Städte
Korruption, Rebellion, Rassenhaß
Nur in der Kleinstadt ist die Welt noch heil

Küss mich!
Die Renaissance
des Froschkönigs
FLINTENWEIBER IN DIE BUNDESWEHR?

G 1394 E
'rad
SEITEN EXTRA FÜR BERUFSANFÄNGER
TREUE
ALTE WERTE NEUES GLÜCK?
WAS BLEIBT WENN DIE
RAKETEN
FORT SIND?
REMBETIKA

Nr.9 September 1985
10.Jahrgang
H 3394 E
StadtMagazin
PORNO SPEZIAL:
Die Geschichte der Teresa O.
So treibt es der Jugendschutz!
Porno-Moser packt aus!
+ primo Video-Vorlagen
DER NEUE „SPALTER": Jetzt noch neuer! 148 Seiten!
SCHARF: Party-Pomp im Arbeitsamt!
HEISS: Vom Ersten bis zum Letzten!
HART: Die Vibrators kommen!
SÜSS: Nena auch!
...und Fauser zieht Leine!

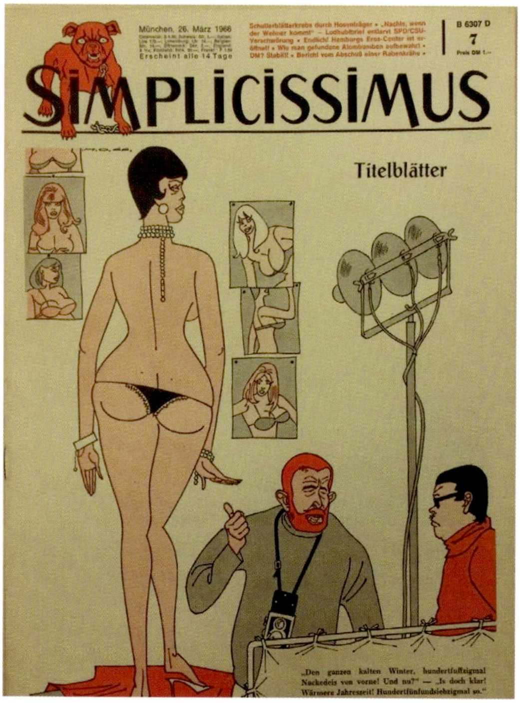
München, 26. März 1966
Erscheint alle 14 Tage
B 6307 D
7
SIMPLICISSIMUS
Titelblätter
„Den ganzen kalten Winter, hundertfuffzigmal Nackedeis von vorne! Und nu?" — „Is doch klar! Wärmere Jahreszeit! Hundertfünfundsiebzigmal so."

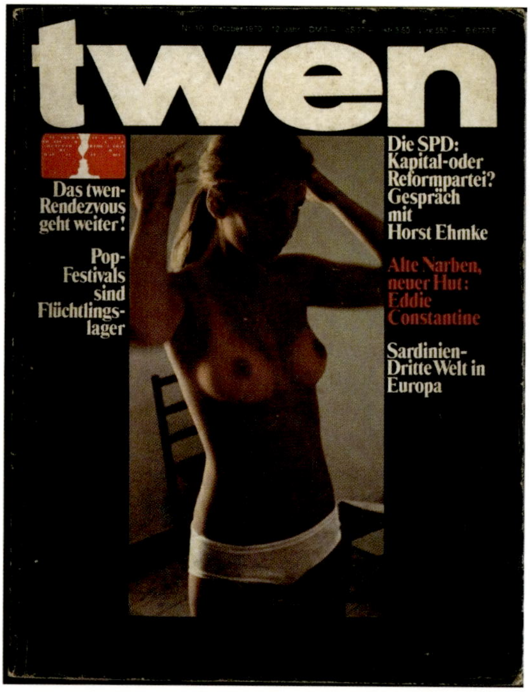
twen
Das twen-Rendezvous geht weiter!
Pop-Festivals sind Flüchtlingslager
Die SPD: Kapital-oder Reformpartei? Gespräch mit Horst Ehmke
Alte Narben, neuer Hut: Eddie Constantine
Sardinien-Dritte Welt in Europa

feigen-
blatt
DM 2,-
Nr. 1
Magazin der nackten Tatsachen
Erotischer Heiratsmarkt
. . . und Nackte am laufenden Band
Tamara
und ihre Geschichte, die man nie vergißt
Farbiger
Riesen-Poster
zum Herausnehmen

FRAUEN
auf die Barrikaden
Sozialistische Frauenzeitung
Nr. 6/7
Für das Selbstbestimmungsrecht der FRAU

JASMIN
Die Zeitschrift für das Leben zu zweit
Eine Untersuchung, wie es sie noch nie gegeben hat:
Das sexuelle Verhalten der deutschen Frau
Der größte wissenschaftliche Report über die intimen Probleme von fast 17 Millionen Frauen
Frauenberufe, die auch in zehn Jahren noch Zukunft haben
Der Mann, der bis September alle Mädchen fasziniert
Urlaub auf Krankenschein – warum machen Sie es nicht auch so?
Die Tochter des Bundespräsidenten: „Zum Papst gehe ich nur, wenn ich über die Pille reden darf!"

B 8489 D
JASMIN
8/71
DM 1,50
Die Zeitschrift für das Leben zu zweit
Wie gut lebt Frau Heinemann?
JASMIN untersucht den Lebensstil von 5 First Ladies
Schlank! Schlank! Schlank!
Die fröhliche Abmagerungskur aus Amerika
Was sind das für Männer, die kleine Kinder entführen?
Und wie enden sie?

# BEITRÄGE

ein erfolgreicher Eye-Catcher
samkeit erregen

**Frank Duerr**

Anmacher.

Die Rhetorik der Titelseite

Ist man auf dem Weg von einer Großstadt in die andere und nimmt dafür die Dienste öffentlicher Verkehrsmittel in Anspruch, wird man früher oder später mit einem längeren Aufenthalt in einem Bahnhof konfrontiert. Dort gibt es Ticketautomaten, grell blinkende Fast-Food-Läden, kostenpflichtige Toiletten und Kioske. Die Zeitschriftenläden sind in großen Hauptbahnhöfen gut ausgestattet mit Tageszeitungen, Belletristik und einer Vielzahl an Zeitschriften. Die Cover glänzen, strahlen und locken den potentiellen Käufer an; denn sie haben eine Menge zu bieten: Sex, Liebe, Reise, Geld, Sport, Stars, Garten, Kochen, Mode, Wünsche und Träume. Frauenbrüste, Männermuskeln und lockende Headlines sind die besten Garanten im Ringen um eine stabile Käufer- und Leserschaft. Dabei kann man sich einigen Titelblättern kaum entziehen. Sie erheischen Aufmerksamkeit und wecken ein Interesse, dem man schnell und gerne nachgibt. Der Griff zum gebundenen Papier erfolgt, man blättert schnell hinein, geht zur Kasse und bezahlt. Für ein paar Euro erwirbt man ein Stück Lebenswelt und die Hoffnung, sich persönlich weiterzuentwickeln, meist jedoch schöner oder schlanker zu werden. Die erworbene Zeitschrift ist selten ein Vorzeigeobjekt. So sehr man den Covermotiven nacheifert, so ungern gibt man zu, zu einer Leserschaft oder sogar Abonnentengruppe zu gehören.
Doch kann man den Wirkmächtigkeiten der Aufmacher nur selten widerstehen: Die kreativen Titelseiten weisen kontakt- und identitätsstiftende, attraktive, appellative, unterhaltende, rhetorisierende und provokative Funktionen auf.[1] Auch der Konnex des Privaten mit dem Öffentlichen spielt eine bedeutende Rolle:

„There is a persuasive case for considering the magazine cover as a significant medium in its own right. It is hard to think of another form of communication that inhabits and interconnects both the public and private realms in quite the same way, demanding our attention in the social context of newsstand, newsagent and supermarket; in the private confines or coffee table, bedside and bathroom; and comfortably inhabiting those liminal spaces in between – when we are travelling, relaxing, waiting for someone or for something to happen and the act of reading a magazine reflects the cover back at the world around us."[2]

## Zwei sehr persönliche Zeitschriften-geschichten

Wenn mich in der Freizeit die Arbeit nicht loslässt, versuche ich aus meiner Umgebung Ideen zu erhalten, die eine Hypothese befeuern oder vernichten. Ende 2013 stand ich im Supermarkt hinter Regalen und beobachtete minutenlang Kunden, die sich in der Zeitschriftenabteilung tummelten. Sie wanderten an der mit Covern tapezierten Stellwand auf und ab. Selten suchten sie ihre Zeitschrift zielgerichtet, vielmehr ließen sie sich auf das Spiel mit dem Aufmacher ein: Welches Cover würde die Dame mittleren Alters wohl als nächstes ansprechen? Würde sie zugreifen oder wie der Mann ein paar Meter von ihr entfernt nur auf die Heftchen seiner Wahl schielen? Sie konnte sich nicht entscheiden. Er wollte sicherlich ohnehin nichts kaufen, sondern nur mitreden können, falls die Kollegen bei der Arbeit vom ‚Playmate des Monats' erzählen. In den Fingern gejuckt hat es ihn vermutlich schon. Sie hingegen suchte weiter nach ihrem

passenden Gegenstück und fand es schließlich in der neuesten Ausgabe der *Brigitte*. „Lust auf die neue Mode?", „Beauty-Yoga" und „Plötzliche Veränderungen" ist Objekt der Begierde geworden. Dann wurde es spannend: Sie las nicht lange in der aktuellen Ausgabe oder warf sie in den Einkaufswagen. Nein, sie drehte das Heft um, gab nur die Werbung der Rückseite preis, machte die *Brigitte* dadurch unkenntlich, schaute sich skeptisch um und verließ die Zeitschriftenabteilung.
Ein zweites Erlebnis liegt bereits ein Vierteljahrhundert zurück. Die ganze Großfamilie saß nach dem Essen im Wohnzimmer eines Verwandten, der am Rande einer Kleinstadt mit seiner Frau und seinem bereits erwachsenen Sohn lebte. Im rustikal gehaltenen Wohnzimmer stand zwischen den Sofas ein schmales Ecktischchen. Ich stellte mein Glas mit Apfelschorle darauf ab und entdeckte auf einer leicht verdeckten Ablagefläche des Tisches etwas Außergewöhnliches: einen Stapel *Praline*-Hefte. Nackte Männer und Frauen in einer Foto-Love-Story, die jedoch nicht so unschuldig wie in der *Bravo* dargestellt wurden – es ging zur Sache. Auf der ersten Seite war meist eine Geschichte, stellvertreten durch eine Bild- oder Fotoserie und einer ‚scharfen' Headline abgebildet – eine Sensation für einen Zehnjährigen. Doch bereits damals erkannte ich, dass die ungarische Erotik-Zeitschrift günstig, wenn nicht sogar billig war. Das Papier flatterte, die Abbildungen waren schlecht gesetzt; aber darauf kam es wohl nicht an. Es ist fraglich, ob die Kolumnen von Silvana Koch-Mehrin und Dirk Niebel, beide FDP, an der inhaltlichen Qualität der aktuellen Hefte etwas ändern. Meinen Großonkel wird es wohl nicht interessieren.
Die Dame aus dem Supermarkt und mein Großonkel sind zwei Zeitschriftenkäufer unterschiedlichster Art, lediglich verbunden über die abgeschlossene Handlung des Zeitschriftenkaufes, einmal einzeln und das andere Mal im Abonnement erworben. Doch beide versteckten ihre Zeitschriften, beide sahen diese Hefte als etwas an, das eigentlich nicht zu ihnen gehören sollte – zumindest öffentlich nicht. Doch mit der Entscheidung für den Erwerb einer Zeitschrift geht immer auch eine Materialisierung der eigenen Interessen einher. Man tauscht Geld gegen Informationen, die auf dünnem oder hochwertigem Papier gedruckt sind. Da in diesen Werken stets auch diverse Gestaltungs- und Inhaltselemente die Zeit widerspiegeln, in der sie entstanden, sind Zeitschriften für die Kulturwissenschaften von großer Brisanz. Kleidung, Typografie, Frisuren, Werbung, aktuelle Lifestyles und die große Flut von Darstellungen anderer Kulturprodukte lassen den Forscher freudestrahlend die Hefte erleben. Egal welche Art von Zeitschrift, sie vermittelt ideologische, mentalitätsgeschichtliche und ästhetische Empfindungen einer Leserschaft, wenn nicht gar einer ganzen Epoche – eine Art herrschender ‚Zeitgeist' wird spürbar.

## Die Zeitschrift und ihr Aufmacher

Widmet man sich im Rahmen einer wissenschaftlichen Zeitschriftenanalyse lediglich den Coverbildern, so kommt dies natürlich einer starken Einschränkung gleich. Denn quantitativ ist das Titelblatt nur eine von Dutzenden von Seiten. Doch das Cover hat einen bestimmten Zweck, eine Funktion, die keine weitere Seite des Heftes aufzuweisen hat: Der Titel soll Aufmerksamkeit erregen, Interesse wecken, Wünsche evozieren und schließlich Kaufanreize schaffen. Der Wettbewerb um die Entscheidung des potentiellen Zeitschriftenlesers am Kiosk ist hart. Verlage stehen prinzipiell in Konkurrenz mit anderen Medien und haben auch im eigenen Revier eine hohe Anzahl an Konkurrenten. Umso wichtiger ist es in diesem Fall, ein klares Profil zu erarbeiten und die Coverbilder so angemessen wie möglich zu gestalten. Am Aufmacher erkennt der erfahrene Kunde seine Zeitschrift wieder; der Erstkäufer lässt sich zum Kauf inspirieren, wenn die vorgestellten Titelmotive positive Assoziationen bei ihm auslösen. Die Frontseite beinhaltet mindestens eine Botschaft, die durch ein Bild – weniger: Bilder –, durch Headlines und durch die typografische und farbige Gestaltung des Zeitschriftenlogos vermittelt werden soll. Der Aufmacher von Zeitschriften ist dadurch nicht nur einer eigenen Werkkategorie zuzuordnen, sondern auch mit anderen Aufmachern vergleichbar: der Startseite einer Internetpräsenz, das Stadtplakat oder das Musikalbencover, sei es auf CD, LP oder lediglich als Stellvertreterbild für den MP3-Download. Bildtext wird mit Schrifttext kombiniert und soll den Rezipienten zur Handlung animieren. Die Aufmacher dieser Medien sind zwar verwandt, keinesfalls jedoch deckungsgleich in der textuellen Ausarbeitung. Die spezifischen Eigenheiten der Zeitschriftencover sind schwer kategorisierbar; denn allein in Deutschland werden etwa 2500 Publikumspressetitel vertrieben. Allein 65 % des Marktes teilen sich dabei nur vier große Player: Heinrich Bauer-, Axel Springer- und Hubert-Burda-Verlag sowie Gruner & Jahr.[3] Es gibt also deutliche Anzeichen für Bildkonventionen, für erfolgreiche Aufmacher-Muster, denen konkrete Strategien und Handlungsaufforderungen innewohnen und die bestimmte Meinungsbilder evozieren; vor allem dann, wenn Zentralredaktionen für eine Vielzahl von Zeitschriften eingesetzt werden. Die Zentralisierung von Redaktionen hat einen schwerwiegenden Grund: Die Titelanzahl steigt seit 1975 unaufhörlich, die Verkaufszahlen sinken jedoch seit 1999. Die Ausdifferenzierung der Themen wächst, ebenso die Zahl der Unternehmen, die Zeitschriften publizieren.[4] Aufgrund der starken Konkurrenzsituation ist der Markt um die potentielle Leserschaft immer stärker umkämpft – der Aufmacher gewinnt noch mehr an Gewicht. Doch wie ist der wichtigsten Seite einer Zeitschrift wissenschaftlich nachzugehen? Ein Analysemodell des Titelblatts hat Patrick Rössler aus Erfurt entwickelt; es wird im vorliegenden Band im Beitrag von Joachim Sieber zusammengefasst. Hier genügt eine kurze Erwähnung der vier Dimensionen von Rösslers Analysemodell: gestalterisches Konzept, inhaltliches Konzept, sozialer Kontext, Vermarktungskonzept.[5]

Das gestalterische Konzept erschließt sich aus dem Layout, das Typographie, Format, Komposition, Logo und die Farbwahl beinhaltet. Zudem kann die Drucktechnik bestimmt und die gewählten Bilder, die mitunter auf eine Werkgattung, ein bestimmtes Repertoire, Symbole oder Attribute sowie Vorbilder und bekannte Motive anspielen, können erkannt werden. Im Rahmen der Analyse des inhaltlichen Konzeptes werden die politische Linie, die Themenauswahl, die Autoren und ihre journalistischen Textformen sowie der Titel berücksichtigt. Der soziale Kontext verweist auf politische Verhältnisse, das publizistische und künstlerische Umfeld, die öffentliche Resonanz und eventuelle gesellschaftliche Tabus. Diese semantische Dimension soll bereits durch die chronologische Aufarbeitung angedeutet werden, auf die dann innerhalb der Analyse Bezug genommen werden kann. Die letzte Kategorie ist das Vermarktungskonzept, das die Intentionen des Verlegers, die Zielgruppenorientierung, die Vermarktung und Lesebindung beinhaltet. Für die Rhetorik als wissenschaftliche Disziplin sind damit jedoch noch nicht alle Dimensionen vollumfänglich definiert; denn hier liegt ein spezifischeres Interesse an den persuasiven Prozessen und Produkten der Massenkommunikationen vor.

## Der Blick der Rhetorik

Unter Rhetorik verstehen wir das strategische Kommunikationsverhalten des Menschen, das auf Überzeugung ausgerichtet ist. Dabei ist rhetorisches Handeln stets ein kommunikativer Akt, der ohne Manipulation oder Gewaltanwendung auskommt. Durch diese Handlung soll eine Überzeugung verstärkt oder ein Meinungswechsel ausgelöst werden.[6] Der mentale Wechsel, der durch strategische Kommunikation evoziert wird, ist somit keineswegs auf die Verbalsprache begrenzt und kann über alle verfügbaren Medien sowie durch Argumente, Topoi, Image, Stil, Affekte und vieles mehr herbeigeführt werden. Die Frontseite einer Zeitschrift fiel früh in das Forschungsfeld der Rhetorik.[7] Bereits in den 1980er Jahren entstanden Ansätze für eine rhetorische Analyse der Titelblätter und deren weiterführenden Beiträge. Heute kann diese rhetorische

Analyse des Titelbildes zusätzlich durch ein semiotisches und rhetoriktheoretisches Gerüst ergänzt werden, das durch die intensiven fundamental- und bildrhetorischen Arbeiten des Rhetorikers Joachim Knape entstand.

„Es geht bei rhetorischen Analysen auch nicht um die Rekonstruktion irgendwelcher Wirkungsgeschichten [...], sondern um die Untersuchung von konkreten Effektivitätskalkülen, die sich in Appellstrukturen niedergeschlagen haben."[8]

In *Rhetorik der Künste* liefert Joachim Knape das Instrumentarium für eine bildrhetorische Analyse, die zum Ziel hat, konkrete Effektivitätskalküle offenzulegen, die sich in der Appellstruktur zeigen. Es soll also beleuchtet werden, inwiefern innerhalb des Aufmachers rhetorische Mittel zur Unterstützung des Appells an den Leser verwendet werden. In der Rhetorik spricht man von der Appellfunktion einer übermittelnden Nachricht. Der Erfolg dieser Botschaft hängt auch von den Voreinstellungen des Adressaten und seiner Bereitschaft zur sinnaufgreifenden Rezeption und zum Verständnis ab. Diese Rezeptionsbereitschaft kann zusätzlich durch rhetorische Mittel unterstützt und stimuliert werden. Die Mittel gehen von einem Sender aus, der sich mitteilen und Menschen zum Meinungswechsel und zur Meinungsbindung überzeugen möchte. Doch dafür ist strategisches Denken notwendig, da „alle Kommunikationsformen als Sendung von Botschaften auf der Grundlage von zugrundeliegenden Codes funktionieren, d.h. daß jeder Akt von kommunikativer ‚performance' sich auf eine schon bestehende ‚competence' stützt."[9]
Diese Kompetenz ermöglicht das Entwickeln und Interpretieren von Botschaften. Der Rezipient wird mit einer für ihn verständlichen oder unverständlichen Botschaft konfrontiert: „Der Empfänger hat eine Botschaft vor sich und muß sie interpretieren, was im Wesentlichen auf ihre Dekodierung hinausläuft. In dem Maße, wie der Urheber die Botschaft so zu dekodieren verlangt, daß sie ein eindeutiges und präzises Signifikat ergibt, das genau dem entspricht, was er zu kommunizieren beabsichtigte, wird er in die Botschaft selbst Verstärkungen und Wiederholungen einbauen, die sowohl die semantischen Bezüge der Termini als auch die syntaktischen Relationen zwischen ihnen eindeutig festlegen helfen: Die Botschaft wird folglich um so eindeutiger sein, je redundanter sie ist und je öfter die Signifikate bestätigt werden."[10]
Es gelang Umberto Eco bereits 1986, schlüssig über den Kommunikationsakt zu sprechen und bis heute gültige Definitionen semiotischer Phänomene zu entwickeln und konkrete Funktionen der persuasiven Rede zu benennen, die sich auf alle Kommunikationsformen übertragen lassen: referentiell, phatisch, metasprachlich, ästhetisch und imperativisch.[11] Eco führt aus, dass Tropen Aufmerksamkeit erregen und dass der Schrifttext in der Werbung für die Verankerung der Botschaft sorge, da das Visuelle oftmals zweideutig sei. Unter den visuellen Tropen hebt er einige bestechende Beispiele hervor: Autoreifen sicher zwischen Nägeln (Hyperbel), Rauchwolke für Zigaretten (Litotes), trinkender Kolibri als Metapher für ein tankendes Auto oder die Vertretung der Zielgruppe im Bild (Antonomasie).[12] All diese Tropen sorgen dafür, dass bestimmte Konnotationen beim Rezipienten ausgelöst werden sollen. Diese Steuerungskomponenten gelten auch für Aufmacher von Zeitschriften, die mit oben genannten semiotischen Prämissen arbeiten. Zwar folgen diese einer Ideologie, doch sei klar, dass diese „auch nicht immer und überall etwas Totalitäres zu bedeuten [hat]; niemand glaubt, daß die Reklame für ein Auto, die den Konsum steigern soll, die Betrachtungsweise eines ganzen Lebenssystems verändern könnte; es genügt, wenn man beobachtet, wie sie es an einem Randpunkt angreift."[13] Daran sind rhetorische Strategien maßgeblich beteiligt. Beispielsweise ist das Covermotiv meist die Abbildung eines menschlichen Wesens, das als Ikone oder als Symbol für ein Thema eingesetzt wird. Die Personifizierung ist als rhetorische Wirkungstechnik zwischen Rezeptionserleichterung und Meinungslenkung zu verstehen, worunter die

Verlebendigung als Abwechslung und Zerstreuung, die Veranschaulichung als Vereinfachung und als scheinevidente Erklärung, die Ironie als kritischer Witz und Skepsis als Unterkategorien zu nennen wären.[14] Die den Personenabbildungen beigefügten Headlines dienen der Beschreibung der äußeren Erscheinung, der Psychologisierung, der Intimisierung und der Statusbetonung.[15]

## Das Zeitschriftencover als rhetorischer Fall

Um den Ansatz Ecos und der anderen erwähnten Autoren noch stärker für die Titelseite griffiger werden zu lassen, dienen die Persuasionskriterien für Kunst von Joachim Knape[16] als Vorlage, für ein Modell der speziellen Aufarbeitung von Aufmachern, das Gattungen, Reizauslöser, Darstellungen, Werte, Evokationen und Kalküle sowie Sender und Empfänger zu erfassen versucht. Rhetorik ist somit das Feld der menschlichen Kommunikation, das den „Aspekt der kognitiv-kommunikativen Anschlussoperationen" fokussiert.[17] Der Verleger/Redakteur/Layouter möchte sein Anliegen in die Gesellschaft einbringen beziehungsweise seine Meinung, seinen Standpunkt, seine Überzeugungen kommunizieren. Ziel der Zeitschriftenanalysen ist das Herausschälen eines oder mehrerer Produktionskalküle, welche die möglichen Semioseprozesse des Adressaten erklären, „um daraus mögliche Produktionsregulative für Produktionskalküle abzuleiten mit dem Ziel, intentionsgerechte Semantiken aufzubauen".[18] Die Erkenntnis über die Appellstrukturen des Werkes ist der rhetorische Kern des wissenschaftlichen Arbeitens. Dabei sollen unter anderem folgende Kalküle offengelegt werden:

- Angemessenheitskalkül: Angemessenheit, Akzeptanz der Ikonik, Setting
- Mittelkalkül: Einsatz von Medium und sonstigen Instrumenten
- Produktionskalkül: Struktur, Affekt, Strategie, Interaktion
- Situationskalkül: Umstände, Personen, Sache, Fall, Zeit, Ort

Diese Kalküle sind epochenspezifisch und diskursiv zu untersuchen, denn Persuasion ist an kulturelle Bedingungen geknüpft. „Die persuasiven Handlungen sind eingebettet in weitreichende kulturelle Zusammenhänge bzw. soziale Abläufe und ergeben sich damit aus der menschlichen Lebenswirklichkeit."[19] Die Planung der Botschaftssendung sollte unter anderem die abduktive Schlussfolgerung des Adressaten antizipieren. Dabei sind die potenziellen Widerstände (kognitiv, sprachlich, textuell, medial, situativ)[20] zu beachten, die der Adressat, das Notationssystem, die Botschaft, die Tragfläche (Materialität), der Ort und die sonstigen Umstände hervorrufen können.

## Die wichtigsten Faktoren eines Zeitschriftencovers

Um ein Zeitschriftencover mit rhetorischer Brille zu analysieren, sind viele Faktoren von Interesse. Dazu gehört zuvorderst (1) die Recherche des Vertriebsweges: Ist die Zeitschrift nur am Kiosk/Zeitschriftenhandel zu erwerben, im Abonnement oder als kostenlose Beilage zu einem anderen Massenmedium (wie im Fall mancher Programmzeitschriften). Im Anschluss daran stellt sich die Frage (2) der Einordnung der Zeitschrift in eine Zeitschriftengattung (Publikumsmagazine, Illustrierte, Fachzeitschriften, Stadtzeitschriften usw.) und (3) in konventionalisierte Genres (Unterhaltung, Politik, Wirtschaft, Lifestyle, Satire, usw.). (4) Anschlussfähige Themen fördern das spezifischere Interesse des potentiellen Käufers (etwa Stars, Gewalt, Ereignisse, Kulturspezifika). Eine Analyse eines Covers sollte sich nach diesen Meta-Einordnungen (5) der semiotischen Gegebenheiten richten. Die Frage hier lautet: Was ist zu sehen? Hier stehen Format, Komposition, Typografie, Farben, Gestaltproportionen, Raumstruktur, Lichtverhältnisse im Fokus. Nach Knape sollte man die gestalterischen Formen nach (6) Lenkungsverfahren wie beispielsweise instinktive Reizauslöser analysieren, von denen der Blick auf die sekundären Elemente des Titelblatts wandert?[21] Somit stehen in diesem Schritt die Ordnungsprinzipien im Zentrum: Woraus ergibt sich die Akzeptabilität der vorliegenden Strukturen? Hier lassen sich Muster, Regeln, Konventionen und Abweichungen der Ausarbeitung im Vergleich zu anderen Einzelheften des Zeitschriftentitels oder der Konkurrenz analysieren. Werden diese Reflexionen durch (7) Emotionalisierungsstrategien untermauert? Löst der Aufmacher Mitgefühl, Zuneigung, Freude, Scham, Abneigung, Angst, Trauer, Ärger oder Ekel aus? Oder gibt es (8) konkrete Handlungsaufforderungen (motivierte Ausdrucksformen, Appellstrukturen)? Ist mit dieser Ausformung (9) das Auslösen von Reflexionen über Maßstäbe, Glaubenssätze, Kriterien oder Werte verbunden? Welche Ideologie ist diesem Aufmacher eingewoben (konstruiertes Weltbild)? (10) Wo findet der potentielle Adressat die Zeitschrift im Einzelfall und sehr konkret (Settingbedingungen)?

Unter Berücksichtigung dieser zehn Aspekte ist es möglich, den Aufmacher als semiotisches Produkt und als rhetorisches Instrument zu erfassen. Die Analysen der Frontseiten in diesem Katalog und in dem parallel erscheinenden Essayband „Rhetorik des Aufmachers"[22] zeigen, wie die Redaktion, die Verleger, der Autor versuchen, durch das Titelblatt den potentiellen Käufer oder Leser anzusprechen. Gleichzeitig offenbart sich so etwas wie ein ‚Zeitgeist' der jeweiligen Epoche, der im Einzelwerk zu erahnen und in der Gesamtschau einer Abteilung mit einem Dutzend Zeitschriften deutlich zu erfahren ist. Dabei wird deutlich, wie dieses Geflecht unterschiedlicher kultureller Einheiten an Komplexität gewinnt. Natürlich bleibt Frage unbeantwortet, ob die Macher sich dessen absolut bewusst waren, doch hilft uns diese Forschung, das Gegebene nicht nur einfach hinzunehmen, sondern den Aufmacher als motiviertes Konstrukt in seinem zeitspezifischen System zu enthüllen. Und trotzdem bleiben Fragen offen. Doch das ist trotz der vielen Aufmerksamkeitserreger äußerst beruhigend.

1 Gudrun Held: Überlegungen zur visuell-verbalen Rhetorik auf Zeitschriften-Covers, in: Rita Franceschini u.a.: Retorica. Ordnungen und Brüche, Tübingen 2006.

2 Steve Taylor: 100 years of magazine covers, London 2006, S. 7.

3 Sven Preger: Mangelware Recherche, Berlin 2004, S. 64.

4 Erich Straßner: Zeitschrift, Tübingen 1999, S. 16.

5 Patrick Rössler (Hg.): Moderne Illustrierte – Illustrierte Moderne. Zeitschriftenkonzepte im 20. Jahrhundert, Stuttgart 1998, S. 14–17.

6 Siehe Karlfritz Koeppler: Strategien erfolgreicher Kommunikation, München 2000, und Joachim Knape: Persuasion, in: Gert Ueding (Hg.): Historisches Wörterbuch der Rhetorik, Bd. 6, Darmstadt 2003, S. 874–907; ders.: Zwangloser Zwang. Der Persuasions-Prozeß als Grundlage sozialer Bindung, in: Gert Ueding und Thomas Vogel (Hg.): Von der Kunst der Rede und Beredsamkeit, Tübingen 1998, S. 54–69.

7 Franz-Hubert Robling: Personendarstellung im Spiegel. Erläutert an Titelstories der Großen Koalition, Tübingen 1983.

8 Joachim Knape: Rhetorik der Künste, in: Ulla Fix u.a.: Rhetorik und Stilistik. Ein internationales Handbuch historischer und systematischer Forschung, Berlin 2009, Bd. 1, S. 894–927, S. 918.

9 Umberto Eco: Einführung in die Semiotik, München 2002, S. 19.

10 Umberto Eco: Apokalyptiker und Integrierte. Zur kritischen Kritik der Massenkultur, Frankfurt am Main 1986, S. 78.

11 Eco 2002, S. 269.

12 Eco 2002, S. 274.

13 Eco 2002, S. 284.

14 Robling 1983, S. 170–176.

15 Robling 1983, S. 82.

16 Knape 2009, S. 894–927.

17 Vgl. Joachim Knape: Was ist Rhetorik?, Stuttgart 2000, S. 37.

18 Joachim Knape: Rhetorik, in: Klaus Sachs-Hombach (Hg.): Bildwissenschaft. Disziplinen, Themen, Methoden, Frankfurt am Main 2005, S. 134–148, hier S. 140.

19 Joachim Knape: Persuasion, in: Gert Ueding: Historisches Wörterbuch der Rhetorik, Band 6, Darmstadt 2003, S. 874.

20 Knape 2000, S. 58–63.

21 Knape 2009.

22 Frank Duerr, Anne Ulrich: Rhetorik des Aufmachers. Coveranalysen der Programmpresse im 20. Jahrhundert, Tübingen 2014.

# Konrad Dussel

Strategien eines Marktführers.
Die Titelseiten der *Berliner Illustrirten Zeitung*
1891 bis 1945

Die Karriere der *Berliner Illustrirten Zeitung* (*BIZ*) war in der ersten Hälfte des 20. Jahrhunderts einzigartig. 1891 als Alternative zu den traditionellen, ziemlich beschaulichen Familienzeitschriften von der Art der *Gartenlaube* oder *Daheim* gegründet, half sie nicht nur den neuen Zeitschriftentyp der Illustrierten durchzusetzen; schnell vermochte sie sich auch an die Spitze der Branche zu setzen und Auflagenrekord um Auflagenrekord einzufahren. Einen wesentlichen Beitrag zu diesem Erfolg lieferten ihre Titelseiten, die jede Woche zum Kauf der Hefte bewegen mussten. Allerdings muss gleich an dieser Stelle klargestellt werden: Die Titelseiten boten nur einen Anreiz, machten neugierig auf den Inhalt der Hefte – das ihnen Folgende musste das Versprechen auch einlösen, das gleichsam am Anfang stand. Erst das Zusammenspiel von gelungenen Titelseiten und – für die Leserschaft – ebenso gelungenen Gesamtheften sicherte den dauerhaften Verkaufserfolg.

## Ohne Liebedienerei an die Spitze gelangen. Der Aufstieg im Kaiserreich

Der Erfolg der *BIZ* musste mühsam erarbeitet werden und zudem hatten günstige Umstände zu Hilfe zu kommen. Jahrelang vermochte sie es anfangs nicht, sich deutlich von der Konkurrenz abzusetzen. Ihre Gründer – ein schlesischer Kaufmann namens Hepner als Finanzier und Dr. Otto Eysler als journalistisch erfahrener Herausgeber – gaben schnell auf. Aber auch als der bisherige Drucker Louis Ullstein das Projekt 1894 ganz in eigener Verantwortung übernahm, blieb zunächst alles beim Alten. Immerhin wurde vermehrt auf die nun technisch mögliche Reproduktion von Fotografien gesetzt. Das gab zwar Auftrieb, der große Durchbruch konnte aber erst erfolgen, als 1904 der Straßenvertrieb von Zeitungen und Zeitschriften freigegeben wurde und gerade die *BIZ* darauf ganz gezielt reagierte. Innerhalb weniger Jahre schnellte die Auflage der Illustrierten von 100 000 Exemplaren um die Jahrhundertwende auf 800 000 Exemplare im Jahre 1906 in die Höhe; noch vor dem Ausbruch des Ersten Weltkriegs überschritt sie dann die Millionengrenze.[1]

Den entscheidenden Kaufanreiz hatte Woche für Woche das Titelblatt zu liefern. Seine endgültige, bis zur Einstellung der Zeitschrift im Frühjahr 1945 beibehaltene Form fand es bereits zu Beginn des 20. Jahrhunderts. Damals war der ursprüngliche, sehr verschnörkelte Schriftzug des Titels, in den man auch noch eine Zeichnung der Figur der Viktoria von der Berliner Siegessäule integriert hatte, durch Peter Behrens grundlegend modernisiert worden. Der neue Schriftzug ganz ohne Zierrat, bei dem die Lokalbezeichnung *Berliner* größenmäßig deutlich hinter der Allgemeinaussage *Illustrirte Zeitung* zurücktrat, blieb bis zum Ende unverändert. Selbst auf das Dehnungs-E in „Illustrirte" wurde bis 1941 verzichtet. Ergänzt wurde dieser Kopf, der weniger als ein Viertel der Seitenfläche einnahm, durchweg durch ein großformatiges Titelbild, die eigentliche Attraktion, den eigentlichen ‚Aufmacher'.

Allerdings muss man hier genau sein. Betrachtet man als ‚Aufmacher' nur den wichtigsten, bereits auf der Titelseite entsprechend präsentierten Artikel einer Zeitung oder Zeitschrift, so muss man bei der BIZ weitgehend Fehlanzeige erstatten. Derartige ‚Aufmacher' gab es in ihrer Jahrzehnte langen Geschichte so gut wie keine. Nur ausnahmsweise lieferte das Titelbild den Einstieg zu einem im Heft folgenden Artikel, darüber hinaus ab und zu den bildhaften Hinweis auf einen neu beginnenden Fortsetzungsroman. In der Regel standen Titelbild und Heftinneres völlig unverbunden nebeneinander, war das Titelbild eigentlich nur die erste Bildnachricht unter vielen weiteren.

Weil es primär um Bildnachrichten ging, erfolgte keine regelmäßige Beschränkung auf einzelne Personen oder gar Porträtaufnahmen ohne Aktualitätsbezug. Unter den 52 Bildern des Jahrgangs 1910 beispielsweise findet sich diese Konzentration nur in 13 Fällen – und auch da ist sie häufig durch die damit verbundene Nachricht motiviert, etwa im Falle des Todes von Robert Koch am 27. Mai 1910, dem dann das Titelbild des 23. Heftes vom 5. Juni und ein paar erläuternde Zeilen auf den beiden folgenden Seiten gewidmet wurde. Drei Viertel der Bilder zeigen stattdessen mehr oder minder personenreiche Szenen.

Überrascht sein muss man auch, wenn man sich mit den Themen der Abbildungen beschäftigt. Um beim Jahrgang 1910 zu bleiben, der als durchaus typisch für die Jahre vor dem Ersten Weltkrieg betrachtet werden kann: Die Hälfte der Bilder sind ohne weiteres als ‚politisch' zu klassifizieren. Den Verdacht, dass dabei aber immer nur Kaiser Wilhelm II. in Szene gesetzt wurde, kann man jedoch klar zurückweisen. Selbstverständlich fehlen entsprechende Huldigungen nicht ganz: Heft 13 zeigt den „Kaiser und die Kaiserin bei einem Morgengalopp durch den Tiergarten", Heft 22 den „Kaiser bei der Beisetzung König Eduards in Windsor" und Heft 32 den „Besuch des Kaisers auf dem Linienschiff ‚Nassau' in Molde". Aber seitenfüllend oder auch nur im Mittelpunkt stehend wird er dabei auffallender Weise nie präsentiert.

Nicht, dass man diese Ehre Politikern ganz verweigert hätte. Heft 5 zeigt als ersten in der neuen Reihe „die großen Redner des Deutschen Reichstags" einen führenden Oppositionellen, „Friedrich Naumann, einen der Führer der Liberalen" und auch noch „nach einer

Abb. 1: *BIZ,* Nr. 14, 1910

Lithographie von Professor Max Liebermann", dem bedeutenden, aber von Wilhelm II. nicht gerade geschätzten Impressionisten. Heft 33 präsentiert dann ein Foto von „Deutschlands gegenwärtig meistumworbenem Politiker: Ernst Bassermann, dem Führer der Nationalliberalen" und Heft 42 eines von Portugals neuem Präsidenten, Dr. Teofilo Braga.

Auch manche Gruppenbilder haben es in sich. Heft 7 zeigt „Die Frau im politischen Kampf": Eine Zeichnung von Cyrus Cunes für die *BIZ* hält die „Verhaftung von demonstrierenden Suffragettes in den Straßen Londons" fest. Und Heft 8 ergänzt dies durch eine weitere Zeichnung, dieses Mal von Fritz Koch-Gotha zum „Wahlrechts-Sonntag in Berlin", die „Spitze eines Zuges der 200 000 Wahlrechts-Demonstranten" wiedergebend. Die Krönung der allerdings regelmäßig nicht ganz eindeutig festzumachenden kritischen politischen Stellungnahme bildet schließlich das Titelbild der Nr. 14 – es präsentiert den leicht-

XIX. Jahrgang
Nr. 32

Berliner

7. August 1910
Einzelpreis
10 Pfg.
oder 15 Heller.

Illustrirte Zeitung

Verlag Ullstein & Co., Berlin SW. 68.

Von der Nordlandsreise des Kaisers:
Besuch des Kaisers auf dem Linienschiff „Nassau" in Molde.

Abb. 2: *BIZ*, Nr. 32, 1910

bekleideten „Fürst Bülow mit seinem Gast, dem Reichskanzler Bethmann Hollweg, am Rande des Parks der Villa Malta im Tiberfluß badend". Ein Skandal sondergleichen wäre die Folge gewesen – wenn es sich nicht um die Nummer vom 1. April gehandelt hätte, in der die *BIZ* immer mit besonderen Scherzen aufwartete.
Es ist also festzuhalten, dass sich die *BIZ* vor allem in den Jahren vor dem Ersten Weltkrieg durch einen ziemlich hohen Anteil politischer Themen auf ihren Titelbildern auszeichnete, die in der Regel nicht eines mehr oder minder subtilen regierungskritischen Zugs entbehrten. Beides ist umso auffallender, wenn man sich als nächstes den Titelseiten der Hefte aus der Weimarer Republik zuwendet.

## Durch wenig Politik die Massen erreichen. Auflagenrekorde in der Weimarer Republik

Nach einem Verkaufstief während der Hyperinflation der Jahre 1922/23 konnte die *BIZ* in der zweiten Hälfte der 1920er Jahre Verkaufsrekord nach Verkaufsrekord aufstellen. Der Ullstein-Verlag war sich damals seines Erfolgs so sicher, dass er in seinen quartalsweise veröffentlichten *Ullstein-Berichten* auch notariell beglaubigte Auflagenzahlen präsentierte – ein Vorbild, dem nur wenige andere Verlage folgten, so dass über die Auflagenzahlen der deutschen Presse in der Weimarer Republik nach wie vor große Unklarheit herrscht. Der Höhepunkt war mit der Meldung eines Verkaufs von 1 844 130 Exemplaren Ende 1930 erreicht. Wie weit man damit vor der Konkurrenz lag, ist schon daran abzulesen, dass die Nr. 2 der Illustrierten, die 1923 gegründete *Münchner Illustrierte Presse*, nur eine Auflage von höchstens 700 000 Exemplaren verzeichnen konnte.
Welchen Beitrag zu diesem Erfolg die Gestaltung der Titelbilder geleistet hatte, ist selbstverständlich kaum zu entscheiden. Zweierlei ist jedoch herauszustellen: Zum einen hatte sich auf der Position des letztlich Verantwortlichen keine Veränderung ergeben. Chefredakteur war seit 1905 Kurt Korff. Zum anderen erfolgte die Gestaltung der Titelseiten trotzdem nun nach neuen Prinzipien.
Dabei ist nur begrenzt auf das Formale abzuheben. Wie im Kaiserreich, so wurde auch in der Weimarer Republik bei den Titelbildern nicht nur auf Fotografien zurückgegriffen. Nach wie vor kamen Zeichnungen und immer wieder auch Gemäldereproduktionen zum Einsatz. Allerdings war ihr Anteil seit 1924 deutlich rückläufig. In den frühen 1920er Jahren wurde mit 13 Zeichnungen und einem Gemälde im Jahr 1921 durchaus noch an das Kaiserreich angeknüpft; 1910 waren es 14 Zeichnungen und drei Gemälde, schon 1926 waren es jedoch nur noch sieben Zeichnungen und zwei Gemälde. Ihre Schöpfer blieben jedoch in weitem Umfang dieselben.

Abb. 3: *BIZ*, Nr.40, 1921

An erster Stelle ist Fritz Koch-Gotha (1877–1956) zu nennen, der als „zeichnerischer Gemütsreporter" (Friedrich Luft) über Jahrzehnte immer wieder zum Einsatz kam. Typischer für die Weimarer Republik waren jedoch die Zeichnungen Willibald Krains (1886–1945) und vor allem die Theo Matejkos (1893–1946). Paul Simmel (1887–1933) – das sei nur angemerkt –, der in den Heften mit fast zahllosen Witzzeichnungen vertreten war, scheint nie mit der Verantwortung für ein Titelbild ausgezeichnet worden zu sein. Matejko kam erst 1920 nach Berlin und zur *BIZ*, wurde jedoch schnell zu einem ihrer Aushängeschilder. Schon 1921 war er mit neun seiner Zeichnungen auf ihren Titelseiten vertreten. Zeitweise hatte er geradezu ein Monopol auf die gezeichneten Titelbilder der *BIZ* inne: 1926 schuf er sechs von sieben! Zu seiner Höchstform lief er auf, wenn er dynamische Sport-Szenen gestalten konnte, beim Boxen beispielsweise, vor allem aber bei Rad- und Autorennen, seinen großen Leidenschaften. Gravierende Veränderungen sind dagegen bei der Gewichtung der Themen festzustellen. Politik trat ganz in den Hintergrund. In manchen Jahrgängen sucht man sie auf den Titelseiten fast vergebens. Legt man einen engeren Begriff zugrunde, der primär auf die Abbildung von Politikern in ihren Rollen abzielt, waren ihr 1926 beispielsweise gerade einmal zwei Titelbilder gewidmet: Dem Umsturz in Polen, auf den im Heft aber nicht weiter eingegangen wurde, galt am 6. Juni ein Foto des neuen Staatsoberhaupts Marschall Pilsudski und anlässlich von Hindenburgs 79. Geburtstag gab es am 3. Oktober eine Porträtzeichnung durch Hugo Vogel. Und selbst wenn man den Politik-Begriff erheblich weitet, sind nur zwei weitere Bilder hinzuzufügen: Am 30. Mai zeigte ein Foto die beiden als solche bezeichneten Söhne des früheren US-amerikanischen Präsidenten Theodore Roosevelt bei der Tigerjagd in Nepal und am 22. August präsentierte ein anderes Schwedens Kronprinz Gustav Adolf bei seiner USA-Reise im Kreise pittoresk gekleideter Indianer anlässlich seiner Ernennung zum Ehren-Häuptling „Einsamer Bär". Mit maximal vier von 52 Titelbildern war die Politik damit völlig marginal, und wenn man sie ernst nimmt, waren es eigentlich ja nur zwei. Andere Themen traten in den Vordergrund, ohne dass sich allerdings eindeutige inhaltliche Schwerpunkte ausmachen ließen. Das Rezept scheint eher aus der bunten Vielfalt bestanden zu haben: Filmstars und Filmszenen durften nicht fehlen, genauso wenig – und eher mehr vertreten – der Sport, aber auch die Referenz an die traditionelle Hochkultur, das Exotische neben dem Putzigen, die Ingenieurleistungen neben den Katastrophen und dem Verbrechen. Auffällig ist, dass dabei nach wie vor das Porträt oder das Bild der Einzelperson eher selten vertreten waren, etwa in einem Viertel der Fälle; und noch auffälliger, dass es dann höchstens in der Hälfte dieser vergleichsweise wenigen Fälle der Star oder die Berühmtheit war. Genauso häufig und tendenziell eher zunehmend war die Abbildung von ‚Typen', wie sie die damalige Gegenwart charakterisieren sollten. Geradezu programmatisch setzte dies in den Jahren 1928 bis 1930 eine kleine Reihe mit dem Titel „Zeitgestalten" um. Die zum Teil sehr prägnanten Fotos waren in der Regel jedoch von genauso anonymer Herkunft wie ihre Modelle. Heute so berühmte Namen wie jene Erich Salomons oder Felix H. Mans finden sich auf den Titelseiten der *BIZ* nur vereinzelt. Eine nennenswerte Ausnahme bildet nur Martin Munkácsi (1896–1963, zeitgenössisch manchmal auch Munkacsy). 1929 gelang es dem jungen Fotografen nicht nur, insgesamt sechs von 43 Titelfotos für die *BIZ* beizusteuern; als einmalige Besonderheit ist festzuhalten, dass sein Name bei vier aufeinander folgenden Heften gleich dreimal auf der Titelseite erschien (Nr. 39, 40 und 42). Von seiner späteren Karriere als genialer Modefotograf war damals jedoch nur wenig zu ahnen. Seine Aufnahmen hoben sich kaum vom ansonsten Üblichen ab. Trotzdem muss er Chefredakteur Korff beeindruckt haben. Im Frühjahr 1930 durfte er im Auftrag der *BIZ* eine vierwöchige Reise nach Liberia antreten, zu der er in der Nr. 25 vom 22. Juni neben dem Titelbild eine dreiseitige Bildreportage präsentieren konnte mit sieben zum Teil großformatigen Aufnahmen, aber nur 35 Zeilen Text außerhalb der Bildunterschriften. Munkácsis Karriere fand nach der Machtergreifung der Nationalsozialisten in Deutschland ein schnelles Ende. Als Jude emigrierte er 1934 in die USA, wo er zunächst bei *Harper's Bazaar* und dann bei *Life* unter- und herauskam.

Betont werden muss jedoch, dass von den Titelseiten der *BIZ* nicht umstandslos auf ihr Heftinneres geschlossen werden kann. Die *BIZ* präsentierte bereits in der zweiten Hälfte der 1920er Jahre in ihren Heften viel mehr politische Bilder als ihre Titelseiten nahelegten, und in den frühen 1930er Jahren verstärkte sich dies noch, wie genaue Quantifizierungen ergaben. Der durchschnittliche Anteil an politischen Bildern stieg von fast 20 auf ungefähr 30 Prozent.[2] Vergleichbar genaue Untersuchungen zu den *BIZ*-Inhalten im Kaiserreich fehlen. Es drängt sich jedoch der Eindruck auf, dass in dieser Periode der Zusammenhang eher umgekehrt war: Vielen Titelseiten mit politischen Themen folgten weit weniger politische Bilder im Heftinneren. Wäre dies richtig, müsste die neue Strategie der *BIZ* unter ihrem Chefredakteur Korff als bewusste Reaktion auf einen grundlegenden mentalitätsgeschichtlichen Wandel verstanden werden: Anders als im Kaiserreich scheint in der Weimarer Republik das politische Bild nicht mehr massenattraktiv und damit verkaufsfördernd gewesen zu sein, weshalb es von den Titelseiten verschwand. Nichtsdestotrotz hielt es der Zeitschriftenmacher für bedeutsam, weshalb es im Heftinneren nicht in gleichem Maße reduziert und ihm in Zeiten der Krise sogar wieder mehr Platz eingeräumt wurde.

## Mit ‚Nationalsozialismus light' erfolgreich den ersten Platz behaupten. Die ‚bürgerliche' Alternative im Parteiverlags-Imperium

Eine Zeit lang war völlig offen, ob die auflagenstarke Illustrierte aus dem Ullstein-Verlag im NS-Staat überhaupt weiterbestehen können würde. Den neuen Machthabern war nicht nur ihre traditionelle Liberalität ein Ärgernis, der jüdische Glaube ihrer Besitzer war es nicht minder. Es reichte nicht aus, dass Kurt Korff – ebenfalls ein Jude – noch im Frühjahr 1933 entlassen und ‚arische' Teilhaber in den Verlag aufgenommen wurden. Gegen die völlige Liquidation des Unternehmens sprachen jedoch genauso soziale wie ökonomische Überlegungen. Zum einen war es Arbeitgeber von tausenden von Beschäftigten und zum anderen durchaus gewinnträchtig. Die Lösung bestand aus dem erzwungenen Verkauf an den zentralen Parteiverlag unter Max Amann im Sommer 1934.[3] Wie im Zeitungsbereich, so setzte auch bei den Illustrierten Hitlers Mann für die Presse auf eine Doppelstrategie: Das Parteiorgan – in diesem Fall der *Illustrierte Beobachter* – wurde durch eine ‚bürgerliche' Alternative ergänzt. Von einer echten Konkurrenz konnte selbstverständlich keine Rede sein. Dafür sorgte nicht nur die Tatsache des Parteieigentums, sondern auch die inhaltliche Überwachung. Beim Publikum konnte man zwar zunächst nicht mehr ganz an die früheren Verkaufserfolge anknüpfen; die parteiamtliche Alternative, der *Illustrierte Beobachter* (*IB*), wurde aber weiterhin deutlich auf Distanz gehalten. 1936 beispielsweise wurden von der *BIZ* gut 1,1 Millionen Hefte verkauft, während sich der *IB* auf 680 000 beschränken musste. Während des Zweiten Weltkriegs durften keine Auflagenzahlen mehr veröffentlicht werden. Ein Insider berichtete jedoch 1947, dass am 15. März 1944 die *BIZ* eine Auflage von 2,6 Millionen besessen habe, während der *IB* mit 1,9 Millionen nach wie vor auf Platz 2 folgte.[4]

Die Veränderungen, die sich durch die nationalsozialistische Herrschaft für die Gestaltung der *BIZ*-Titelseiten ergaben, waren zunächst weniger gravierend, als man vielleicht erwarten würde. Sie vollzogen sich eher schleichend, um dann im Laufe der Zeit aber dann doch zu ganz anderen Formen zu gelangen – wenn auch in erheblichem Maße durch spätere Umstände bedingt, den Ausbruch des Zweiten Weltkriegs.

Die eher technische Umstellung wurde vergleichsweise rasch vollzogen. Zeichnungen rückten nur noch selten auf das Titelblatt. Wahrscheinlich bildete die Nr. 35 vom 29. August 1935 den letzten Fall. Theo Matejko hatte darauf nach zeitgenössischen Bildern „Daniel Boone, das geschichtliche Urbild von Coopers Lederstrumpf" gestaltet. Eingesetzt wurden fortan nur noch Fotografien. Ein paar Fotografen verschwanden, manche bekannten wurden noch bekannter, neue traten hinzu. Richtig auffällig konnte das nicht werden, weil die meisten Fotografen-Namen sowieso nicht genannt wurden. Nur das Fehlen Munkácsis wird vielleicht bemerkt worden sein. Aber an seine Stelle traten andere. Zu den sich früh nun so recht etablierenden neuen Foto-Stars zählte Wolfgang Weber (1902–1985). Am 30. August 1934 gelang ihm, was zuvor wohl noch kein Fotograf erreicht hatte: Auf der Titelseite der Nr. 35 wurde er selbst abgebildet – als Aufmacher zu seinem neuesten Bildbericht „Wettrennen nach Diamanten", der dann drei Seiten weiter anschloss. Zu den im Laufe der Jahre ebenfalls mit etlichen Titelfotos Präsenten zählte daneben Willi Ruge (1882–1961). Auch für die *BIZ* unverzichtbar waren schließlich die Aufnahmen von Hitlers Leibfotograf Heinrich Hoffmann (1885–1957). Hoffmann lichtete selbstverständlich nicht nur Hitler ab, er war auch für die Abbildung anderer Parteigrößen zuständig. Die fanden sich zwar nun häufiger auf den Titelseiten als die Politiker in der Weimarer Republik, aber die Gegebenheiten während des Kaiserreichs wurden nur annähernd erreicht.

Abb. 5: *BIZ*, Nr. 16, 1936

Bei der näheren Betrachtung muss klar zwischen den Vorkriegs- und den Kriegsjahren unterschieden werden. In den Vorkriegsjahren blieben direkte politische Themen recht selten. Im ersten Halbjahr 1936 wird man hierher nur drei von 26 Titelbildern rechnen können. Mindestens fünf weitere Fotos thematisierten jedoch Politik in einem weiteren Sinne, eher unterschwellig und zum Teil mit großer Emotionalität. Als geradezu genial muss man die Komposition des Titelblatts der Nr. 16 vom 16. April 1936 betrachten: Ein von

Hedda Walther (1894–1979) fotografiertes HJ-Mitglied schreibt hingebungsvoll an einem Brief. Die lapidare Bildunterschrift lautete: „Der Führer hat Geburtstag ..." (Abb. 5). Rechnet man hierzu auch Fotos, die nicht nur irgendwie auf Politiker Bezug nehmen, sondern auch ein damals eminent politisches Thema – das Militär – aufgriffen, so kommen noch einmal drei Titel hinzu. Nicht ganz zufällig dürften diese ja damals noch durchaus heiklen Themen von den drei bereits genannten, bekanntesten Fotografen der *BIZ* gestaltet worden sein: Willi Ruge (Nr. 2), Heinrich Hoffmann (Nr. 3) und Wolfgang Weber (Nr. 21).

Nach Ausbruch des Zweiten Weltkriegs veränderte sich die Themenauswahl für die Titelseiten völlig. Im Prinzip gab es nur noch ein Thema: den Krieg in vielfältigsten Variationen. Aber selbst hier blieb nicht immer alles gleich, sind durchaus nennenswerte Nuancen zu verzeichnen. Im Sommer 1940 beispielsweise fällt auf, dass sich die *BIZ* durch eine ganze Reihe von zum Teil im feindlichen Ausland aufgenommenen Titelbildern profilieren konnte, die über Associated Press bezogen worden waren. 1942 sucht man dann zwar Derartiges vergebens, die USA waren ja nun auch feindliches Ausland, aber dafür wurden nun ein paar Fotos präsentiert, die einen Hauch von unkriegerischer Normalität vermittelten. Ob es subtil-ironische Aufsässigkeit war, die das Titelblatt des letzten Heftes in jenem Jahr inspiriert hatte, muss offen bleiben: Es zeigt Hans Albers in seiner Filmrolle als „eine der verwegensten, lustigsten Gestalten der deutschen Literatur", als ‚Lügenbaron' Münchhausen auf einer Kanonenkugel reitend.

Abb. 6: *BIZ*, Nr. 52, 1942

1 Eine umfassende Darstellung der Geschichte der *BIZ* liegt nicht vor. Einstiegsinformationen liefern Peter de Mendelssohn: Zeitungsstadt Berlin. Menschen und Mächte in der Geschichte der deutschen Presse, Berlin 1959, S. 103 ff.; die Einleitung von Friedrich Luft zu: Facsimile Querschnitt durch die Berliner Illustrirte, Bern/München o. J., S. 5 ff.; die Einleitung von Christian Ferber in: Berliner Illustrirte Zeitung. Zeitbild, Chronik, Moritat für jedermann. 1892–1945, Berlin 1985; sowie Konrad Dussel: Pressebilder in der Weimarer Republik: Entgrenzung der Information, Münster 2012, S. 188 ff., S. 19–28 auch ein Abriss zur Entwicklung der Presseillustrationstechnik.

2 Dussel 2012, S. 199 ff.

3 Vgl. dazu ausführlich de Mendelssohn 1959, S. 371 ff.

4 O. A.: Presse in Fesseln. Eine Schilderung des NS-Pressetrusts, Berlin 1947, S. 216.

## Peter Hanisch

# Die Sportzeitschrift ohne Sport.
# Die schrittweise Entwicklung von *Sport im Bild* zu *Der Silberspiegel*

## Die Titelseite im Allgemeinen

„‚Wer is det?' fragt die Zeitungshändlerin, als sie die *Funkstunde* erblickt. ‚Da haben sie ja wieder mal son ollen Kerl uff die Titelseite abjebildet. Mit dem kann man doch keene Reklame nicht machen.' ‚Frau Jottes' , sagt der gebildete Verkäufer, ‚das is doch der Beethoven. Haben Sie von dem noch nie was jehört ins Radio?'"[1]

In dieser Anekdote fasst Joseph Adler pointiert zusammen, was es anscheinend über die Titelseite einer Zeitung oder Zeitschrift zu sagen gibt: Sie dient der Reklame, für die „olle Kerle" nur bedingt geeignet scheinen, außer natürlich sie sind berühmt. Die Anekdote lässt jedoch auch einige Fragen offen: Selbst wenn man weiß, dass sich die *Funkstunde* wohl auf das Beethovenjubiläum bezieht, bleibt die Frage bestehen, was der prominente Werbeträger mit dem Inhalt der derart betitelten Ausgabe gemein hat. Darüber hinaus stellt sich die Frage, inwiefern die Titelseite nicht auch noch andere Funktionen zu erfüllen hat als die bloße Reklame, namentlich die Schaffung eines gewissen Wiedererkennungseffektes.
Des Weiteren deutet der Titel dieses Aufsatzes bereits eine weitere Problemstellung an: Was passiert eigentlich, wenn Titelseite und Inhalt im Laufe der Zeit immer weniger verbindet? Was geschieht, wenn sich der Inhalt einer Zeitschrift kontinuierlich verändert und sich moderneren Gegebenheiten anpasst, während die Titelseite in Aussage und Gestaltung nur langsam nachzieht?
Für eine weitere Erkundung dieser Problematik soll im Folgenden die schrittweise Entwicklung der Zeitschrift *Sport im Bild* nachgezeichnet werden, und zwar bis zu dem Zeitpunkt, als diese umgetauft und zu *Der Silberspiegel* wird. Diese Entwicklung lässt sich darüber hinaus, und das ist vielleicht das Interessanteste daran, an Hand der Veränderung der Titelseite aufzeigen. Die Veränderungen beziehen sich dabei gleichermaßen auf Layout, Gestaltung, Titel, Untertitel und Ikonographie. Die bereits vorweg angenommene Diskrepanz von Titel und Inhalt wird dagegen nur summarisch behandelt, liegt doch der Akzent auf der Bedeutung der Aufmacher, nicht auf dem Zusammenspiel der verschiedenen Artikel untereinander.
Zunächst möchte ich jedoch noch einige Stimmen vorweg schicken, die sich mit Titelseiten im Allgemeinen beschäftigen, um nicht ausschließlich mit einer kleinen Anekdote gerüstet zu sein. David Crowley betont die Bedeutung von Titelseiten als Werbung auf eine ganz eigene Weise:

„‚The cover', according to cultural theorist Ellen McCracken, ‚serves not to label only the magazine but the consumer who possesses it.' Covers try to connect with our values, dreams and needs. It is perhaps not surprising then that they aspire to take on human form; ‚speaking' to us with their coverlines, adopting personas and characters in their titles and staring out at us, albeit through the eyes of the ‚headshot'."[2]

Die Titelseite leistet demnach mehr, als dem potentiellen Käufer nur eine berühmte oder wenigstens schöne Person hinzuwerfen, stattdessen appelliert sie an die Interessen des Käufers in spe und verspricht im Idealfall die Befriedigung tieferer Bedürfnisse. „The dominance of the image of the face and the

Abb. 1: *Sport im Bild,* Nr. 2, 1902

Abb. 2: *Sport im Bild,* Nr. 2, 1919

body on these ephemeral products is incontestable. Often it seems as if our desires – sometimes deep-seated ones – are being aroused, whereas at other times it is as if we hope to find ourselves in the magazine's glossy pages."[3] Weiter als bloße Werbung versucht die Titelseite demnach, nicht nur einen Kaufreflex, sondern Identifikation mit der Zeitschrift seitens des Lesers zu stiften.
Im Gegensatz zu Crowley sind jedoch sowohl neuere als auch ältere Ansätze davon überzeugt, dass die Titelseite lediglich eine Verkaufsfunktion in umkämpften Märkten zu erfüllen hat, ohne jedoch überhaupt die Tiefe etwaiger Identifikation oder Markenbindung in Betracht zu ziehen. So heißt es bei Duperray und Vidaling: „Magazine covers were painstakingly designed and produced. It has indeed been proven that the impact of a cover can have a dramatic effect on sales. Today, more than ever, adapting to a shifting marketplace is the key to survival."[4]
Und in einer älteren, deutlich negativeren, kulturkritischen Bewertung heißt es bei Hermann Boventer: „Woche für Woche läßt sich das Publikum nunmehr seit fünfzehn, zwanzig Jahren durch dasselbe Retusche-Lächeln der front-page-girls in seinem Kaufentschluß motivieren."[5]
Die reine Fixierung auf Marktanteile, auf die sich die letzteren allesamt beziehen, mag sich vielleicht in der Nachkriegszeit verschärft haben, gleichwohl suggeriert das Volumen an Werbung und das ständige Kommen und Gehen diverser Zeitschriften bereits während der Weimarer Republik handfeste wirtschaftliche Zwänge. *Sport im Bild*, Teil des Scherl Verlags und damit auch Teil des Hugenberg'schen Medienimperiums, scheint diese Zwänge gut zu überstehen. Gleichwohl lässt sich hier eine überraschende Konstanz in der Gestaltung der vermeintlich so wechselhaften, sich an wechselnde ökonomische Interessen anpassenden Titelseite erkennen. Mehr noch als bloße Kons-

tanz zeigt sich in der langsamen Veränderung der Gestaltung der Titelseite nicht nur eine konservative Tendenz, sondern letztlich eine anachronistische Entwicklung, die sich den immer schneller werdenden Modernisierungszwängen der ‚bloßen' Reklame und damit des Zeitgeists entgegenstellt. Gleichzeitig bewegt sich damit die allgemeine Entwicklung der zu betrachtenden Zeitschrift im Spannungsfeld zwischen Modernisierung und der Aktualität der Reklame einerseits und der Aufrechterhaltung einer stabilen Identität und Leseridentifikation andererseits.

Abb. 3: *Sport im Bild*, Nr. 17, 1920

## Die Titelseite im Detail

Die erste Phase, die ich betrachten möchte, gewissermaßen der Ursprung meiner Entwicklung, beginnt mit den Heften des Jahrgangs 1909. Zu diesem Zeitpunkt haben wir eine Titelseite, deren grundsätzliche Gestaltungsprinzipien für die nächsten zehn Jahre konstant bleiben und die anschließend die Basis für weitere Entwicklungen bilden werden. Die Titelseite selbst ist hierbei stark hierarchisch gegliedert, Titel und Grafiken sind doppelt schwarz gerahmt, lediglich Jahrgang, Verlagsangaben sowie Heftnummer und Preis befinden sich außerhalb des äußeren Rahmens. Gemäß der natürlichen Leserichtung, also von oben nach unten, ergeben sich darüber hinaus vier distinkte Gestaltungselemente, die jeweils durch weitere Rahmungen oder Linien voneinander abgegrenzt sind. Am augenfälligsten ist wohl der Titel *Sport im Bild* selbst, der wohl einmalig von Hand entworfen wurde und mit dynamisch anmutenden roten Buchstaben zentriert gesetzt ist. Direkt darunter, zentriert und in Majuskeln gesetzt, befindet sich der Untertitel der Zeitschrift: „Sport – Gesellschaft – Theater". Darunter wiederum, durch eine rote Linie getrennt, ist Platz für eine stetig wechselnde kommerzielle Anzeige die ihren eigenen Gestaltungsrichtlinien folgt. Darunter, umrahmt durch einen roten Rahmen und damit letztendlich schmaler als Titel oder Werbung, befindet sich das Titelbild, welches stets eine sportbezogene Fotografie mit einer Mischung aus Pferdesport, Radfahren, Motorflug, Fußball, (Damen-)Tennis, Boxen, Jagd und Ähnlichem präsentiert. Unter dem Titelbild, und abgetrennt durch dessen Rahmen, ist Platz für eine weitere wechselnde Anzeige, die wiederum unabhängig von den Gestaltungsprinzipien der Zeitschrift selbst entworfen werden kann. Zu betonen ist außerdem die ausschließliche Verwendung von Antiqua-Schriften und der völlige Verzicht auf Frakturschriften sowohl bei der Titel- als auch bei der Inhaltsgestaltung – Werbung ausgenommen.

Die Titelseite anno 1909 gibt bereits Auskunft über die zu erwartenden Themen und zeugt gleichzeitig von einer durchaus modernen Illustrierten in der Aufmachung. Interessant ist einerseits die zentrale Verwendung der Schwarzweiß-Fotografie als zentralem Aufmacher, andererseits die Inkorporation von Werbung, die nicht den editorischen Grundsätzen der Zeitschrift selbst entspringt oder entspre-

chen muss. Gegeben sind somit einerseits die Veränderung der Titelseite im Detail bei jedem wöchentlich erscheinenden Heft, da sowohl beide Anzeigen als auch die zentrale Fotografie ausgetauscht werden können; andererseits bleibt das Layout der Titelseite im Ganzen betrachtet konstant, was vor allem auf den dominanten roten Titel sowie die strenge Rahmung und Abgrenzung der einzelnen Gestaltungselemente zurückzuführen ist.
Besinnt man sich darüber hinaus auf die oben diskutierten Sichtweisen der Titelseite, so scheint sich hier ein Layout zu ergeben, das alle Funktionen gleichermaßen erfüllt: Der Titel ist aussagekräftig und zieht den Blick an, das Bild dient als Aufmacher und korrespondiert mit dem Titel, der Untertitel steuert die inhaltlichen Erwartungen, während gleichzeitig nicht nur die Zeitschrift selbst beworben wird, sondern deren Werbekunden teilweise direkt ‚an den Leser' gebracht werden, noch bevor es überhaupt zur Kaufentscheidung gekommen ist. Blättert man durch die einzelnen Hefte, so zeigt sich außerdem, dass diese in der Tat enthalten, was der Titel verspricht: Sport, zumal „im Bild" qua diverser begleitender Fotografien, dazu Klatsch und Tratsch sowie Neuigkeiten „aus der Gesellschaft" – die natürlich hauptsächlich eine aristokratische ist – sowie Theaterkritiken, Vermischtes und Werbung.
Eine erste Veränderung an dieser Titelgestaltung gibt es erst 1919, wobei die Veränderungen hier eher evolutionärer Natur sind und vor allem ein weniger gedrängtes, offeneres Layout einführen (Abb. 2). Die teils mehrfache Rahmung der älteren Ausgaben fällt hierbei weg, der Titel kann dadurch noch ein wenig breiter gesetzt werden, der Untertitel bleibt zunächst unverändert. Darunter, abgegrenzt durch eine unterbrochene Linie, befinden sich die Angaben zu Jahrgang, Verlagsangaben, Heftnummer und Preis, nach unten wiederum begrenzt durch eine identische unterbrochene Linie gleicher Länge. Direkt darunter, nur dünn schwarz oder rot gerahmt, befindet sich nun das Titelbild, für das dank Auslassung der bisherigen Anzeigen deutlich mehr Platz zur Verfügung steht, und zwar sowohl in der Höhe als auch in der Breite. Das Ergebnis dieses neuen Layouts ist eine luftigere, modern anmutende Gestaltung, die in ähnlicher Form auch bei anderen Zeitschriften zu finden ist. Gleichwohl sorgen der nun noch größere Titel sowie das Verschwinden der nicht einheitlich gestalteten Anzeigen für eine gesteigerte Konstanz und eine geringere optische Variabilität. Gleichzeitig erlaubt das größere Titelbild dramatischere Aufnahmen und mehr Experimente, so finden sich hin und wieder Zeichnungen statt Fotografien, wovon manche sogar die ansonsten strenge Gliederung aufbrechen und sich über die gesamte Titelseite erstrecken.
Der Inhalt verändert sich nur geringfügig, die Rubrik „Aus der Gesellschaft" verschwindet nach der Novemberrevolution für eine kurze Weile, kehrt aber bald zurück, darüber hinaus nimmt höchstens der Anteil der Fotografien innerhalb der Hefte weiter zu.
Obgleich die Veränderungen um 1919 noch gering sind und behutsam vorgenommen

Abb. 4: *Sport im Bild*, Nr. 45, 1920

Abb. 5: *Sport im Bild*, Nr. 9, 1934

werden, markieren sie doch den Auftakt einer starken Modifikation der Gestaltung der Titelseite, die im Laufe des Jahres 1920 umfassende Umstellungen erfährt. So ändert sich zunächst, und zwar lediglich für 38 Hefte des Jahres 1920, der Untertitel der Zeitschrift, der jetzt „Sport – Gesellschaft – Theater – Film – Mode" lautet und damit die Anzahl der nicht-sportbezogenen Themen in dieser Sportzeitschrift verdoppelt. Mit Heft 8 desselben Jahrgangs wird darüber hinaus das alte Layout vollends über Bord geworfen. Die hierarchische Gliederung wird aufgelöst, der vormals dominante, zentriert gesetzte Titel erscheint nur noch sporadisch in seiner alten, roten Form, während das Titelbild nun die gesamte Titelseite ungerahmt einnimmt und der Titel sich beizeiten den Motiven unterordnen muss und an die Seite oder gar in die Seitenmitte versetzt wird (Abb. 3).
In gewisser Weise markiert der Großteil des Jahrgangs einen Selbstfindungsprozess, in dem verschiedene Gestaltungsprinzipien ausprobiert werden, ohne dass sich eine bestimmte Konvention vollends durchsetzen könnte. Zentral ist jedoch, dass das Titelbild deutlich aufgewertet wird und dessen Dynamik und Aussage direkten Einfluss auf die übrige Gestaltung ausüben, was für flexiblere und damit aufregendere Titelseiten sorgt. Andererseits wird für die verstärkte bildliche Gestaltung die Klarheit und Akzentuierung der älteren Layouts aufgegeben.
Parallel zur vermehrten Betonung des Bildes verändern sich jedoch auch die Bildinhalte sowie Techniken. Zeichnungen werden dominanter, die Fotografie seltener im Laufe des Jahres und auch der Anteil der Sportbilder nimmt ab. Vermehrt tauchen Bilder „aus der Gesellschaft" auf, und zwar Zeichnungen von Paaren oder einzelnen Frauen im Stil von Modezeitschriften, analog zum neuen Untertitel. Diese kurze, aber jähe Selbstfindungsphase findet noch im selben Jahr ein rasches Ende, und ab Heft 40 des gleichen Jahres kommt die *Sport im Bild* in gefestigter Gestalt heraus. Der Untertitel ändert sich ein weiteres Mal und verbannt den Sport vollends, die Zeitschrift trägt fortan den Untertitel „Das Blatt der guten Gesellschaft", verschiebt also offensichtlich seinen Fokus und schärft diesen gleichsam. Parallel dazu verschwindet das (eigentlich ja moderne) Foto vollends von der Titelseite, das Titelbild ist stattdessen fortan durchgängig eine Zeichnung, oftmals ohne jeden Sportzusammenhang. Der Titel wird nun, obgleich ohne Konstanz in der Wahl der Schriftart, am oberen Rand der Titelseite gesetzt, darunter befindet sich der Untertitel, der sich normalerweise ebenfalls über die gesamte Breite erstreckt.
Diese letzte Änderung ist besonders interessant, da sie jene anachronistische Entwicklung darstellt, die ich oben bereits angedeutet habe: Die moderne Fotografie weicht der künstlerischen Zeichnung. Ikonographisch rücken Abbildungen der Frau mehr und mehr in den Mittelpunkt, teils in opulenter Kleidung, teils modisch, teils in Begleitung eines Herrn in Ausgehkleidung, teils bei vorgeblich alltäglichen Verrichtungen (Abb. 4).

Abb. 6: *Der Silberspiegel*, Nr. 20, 1934

Die Werbekraft des Titels *Sport im Bild*, gepaart mit den inhärent dynamischen sportlichen Fotografien von springenden oder laufenden Pferden, laufenden und Bälle schießenden Männern oder skifahrenden Männern und Frauen werden demnach abgelöst durch stilisierte weil gezeichnete Darstellungen von Frauen in verschiedenen ‚Settings' und Hintergründen. Gleichzeitig ändert sich ab 1923 auch der Veröffentlichungsrhythmus, die *Sport im Bild* erscheint fortan nur noch jede zweite Woche, dafür aber auch mit erheblich mehr Inhalt pro Heft (Abb. 5).
An diesen neuen Konventionen ändert sich nichts Grundlegendes während der nächsten 13 Jahre, erst 1933 kommt es zu weitergehenden Veränderungen in der Gestaltung der Titelseite. Was sich jedoch in der Zwischenzeit sehr wohl verändert, ist der Inhalt: Wenig überraschend nehmen Autos und Motorräder mehr und mehr Platz ein, begleitet von entsprechenden Annoncen, darüber hinaus finden sich jedoch zunehmend Artikel über Mode, Bräuche, einzelne Personen, „Lifestyles" und sogar kleine fiktionale Geschichten vielerlei Inhalts. Und während die Titelbilder selbst während dieser Periode künstlerisch anspruchsvoller werden, verstärkt sich die Konzentration auf Frauen als zentrales Sujet der Titelseitengestaltung.
Die vorletzte Phase der Entwicklung stellt schließlich der letztmalige Wechsel des Untertitels mit Heft 20 des Jahrgangs 1933 dar. Dieser wechselt zu „Kultur – Gesellschaft – Mode". Wir kommen damit an einen Punkt, an dem von der ursprünglichen Sportzeitschrift wenig mehr als der Name übriggeblieben ist. Der Sport „im Bild" wurde zunächst peu à peu auf der Titelseite und in dessen Fotografie abgelöst, später dann auch im Inneren durch andere Themen ergänzt und schlussendlich ersetzt. Der „Sport" wird im Untertitel im Laufe der Zeit zunächst ein Thema unter immer mehr anderen und schließlich durch die „gute Gesellschaft" ersetzt, die wiederum diesem letzten Untertitel weichen muss.
Diese letzte Form hält sich letztendlich nur noch ein knappes Jahr, während auf dem Titel zunehmend die blonde Frau in zeitgenössisch typischer Pose betont wird und der Pomp der vormals „guten" Gesellschaft von ruhigeren Motiven abgelöst wird. Die Wandlung der Zeitschrift findet ihren letzten Ausdruck in dieser Ankündigung in Heft 18 des Jahrgangs 1934:

„‚Sport im Bild' legt seinen bisherigen Titel ab. Ursprünglich als Sport-Zeitschrift im Jahre 1895 gegründet, hat sich ‚Sport im Bild' in den vier Jahrzehnten seines Bestehens grundlegend gewandelt. Als Spiegel der Mode und der schönen Dinge des Lebens greift ‚Sport im Bild' heute nach einem neuen Titel, der seinem wirklichen Inhalt und Wesen gerecht wird; schon sein nächstes Heft, das als das erste große Herbstmodenheft dieses Jahres erscheint, trägt den neuen Titel ‚Der Spiegel'."[6]

Und wie versprochen, endet bereits mit dem nächsten Heft die lange Entwicklung der *Sport im Bild*, die zuletzt nur noch dem Namen nach tatsächlich Sportzeitung gewesen ist. Mit dramatisch inszenierten Zeichnungen und kolorierten Fotografien erscheint von dort an noch einige Jahre lang eine Modezeitschrift mit dem klingenden Namen *Der Silberspiegel*, der sich anscheinend noch einmal kurzfristig zwischen der Ankündigung in Heft 18 und dem „re-branding" im darauffolgenden Heft geändert hat (Abb. 6).

Was bleibt ist die Frage nach dem Zusammenspiel von Veränderung und Statik, von Modernisierung und Retrospektive. Die geringen externen Veränderungen und die hohe Konstanz in der Gestaltung der Titelseite, oftmals über Jahre hinweg, suggerieren, dass die Titelseite selbst nicht jeder Veränderung des Inhalts folgen muss. Ganz im Gegenteil scheint es hier der Fall, dass großen Wert auf den Wiedererkennungswert des Titels und der Zeitschrift als solcher gelegt wird. Die „Verbannung" der Anzeigen vom Titel nach 1919 sorgt dafür, dass die Zeitschrift nunmehr nur noch für sich selbst wirbt, nicht auch schon für die Werbekunden. Gleichzeitig zeigen die Veränderungen gerade in der Gestaltung und Technik der Titelbilder, dass hier mit wechselndem Inhalt auch andere Leserinteressen – und vielleicht sogar Lesergruppen? – angesprochen werden. Folglich sehen wir eine Bewegung, die sich in Crowleys Beschreibung der Funktion der Titelseite wiederfindet: „The meeting of interests is often – though not inevitably – driven by the need to sell. The cover promotes a product, the magazine itself. And magazines deliver readers to advertisers."[7] Geht man davon aus, dass aus Selbsterhalt der Hauptzweck einer Zeitschrift die Einnahme von Werbemitteln ist, so scheint es verwunderlich, dass das alte Titelblatt inklusive Anzeigen – die direkteste Möglichkeit der Werbung – abgelöst wird. Es ist offenbar erfolgversprechender, den Käufer zunächst Kraft der eigenen Marke, des eigenen Titels und des eigenen Aufmachers anzuziehen, bevor er der Werbung überantwortet wird, die im Übrigen – wie heute auch – noch vor dem eigentlichen Inhalt beginnt, dort also, wo der Leser sowieso vorbeiblättern muss, um zum eigentlichen, auf dem Titel versprochenen Inhalt zu gelangen. Die Konstanz der Titelseite verspricht einen Wiedererkennungswert und damit eine Identifikation seitens des Lesers, der sich eben nicht als Werbeobjekt sieht, sehr wohl aber als Leser der *Sport im Bild*, ob mit oder ohne Sport.

1 Peter Scher (Hg.): Simplicissimus, Bd. 32, München 1927–1928, S. 2.

2 David Crowley: Magazine Covers, London 2003, S. 7.

3 Crowley 2003, S. 7.

4 Stéphane Duperray, Raphaële Vidaling: Front page. Covers of the twentieth century, London 2003, S. 9.

5 Hermann Boventer: Die Illustrierten, in: Emil Dovifat (Hg.): Handbuch der Publizistik, 3 Bde., Berlin 1969, Bd. 3, S. 543.

6 Konrad Elert (Hg.): Sport im Bild. Kultur, Gesellschaft, Mode, Bd. 40, Berlin 1934, S. 762.

7 Crowley 2003, S. 8.

Joachim Sieber

# Vorreiter gestalterischer Neuerung im Zeitschriftenmarkt der Schweiz: Die Titelblätter der kulturpolitischen Monatsschrift *information* (1932–1934)

Zeitschriften bilden ein Randgebiet der wissenschaftlichen Forschungs- und Ausstellungstätigkeit in der Kunstwissenschaft und der Fotografiegeschichte, wenngleich erfreulicherweise zeitgenössische Digitalisierungsprojekte und Ausstellungstätigkeit dem zunehmend entgegenwirken.[1] Gerade die Titelseiten bieten eine vielfältige Analysemöglichkeit, da sie als prägnantes Aushängeschild oftmals das Konzentrat einer Zeitschrift darstellen, wie dies bereits der Kommunikationswissenschaftler Patrick Rössler formulierte:

„[Es] liegt ein Schwerpunkt auf den Umschlägen der Zeitschriften, denn in der Covergestaltung konzentriert sich der gestalterische wie inhaltliche Fokus des Mediums – es ist das Aushängeschild des Produkts, sein Schaufenster, die komprimierte Vorschau auf das, was den Leser erwartet, und das erste, was dieser an der Publikation wahrnimmt."[2]

## Schlagbilder als visuelle Strategie

Nach dem Ersten Weltkrieg verzeichnete die Zeitschriftenbranche in vielen Teilen Europas einen regelrechten Boom. Nebst den Illustrierten, die auf ein Massenpublikum ausgerichtet waren, bildeten sich zahlreiche auflagenschwächere illustrierte Journale, die meist kurzlebig und thematisch ausgerichtet waren sowie eine kleine Leserschaft bedienten. Beiden Konzeptionen war jedoch gemein, dass sie im Gegensatz zu früheren zumeist bilderlosen Blättern ihre inhaltlichen Haltungen und politischen Positionen mithilfe einer ‚visuellen Strategie'[3] verbreiteten. Die Zeitschriften stützen sich auf eine einprägsame Gestaltung der Frontseite sowie auf spezifisch ausgewählte Bilder – sogenannte ‚Schlagbilder'[4], um den Lesenden ihre Botschaft zu vermitteln.
Die erste Illustrierte als Massenmedium in der Schweiz, die *Schweizer Illustrierte*, entstand bereits 1911, später kamen die *Zürcher Illustrierte* (1925–1941), *Sie+Er* (1929–1945) und nach dem hier untersuchten Zeitraum *Föhn* (1935–1939) als wichtige stark bebilderte Zeitschriften hinzu. Des Weiteren entstanden in der Zwischenkriegszeit zahlreiche Kunst- und Literaturzeitschriften wie *Les tablettes* (1917–1919), *ABC – Beiträge zum Bauen* (1924–1928), *Schweizer Spiegel* (1925–1933; seither *Weltwoche*), *L'art en Suisse/Die Kunst in der Schweiz* (1926–1933, danach in *Das Werk* aufgegangen), aber auch nationalsozialistische und konservative Blätter wie *Der eiserne Besen* (1931–1933, später von 1933 bis 1943 *Die Front*) und *Die Neue Schweiz* (1933–1937) sowie Gewerkschaftspresse wie etwa *Der öffentliche Dienst* (1924–1950), *Die rote Revue* (1921–1966) und diverse Exilzeitschriften wie die *Büchergilde* (1925, ab 1933 in Zürich bis 1964), *Die neue Stadt* (1925, von 1933 bis 1934 in Zürich) und *Die neue Weltbühne* (ehemals *Die Weltbühne*, 1933–1939 in Zürich, Prag, Paris). Doch dominiert wurde der Schweizer Zeitschriftenmarkt nebst den zahlreichen Publikationen aus dem nahen Ausland vor allem von der *Schweizer Illustrierten* aus dem Ringier-Verlag und der *Zürcher Illustrierten* von Conzett & Huber.[5] Die Illustrierten orientierten sich an den großen Vorbildern, der *Berliner Illustrirte Zeitung* (1892–1945), der *Arbeiter Illustrierten Zeitung* (1921–1938) sowie an der französischen Zeitschriften *Vu* (1928–1940), aber wagten hinsichtlich der Gestaltung der Aufmacher wenig Neues.[6]

Doch in einigen kleinen Zeitschriftenjournalen[7] entwickelten sich neue visuelle Strategien, die zum Teil direkt vom Bauhaus nach Zürich importiert wurden und einen prägenden Einfluss auf die Schweizerische Zeitschriftenlandschaft ausübten.
Eines dieser illustrierten Journale war die in Zürich publizierte linksintellektuelle, antifaschistische Zeitschrift *information* (1932–1934, Abb. 1–7), die nebst kulturpolitischen Themen, die auf der Frontseite permanent mit der Begriffsreihe „Wirtschaft, Wissenschaft, Erziehung, Technik, Kunst" benannt wurde, das Ziel verfolgte, sich den faschistischen Tendenzen des „Frontenfrühlings"[8] der profaschistischen, nationalkonservativen Gruppierungen und Parteien in der Schweiz zu widersetzen. Die Zeitschrift wurde in gewissen Kreisen als Schweizer Pendant zur deutschen antimilitaristischen Zeitschrift *Die Weltbühne* (Abb. 8) begriffen.[9]
Ihre breite gesellschaftliche und kulturpolitische Ausrichtung und die Zielsetzung, eine Plattform für die demokratische Linke zu werden, unterstützen den Vergleich. Die visuelle Gestaltung von *information* bediente sich dagegen einer anderen – vom Bauhaus beeinflussten – Bildsprache. Aus einer kleinen, avantgardistischen Gruppierungen um den Intellektuellenkreis Baumwollhof in Zürich entstanden, adaptierte die Zeitschrift nicht das Konzept der beiden führenden und institutionell verankerten Architektur- und Kunstzeitschriften *Werk* und *Schweizer Kunst*[10], deren Frontseiten lediglich über eine typografische Gestaltung verfügten (Abb. 9) und dabei oft schlicht als Werbe- oder Informationsfläche dienten (Abb. 10). Im Gegensatz dazu wussten die Redakteure und der Grafiker Max Bill um die Macht der ‚Schlagbilder' und setzten visuelle Elemente gezielt ein, um ihre politischen und kulturellen Meinungen zu verbreiten.

## Der Gründerzirkel: Der Intellektuellenkreis Baumwollhof

Im *Baumwollhof* an der Stadelhoferstrasse 26 in Zürich bestand zu Beginn der 1930er Jahre ein intellektueller Kreis von Künstlern und Emigranten um den Zürcher Anwalt Wladimir Rosenbaum (1894–1984) und seine Frau, die Pianistin, Schriftstellerin und Psychoanalytikerin Aline Valangin (1889–1986).[11] Rosenbaum war als Anwalt der modernen Architekten involviert in die zentralen Bauten des Neuen Bauens[12] in der Schweiz und gründete als kulturinteressierter, engagierter linker Anwalt die *Genossenschaft für literarische Publikationen*, welche die Zeitschrift *information* herausgab.[13] Die Treffen im Baumwollhof boten eine Gelegenheit, diverse politische und kulturelle Themen zu besprechen. Dabei entstand die Idee, die neu gewonnenen Erkenntnisse und gemeinsamen Haltungen durch eine Zeitschrift publik zu machen. Das Ziel war nebst der Publikation dezidiert antifaschistischer Artikel, die Öffentlichkeit mit ‚aufklärend-analysierenden Texten' wachzurütteln.[14] Im Gästezimmer des Baumwollhofs lebte zu dieser Zeit der 1931 aus dem faschistischen Italien in die Schweiz emigrierte Ignazio Silone (1900–1978), der zum de facto Chefredakteur der Zeitschrift wurde.[15] Der ehemalige Mitarbeiter der kommunistischen Zeitung *Il Lavoratore* und Leiter der Jugendorganisation der italienischen kommunistischen Partei (PCI) war weitgehend alleiniger Entscheidungsträger über die thematische und politische Ausrichtung der Zeitschrift und auch der einzige Beteiligte, der für seine publizistische Arbeit bezahlt wurde.[16] Ein weiterer Redaktionsverantwortlicher war der Basler Kunsthistoriker Georg Schmidt (1896–1965), der ein undogmatischer Wortführer einer fortschrittlichen, sozialistischen politischen Kultur, zu der auch viele junge Grafiker und Fotografen gehörten.[17] Er schrieb als Kunstkritiker in den 1920er Jahren beim Basler *Vorwärts* und der *National Zeitung* und war ab 1923 Mitarbeiter der Architektur- und Kunstzeitschrift *Das Werk*. Schmidts beharrliches Engagement als Kunstkritiker und Kurator für die neuen Tendenzen in der Kunst von surrealistischen, konstruktivistischen wie auch konkreten Vertretern zeichnet auch seine engagierten Texte in der Zeitschrift *information* aus.[18] Nebst den weiteren, meist männlichen Autoren zu denen unter anderen der französische Schriftsteller und Pazifist Jean-Paul Samson, der Kunsthistoriker und Philosoph Max Raphael, die Architekten Hans Schmidt und Rudolf Steiger und die Schweizer Schriftsteller Rudolf Jakob Humm und Jakob Bührer gehörten,[19] verfassen auch der Architekt Ernst F. Burckhardt (1900–1958) und der Architektur- und Kunsthistoriker Sigfried Giedion (1893–1968) diverse Artikel für die Zeitschrift und propagierten darin das Neue Bauen in der Schweiz.[20] Ihr Engagement für die Siedlung Neubühl bei Zürich (1928–1931) und Giedions Gründung der Möbelfirma Wohnbedarf AG in Zürich und Basel waren klare avantgardistische Positionen in einem zunehmend reaktionären Klima in der Schweiz. Burckhardt war des Weiteren ein guter Freund des eben aus dem Bauhaus zurückgekehrten Zürcher Grafikers, Künstlers und Architekten Max Bill (1908–1994), dem er seit 1928 diverse gestalterische Aufträge vermittelte:[21] etwa das Firmen-Signets für den ersten Laden der Firma Wohnbedarf AG in der Zürcher Claridenstrasse oder eben dank der Vernetzung zum intellektuellen Kreis um Rosenbaum die Gestaltung der Zeitschrift *information*.[22]

## Das ‚illustrierte Journal'

Die Frontseiten der kleinformatigen Zeitschrift lassen sich in unterschiedliche gestalterische und ikonographische Deutungselemente auffächern. Das moderne, vom Bauhaus beeinflusste Layout von Max Bill ermöglichte primär die Kombination von Bild und Text. Im Gegensatz zu den gängigen Zeitschriften dieser Jahre (Abb. 11) entschied sich der Grafiker Max Bill für die visuelle Strategie der Neuen Typografie, was eng von den gestalterischen Richtlinien des Bauhaus sowie von Jan Tschichold, dem Wegbereiter der Neuen Typografie, herrührte.[23] Ihr Nutzen besteht mit einer reduzierten und klar normierten Frontseitengestaltung darin, dass mittels Farbe, Fotografien und Fotomontagen als auch durch die Nennung von Autoren, Themen und Artikeltiteln eine Vielzahl von visuellen und textbasierten Informationen mit differenzierten Hinweisen auf den Inhalt des Hefts mit einer gleichwohl überschaubaren, der leeren, weißen Fläche genügend Raum gewährenden Gestaltung einhergehen können. Bill setzte die Frontseite konsequent aus Kleinbuchstaben und mit einer serifenlosen Schrift, der von Frank Hinman Pierpont 1926 entworfene Schrift Monotype Grotesque.[24] Im Gegensatz dazu unterließen andere zeitgenössische Magazine – etwa die *Zürcher Illustrierte* oder die *Berliner Illustrirte Zeitung* – auf den Frontseiten den textlichen Verweis auf den Heftinhalt. Stattdessen verfolgten sie eine ‚visuelle Strategie für das Bild', die mithilfe blattfüllender Bilder die Aufmerksamkeit der potenziellen Leserschaft zu gewinnen und eine visuelle Botschaft über bestimmte Inhalte und Artikel zu vermitteln versucht. Durch die Wahl des Offsetdrucks entledigte sich *information* des Weiteren jeglicher Einschränkungen durch Druckstöcke und vorgefertigte Klischees und der Gestalter konnte die Typografie und Bilder selbst in der gewollten Form auf der Montagefolie anbringen.[25]

Die vorhandenen Bilder konnten somit in ihrer Größe angepasst und je nach Thema und gestalterischem Willen des Grafikers montiert werden. Dies führte zu einer in jeder Heftnummer wechselnden Gestaltung der Frontseite. Damit ist *information* auch mit den vom Bauhaus beeinflussten avantgardistischen Zeitschriften der 1920er und 1930er Jahre – etwa der Zeitschrift des Deutschen Werkbunds *Die Form* (1925–1934, Abb. 12, 13) oder *Das neue Frankfurt* (1926–1933, Abb. 14, 15) – verwandt. Die Ähnlichkeit zeigt sich auch in der Verwendung von zwei Druckfarben, Schwarz und Rot, worüber zu Beginn der 1930er Jahre weder die Frontseite der *Schweizer Illustrierten* und der *Zürcher Illustrierten* noch die der deutschen *Arbeiter Illustrierten Zeitung (AIZ)* verfügten. Unterschiede lassen sich jedoch in Bezug auf das Format finden. *information* orientierte sich im Gegensatz zu den meist größeren Dimensionen von Illustrierten Zeitungen und Zeitschriften mit dem DIN A5-Format möglicherweise an der *Weltbühne*, einem „literarischen Journal"[26] und ist deshalb unter der eigenen Zeitschriftenkategorie ‚illustriertes Journal' zu fassen.

## Vom Bauhaus nach Zürich - Schweizer Typografie avant la lettre

„Die weisse Fläche ist nicht als passiver Hintergrund, sondern als aktives Element anzusehen."[27]
(Jan Tschichold, 1930)

Nebst Zeitschriftentitel, Untertitel und Inhaltsverzeichnis setzte Bill am unteren Bildrand der Frontseite drei zentrale Angaben: den Preis, den Erscheinungsmonat und die Heftnummer. Dabei hat die Heftnummer über die gesamte Frontseite nebst dem Titel den größten Schriftgrad und bietet einen klaren Abschluss am rechten unteren Bildrand. Sie dient in kompositorischer Hinsicht als Kontrapunkt zum Titel, der in den roten Keil gesetzt ist und ihr diagonal gegenüberliegt. Bill hat sich hier an bereits vorhandenen modernen Blättern orientiert wie *Die Form* und *Das neue Frankfurt*, die das am Bauhaus ab 1923 von Laszlo Moholy-Nagy entwickelte neue Schriftbild mit zentralem Fokus auf die Kommunikation verwendeten. Moholy-Nagy ging es dabei um die „klare Mitteilung in ihrer eindringlichsten Form"[28] und den Verzicht auf unnötige ornamentale Gestaltungselemente. Die Werkbundzeitschrift *Die Form* war Bill zudem ein Vorbild für die Hervorhebung des in rot gestalteten Titels. Zusammen mit *Das neue Frankfurt* etablierten die beiden Avantgardezeitschriften die visuelle Akzentuierung der Heftnummer in großem Schriftgrad und die Reproduktion von Fotografien auf der Frontseite. Im Gegensatz zu den zwei Magazinen verwendete Bill in der Zeitschrift *information* jedoch keine farbigen oder schwarzen Balken, sondern filigrane platzsparende Linien, welche die Möglichkeit boten, den Inhalt der Zeitschrift bereits auf der Frontseite kundzutun. Vergleicht man die Layouts dieser drei Blätter mit der etablierten Schweizer Architektur- und Kunstzeitschrift *Das Werk* (1914–1976, Abb. 9, 16, 17), fällt auf, dass diese einige Jahre hinterherhinkte. Zwar verfügte sie bereits ab 1928 über eine moderne Gestaltung, die den Titel und die Heftnummer prominent hervorhob. Und die Gestaltung änderte sich nochmals 1932, als der Inhalt der Zeitschrift auch auf der Frontseite erwähnt wurde und in der Komposition vermehrt mit dem Leerraum gearbeitet wurde, die Zeitschrift fand aber erst 1939 mit prägnantem, in Farbe gesetztem Titel, der Präsentation des Inhalts und mit der Verwendung von weißem Leerraum, feinen Linien und Fotografien zu einer vergleichbaren Frontseitengestaltung, wie sie *information* bereits sieben Jahre zuvor in der Schweiz lanciert hatte.
Jan Tschichold, der im Gegensatz zum Theoretiker Laszlo Moholy-Nagy auch ein Praktiker aus der Druckindustrie war und als zentraler Vertreter der Neuen Typografie und als Autor der Zeitschrift *Typografische Mitteilungen* ab 1925 für die starke Verbreitung der typografischen Lehren des Bauhauses verantwortlich war,[29] setzte in seinen Handbüchern *Die neue Typografie* (1928) und *Eine Stunde Druckgestaltung* (1930) das Ziel der Frontseite als „wirklich zweckmäßigen Zeitschriftenumschlag"[30] darauf aus, dass deren primäre Informationen schnell erfassbar sein sollten. Dies spielt etwa auf die seiner Meinung nach noch viel zu wenig angewandte Ordnungsleiste auf der ersten Umschlagseite der Zeitschriften an: die Normleiste DIN 1501. Sie ist für eine schnelle Erfassung der Grundinformationen einer Zeitschrift entwickelt worden.[31] Tschichold hebt hervor, dass die Heftnummer, obwohl sie in der Heftleiste bereits erwähnt sein mag, ihrer Wichtigkeit wegen auch oben nochmals in größerem Schriftgrad erwähnt werden könne.[32] Bill bediente sich dieser Ordnungsleiste;[33] er band die Heftnummer korrekt in die Leiste, jedoch vergrößerte er den Schriftgrad der Nummer (Abb. 1–7). Damit gelang ihm die Kombination einer zu dieser Zeit bereits in anderen modernen Zeitschriften verbreiteten prominenten Heftnummer, die jedoch innerhalb der Ordnungsleiste bestehen bleibt. Damit erfüllt *information* die Normleiste DIN 1501 sowie der DIN 1503[34], dem noch heute gültigen DIN-A5-Format. Max

Bill hat also bereits 1932 für die Gestaltung der Frontseite die zentralen Elemente verwendet, welche ab den 1950er Jahren fester Bestandteil der Schweizer Typografie waren. Dies zeigt sich in der sachlichen Darstellung, der reduzierten, an Industrie-Ästhetik erinnernden Schriftart Grotesk in wenigen Schriftgraden, in extremen Weißräumen innerhalb der Komposition und im Verzicht auf ornamentale Elemente.[35]

## Der Keil und die Punzen - der moderne politische Titel

Der Titel der Zeitschrift *information* lässt sich einerseits durch die formale Gestaltung und andererseits anhand der semantischen Bedeutung analysieren. Der Schriftzug verwendet für jede einzelne Letter immer dieselben grundlegenden Formen der Punzen. Für Max Bills grafischen Stil der 1930er Jahre ist die geometrisch fundierte Schrift in der roten Überschrift typisch – die Ladenbeschriftung für die Firma Wohnbedarf AG kann hier als Vergleichsbeispiel dienen (Abb. 18).[36] Der serifenlose Titel mit seiner regelmäßigen, kreisförmigen Komposition steht im formalen Gegensatz zum roten Keil, der mit geraden Linien von links nach rechts spitz zulaufend eine klare dynamisch-politische Botschaft transportiert. Der rote Keil nimmt Bezug auf El Lissitzkys Plakat *Mit dem roten Keil schlage die Weißen* (Abb. 19), in dem der Keil als visuelle Waffe der Revolution (Rot) gegen die Restauration (Weiß) Verwendung findet. Die suprematistische Bildsprache Lissitzkys wurde Träger einer politischen Aussage und damit zur radikalen Kritik an der sozialen Ordnung.[37] Obwohl Bill den russischen Avantgarde-Künstler erst durch seinen Beitritt zur Pariser Künstlergruppe ‚Abstraction-Création' 1932 persönlich kennen gelernt haben mag, so ist sein Einfluss auf den jungen Grafiker durch das Bauhaus und die spektakuläre Gestaltung des Sowjet-Pavillons auf der internationalen Presseausstellung Pressa 1928 in Köln klar ersichtlich. Zur Begriffsfindung für die Zeitschrift fehlen jegliche Quellen. Im Vergleich mit anderen Zeitschriften ist der kurze und grundlegende Begriff *information* klar verständlich und selbstredend wie etwa die Zeitschriftentitel *Die Form* oder *Das Werk*. Damit geht der Begriff einher mit der beabsichtigten Konkretisierung und Reduzierung der ab den 1920er Jahren verbreiteten industriell-modernen Gedanken der Avantgarde.

## Politische Ikonographie in den Schlagbildern

Die auf den Titelbildern verwendeten Bilder der Zeitschrift *information* lassen sich in ihrer ungewohnten Montage auf der weißen, leeren Fläche und anhand ihrer politischen Ikonographie als Neuerung bezeichnen. Dabei wurden positiv konnotierte Symbole wie etwa die 1.-Mai-Flagge[38], die Arbeitermütze[39] oder der rote Keil in der Titelgestaltung von *information* ebenso verwendet wie negativ konnotierte Symbole wie die Gasmaske (Abb. 2) und das Hakenkreuz (Abb. 6 und 7). Die Bedeutung der Symbole wurde jeweils durch die spezifischen Bildhandlungen transportiert. Dies zeigt sich etwa in der von Max Bill verwendeten visuellen Strategie der Kontrastierung, bei der mithilfe teilweise plakativer Elemente Gegensätze dargestellt wurden, um die politischen und antifaschistischen Positionen der Zeitschriften zu verdeutlichen. So etwa die 1.-Mai-Flagge und das Hakenkreuz. Dieselbe Strategie aber auch in der ironisch-kritischen Gegenüberstellung der durch Gasmaske tragende Soldaten symbolisierten tödlichen Schweizer Kriegsmaschinerie und deren Qualitätsgarantie. Die Gasmaske war gerade in der Zwischenkriegszeit eine gängige ikonische Form gewesen.[40] So wird dem Kriegsgott Mars selbst auf dem Titelblatt der österreichischen Illustrierten *Der Sonntag* eine Gasmaske umgeschnallt und der Zeitschriftentitel zu *Der nächste Krieg* abgeänderte (Abb. 20).[41]
Die Strategie der Kontrastierung findet sich auch in der Gegenüberstellung einer Skulptur von Hans Arp und einer Zeichnung von George Grosz (Abb. 4) auf der Titelseite von *information*. Beide Künstler waren Exponenten

des Dadaismus, mit ganz unterschiedlichen Wegen jedoch. Das Werk des Satirikers Grosz, im Original in Schwarz gearbeitet, wurde hier in Rot wiedergegeben und in der unteren Mitte platziert. Damit überlagert die Grafik sowohl das Titelfeld als auch die Fotografie der Holzskulptur von Arp. Das Porträt zeigt den Militärarzt Dr. Bautze, Protagonist eines Trickfilms, der in der Pause des antimilitärischen Theaterstücks *Die Abenteuer des braven Soldaten Schwejk* zu sehen war.[42] Die Zeichnung stammt aus Grosz' bekannter gesellschaftskritischer Mappe *Hintergrund*, deren Name auf die Hintergrundprojektionen des Theaterstücks im Berliner Theater am Nollendorfplatz zurückgeht. Der Grafiker Max Bill entkoppelte das Werk von seinem Kontext und verwendete es zur Illustration der in der Heftnummer behandelten Themen Schule und Erziehung – das Antlitz des Dr. Bautze als Negativbeispiel von Pädagogik. Hans Arps aus Holz gearbeitete Skulptur *Bell and Navels* von 1931 thematisiert die Antagonismen von Natur und Kultur und zeigt Arps Interesse an der Physis der Natur als „eine fruchtbare Alternative zum Rationalismus einer verdinglichten Vernunft".[43] Die sich leicht überlappenden Werke sollten in der Gegenüberstellung auf die unterschiedlichen Haltungen der Künstler verweisen. Hans Arps Skulptur symbolisiert den in der Einsamkeit arbeitenden Künstler, wogegen George Grosz' Grafik einen Künstler zeigt, der die ‚Alchimistenstube' verlassen hat, mitten im heutigen Leben steht und mit politischer Wirkung das Gesicht der herrschenden Klasse zeichnet.[44] Die Kontrastierung forderte somit die zeitgenössischen Künstler dazu auf, sich von dem L'art pour l'art – von der schöngeistigen Kunst – zu verabschieden und sich mit zweckbestimmter, politischer Agitation zu engagieren.[45]

## Fazit

„Die Wirkung eines Bildes war besser als 100 gesprochene Worte."[46] Mit diesem Zitat aus einer politischen Zeitschrift zu Beginn der 1920er Jahre aus Berlin lassen sich die Ergebnisse der vorliegenden Frontseitenanalyse bündig zusammenfassen. Die Untersuchung konnte darüber hinaus aufzeigen, dass unter den Begriff ‚Bild' auch die Typografie als Gestaltungselement auf den Titelblättern der Zeitschriften fallen muss. Denn erst im Wechselspiel zwischen Bild und Text – etwa im titelgebenden roten Keil – konnte aufgezeigt werden, dass zuvor fast ausschließlich textbasierte politische Kunst- und Kulturzeitschriften ein modernes Layout, eine neue Typografie und vermehrt Bilder instrumentalisierten, um damit ihre politische Meinung kundzutun. Die „zweite Transmedialisierung"[47], die Vervielfältigung der technisch reproduzierten Bilder, fand also aufgrund der seit Mitte der 1920er Jahre populären Illustrierten auch schnell Eingang in den Bereich der politischen Kunst- und Kulturzeitschriften und veränderte das Verhältnis der Masse zur Kunst.[48]

1 Große nationale und regionale Digitalisierungsprojekte bieten bereits heute und in den kommenden Jahren einen vereinfachten Zugang zu diversen historischen und aktuellen Zeitschriften und illustrierten Magazinen. So wurden in Deutschland an der Universität Heidelberg im Rahmen des DGF-Projekts „Die europäische Perspektive: Digitalisierung und Erschließung ausländischer Kunst- und Satirezeitschriften des 19. und 20. Jahrhundert" bereits namhafte Kunstzeitschriften, illustrierte Satirezeitschriften, aber auch Zeitschriften zu Kunstgewerbe und Kunsthandwerk wie etwa *Der Kunstwart* (1887–1932), *Kunst und Künstler* (1902–1933) sowie *Der wahre Jakob* (1879–1933) oder *Ulk* (1914–1930) und *Die Form* (1925–1934) online zugänglich gemacht (vgl. http://www.ub.uni-heidelberg.de/helios/fachinfo/www/kunst/digilit/artjournals/Welcome.html, 10.2.2014). In Frankreich läuft zurzeit an der Bibliothèque nationale de France ein Digitalisierungsprojekt, welches zum Ziel hat, die wichtigsten Pariser Kunstzeitschriften der Moderne online verfügbar zu machen (etwa *Cahier d'art* und *Minotaure*). In der Schweiz digitalisierte etwa die Bibliothek der Eidgenössischen Technischen Hochschule in Zürich im Rahmen des Projekts retro.seals.ch die Kulturzeitschriften *Du* (seit 1941), *Das Werk* (1914–1976) und *Hochparterre* (seit 1988) und die Satirezeitschrift *Nebelspalter* (seit 1876).
Einige Ausstellungen zum Thema Zeitschriften im Überblick: *Les Cahiers d'art, 1926–1960*, Centre Pompidou, Paris 2007; *La Presse à la Une. De la Gazette à Internet*, Ausstellung Bibliothèque nationale de France (BnF), Site François-Mitterrand, Grande Galerie, 11.4.2012–15.7.2012 (vgl. http://expositions.bnf.fr/presse/, 10.2.2014); *Zeitgeist im Oktavformat. Illustrierte Magazine der 20er Jahre*, Universitätsbibliothek Erfurt, inkl. Tagung der SLUB Dresden und der Universität Erfurt zum Thema Deutschen illustrierte Magazine in der Weimarer Republik, 4.–5.7.2013; *Heim und Leben. Aus dem Fotoarchiv einer illustrierten Publikumszeitschrift*, Museum im Bellpark, Kriens (CH), 24.8.–3.11.2013; *Paper Weight — Stilbildende Magazine von 2000 bis heute*, Haus der Kunst, München 12.7.–27.10.2013.

2 Vgl. Moderne Illustrierte – illustrierte Moderne, Zeitschriftenkonzepte im 20. Jahrhundert, hg. von Vera Trost, mit Beiträgen von Patrick Rössler, Marianne Ambs, Bettina Deininger u.a., Kat. Württembergische Landesbibliothek, Stuttgart 1998, S. 22.

3 Unter ‚visueller Strategie' wird in diesem Beitrag die Anwendung formaler und gestalterischer Mittel zur Vermittlung des jeweiligen inhaltlichen, gesellschaftlichen und politischen Programms einer Zeitschrift verstanden. Der Begriff findet seit einigen Jahren Eingang in die kunsthistorische Forschung. So verwendete ihn etwa Horst Bredekamp in einer 1999 erschienenen Publikation „Thomas Hobbes Visuelle Strategien" über die Darstellungen des Leviathan oder Antje Krause-Wahl und Änne Söll in der Einleitung zum Themenheft *Künstlerzeitschriften* der kunsthistorischen Zeitschrift *Kritische Berichte* dezidiert im Zusammenhang mit der Gestaltung von Zeitschriften (vgl. Horst Bredekamp: Thomas Hobbes Visuelle Strategien, Berlin 1999; Antje Krause-Wahl, Änne Söll: „Künstlerzeitschriften und ihre visuellen Strategien", in: Kritische Berichte, Heft 4, 2012, S. 3–10).

4 Michael Diers wählt den Begriff ‚Schlagbilder' für die öffentlichen Bilder des politischen Alltags als visuelles Pendant zu den Schlagwörtern und den Schlagzeilen in den textbasierten Medien (vgl. Michael Diers: Schlagbilder zur politischen Ikonographie der Gegenwart, Frankfurt am Main 1997, S. 8).

5 Vgl. Peter Meier, Nicole Gysin: Vom heimischen Herd an die politische Front. Die Rolle der Ringier-Zeitschriften in den Krisen- und Kriegsjahren 1933–1945, Bern 2003.

6 Dies gilt nicht für die sozial und politisch engagierten Bildreportagen der *Zürcher Illustrierten*, die ab 1929 durch den neuen Chefredaktor Arnold Kübler entstanden und in den 1930er Jahren zu ihrem Markenzeichen geworden waren. Doch zeigte sich diese Neuerung nicht direkt auf den Titelblättern, sondern vielmehr im Innern der Zeitschrift (vgl. Peter Meier: Ein Massenblatt gegen die Beliebigkeit. Die „Zürcher Illustrierte" zwischen kulturellem Anspruch und ökonomischem Kalkül (1925–1941), in: Schweizerische Zeitschrift für Geschichte, Jg. 60, Heft 1, 2010, S. 75–83).

7 Vgl. Joachim Sieber: Gestaltung an vorderster Front – ein Nebenschauplatz der Kunstgeschichte? Eine Analyse visueller Strategien in der Frontseitengestaltung dreier politischer Kunst- und Kulturzeitschriften in der Schweiz zu Beginn der 1930er Jahre, in: Vom Memorialkloster bis zur Street Art. Standards, Probleme und Essenzen kunsthistorischer Grundlagenforschung, hg. von Wolfgang F. Kersten (= Zurich Studies in the History of Art. Georges-Bloch-Annual, University of Zurich, Institute of Art History, Bd. 19, 2012), Zürich 2013, S. 173–223.

8 Vgl. Guido Magnaguagno: Ein Jahrzehnt im Widerspruch, in: Dreissiger Jahre Schweiz. Ein Jahrzehnt im Widerspruch, Kat. Kunsthaus Zürich, Zürich 1981, S. 59; Walter Wolf,: Frontenbewegung, in: Historisches Lexikon der Schweiz (HLS), Version vom 1.12.2006, http://www.hls-dhs-dss.ch/ textes/d/D17405.php (3.6.2011).

9 Vgl. Sieber 2013, S. 182.

10 Die Zeitschrift *Das Werk. Schweizer Monatshefte für Architektur, freie Kunst, angewandte Kunst* (1914–1976) war das offizielle Organ des Bundes Schweizer Architekten (BSA) und des Schweizerischen Werkbundes (SWB) und vertrat während der 1930er Jahre eine aufgeschlossene Position zur modernen Architektur, unterstützte jedoch die abstrakte und surrealistische Schweizer Kunstavantgarde nicht explizit. Die Zeitschrift *Schweizer Kunst* (seit 1899), offizielles Organ der Gesellschaft Schweizerischer Maler, Bildhauer und Architekten (GSMBA), war das Sprachrohr der ‚offiziellen' gegenständlichen Kunst der

1930er Jahre (vgl. Schweizerischen Institut für Kunstwissenschaft (Hg.): Das Kunstschaffen in der Schweiz, 1848–2006, Bern 2006, S. 395–397).

11 Vgl. Peter Kamber: Geschichte zweier Leben. Wladimir Rosenbaum, Aline Valangin, Zürich 2000, S. 92–93; Angela Thomas: Mit subversivem Glanz. Max Bill und seine Zeit, Zürich 2008, S. 365; Regula Pfeifer: Wladimir Rosenbaum, in: Historisches Lexikon der Schweiz (HLS), Version vom 11.11.2010, http://www.hls-dhs-dss.ch/textes/d/D47639.php [6.6.2011]).

12 Die zentralen Bauten des Neuen Bauens in der Schweiz sind die Siedlung Neubühl, das Zett-Haus, die Firma Wohnbedarf und der Umbau des Corso am Bellevue (vgl. Kamber 2000, S. 92; Thomas Gnägi, Bernd Nicolai, Jasmine Wohlwend Piai (Hg.): Gestaltung – Werk – Gesellschaft. 100 Jahre Schweizerischer Werkbund SWB, Zürich 2013).

13 Vgl. Thomas 2008, S. 365.

14 Vgl. ebd., S. 371.

15 Ignazio Silone ist in keiner Heftnummer als solcher verzeichnet und wurde daher von Thomas als ‚de facto' Chefredakteur bezeichnet (vgl. ebd., S. 380).

16 Vgl. ebd., S. 376–378; Stahlberger 1970, S. 99.

17 Vgl. Magnaguagno 1981, S. 60.

18 Vgl. Richard Hollis: Schweizer Grafik. Die Entwicklung eines internationalen Stils 1920–1965, Basel 2006, S. 116.

19 Vgl. Thomas 2008, S. 376.

20 Vgl. Magnaguagno 1981, S. 58.

21 Vgl. Gerd Fleischmann u.a.: Max Bill – Typografie, Reklame, Buchgestaltung, Sulgen 1999, S. 25. Max Bill war vom 20. April 1927 bis am 30. Oktober 1928 am Bauhaus Dessau eingeschrieben.

22 Vgl. Thomas 2008, S. 309, 316–318, 346, 360–362.

23 Vgl. Hans Rudolf Bosshard: Max Bill kontra Jan Tschichold. Der Typografiestreit in der Moderne, Zürich 2012, S. 24–25, 32–33, bes. Anm. 51; Fleischmann u.a. 1999, S. 29.

24 Die Schrift wurde von der Avantgarde der 1920er und 1930er Jahre oft verwendet, obwohl sie nie so populär wurde wie modernen Zeitgenossen Futura und Gill Sans (vgl. Joep Pohlen: Letterfontäne [über Buchstaben], Köln 2011, S. 356).

25 Vgl. Karin Althaus: Druckgrafik. Handbuch der künstlerischen Drucktechniken, in Zusammenarbeit mit der Graphischen Sammlung der ETH Zürich (Hg.). Zürich, 2008, S. 148.

26 Vgl. Martin B. Pedersen: Graphis Magazindesign. Der internationale Überblick über die Zeitschriftengestaltung, Zürich 1992, S. 39.

27 Jan Tschichold: Eine Stunde Druckgestaltung. Grundbegriffe der Neuen Typografie in Bildbeispielen für Setzer, Werbefachleute, Drucksachenverbraucher und Bibliofilen, Stuttgart 1930, S. 8.

28 Vgl. Bauhaus-Archiv, Museum für Gestaltung, Werkstatt für Typografie und Reklame, http://www.bauhaus.de/bauhaus1919/werkstaetten/werkstaetten_typographie.html (16.6.2011).

29 Vgl. Fleischmann u.a. 1999, S. 29.

30 Tschichold 1990, S. 71.

31 Vgl. Elke Behrends: Technisch-wissenschaftliche Dokumentation in Deutschland von 1900 bis 1945. Unter besonderer Berücksichtigung des Verhältnisses von Bibliothek und Dokumentation, Wiesbaden 1995, S. 114–116. Die Ordnungsnorm DIN 1501 wurde im Juli 1928 als erste Norm vom neu gegründeten Fachnormenausschuss für Bibliotheks-, Buch- und Zeitschriftenwesen beschlossen und verfolgte das Ziel, eine klarere Übersicht für den Leser und eine schnellere und schonendere Sortierung in Bibliotheken u. ä. zu ermöglichen. Die Normleiste wurde im August 1993 ersatzlos zurückgezogen.

32 Vgl. Tschichold 1930, S. 71.

33 Bills Anlehnung an Jan Tschichold lässt sich anhand der Ausbildung von Max Bill am Bauhaus Dessau nachvollziehen. Es kann davon ausgegangen werden, dass er Tschicholds zentrale Publikationen – auch für die spätere Schweizer Typografie – gekannt hat und ihm ebenso nach seiner Immigration 1933 in die Schweiz als Autor für die *Typografischen Monatsblätter* begegnet ist. Auch lässt der spätere „Typografiestreit der Moderne" aufgrund der unterschiedlichen Haltung in Bezug auf theoretische Ansätze der Neuen Typografie und die ideologische Vereinnahmung von typografischen Formen durch die Nationalsozialisten auch darauf schließen, dass Bill der rein funktionalen und entpolitisierten Haltung der typografischen Lehre von Tschichold erst sehr offen gegenüberstand (vgl. Bosshard 2012), S. 32–37, 107–108).

34 Ordnungsnorm DIN 1503 von 1928: Die Gestaltung von wissenschaftlichen Zeitschriften und Fachzeitschriften wurde im Januar 1987 ersatzlos zurückgezogen.

35 Vgl. Hollis 2006, S. 45, 49.

36 Vgl. ebd., S. 49.

37 Vgl. Sven Beckstette: Das Historienbild im 20. Jahrhundert, Dissertation, Freie Universität, Berlin 2008, S. 47–48.

38 Die rote Fahne wurde bereits „1792 von den Jakobinern zur Fahne der Freiheit erklärt, 1834 bei den Seidenweberaufständen von Lyon zur Fahne der Arbeiterbewegung und nach der Russischen Revolution 1907 zur Fahne des Sozialismus." (vgl. Angelika Gillmayr (Hg.): ArbeiterBilder in der österreichischen Kunst. Mitte 19. Jahrhundert bis II. Weltkrieg, Kat. Stadtmuseum, Linz 1998, S. 41–42). Die Flagge als politisches Symbol, durch ihr Wehen als „beseelt" dargestellt, wird zum „ikonischen Äquivalent politisch inspirierter Bewegtheit in Zeiten von Kampf und Konflikt" (vgl. Uwe Fleckner, Martin Warnke, Hendrik Ziegler (Hg.): Handbuch der politischen Ikonographie, München 2011, S. 326). Die 1.-Mai-Flagge steht also sowohl als Zeichen einer korporativen Zugehörigkeit zur gewerkschaftlich organisierten Arbeiterschaft, als auch als Aufruf zum politischen und gesellschaftlichen Engagement und dem Kampf gegen den Faschismus (vgl. ebd., S. 324–330).

39 Der Elbsegler, eine Schirmmütze, die von der deutschen

Schifffahrt stammt, war in den 1920er und 1930er Jahren die vorwiegend von Arbeitern getragene Mützenart und lässt sich daher wie die phrygische Mütze der Jakobiner als politische Ikonografie der Kleidung lesen (vgl. ebd., S. 51–57).

40 Die Gasmaske wurde durch den maschinell geführten Gaskrieg während des Ersten Weltkriegs in den folgenden Jahrzehnten zum Inbegriff des zerstörerischen Krieges. Die Darstellungen von Gasmasken waren immer „eine Kombination von Dämonisierung und Verharmlosung". In vielen Karikaturen zu Beginn der 1930er Jahre findet sich die Gasmaske als ikonische Form für den Luftkrieg. Dieser wurde „als erwarteter Gaskrieg zur vertrauten Apokalypse" (vgl. Erhard Schütz: Wahn-Europa. Mediale Gas-Luftkrieg-Szenarien der Zwischenkriegszeit, in: Amsterdamer Beiträge zur neueren Germanistik, hg. von Heinz-Peter Preusser, Bd. 57, Amsterdam/New York 2005, S. 127–148, hier S. 140–141).

41 Vgl. Anton Holzer: Fotografisches Feuilleton. Der Sonntag – ein vergessenes Forum moderner österreichischer Reportagefotografie, in: Fotogeschichte, 33/128, 2013, S. 25–48.

42 Zum tschechischen Theaterstück aus der Feder von Jaroslav Hašek und mit der Ausstattung von George Grosz vgl. Klaus Völker: Hašeks „Schwejk"-Roman auf der Bühne – Die Piscator-Inszenierung von 1928. Von Brod zu Brecht und die Folgen, in: Berlin und der Prager Kreis, hg. von Margarita Pazi/Hans Dieter Zimmermann, Würzburg 1991, S. 225–241; Tamara Barzantny, „Erwin Piscators Bilder des Ersten Weltkriegs – Die Abenteuer des braven Soldaten Schwejk zum Beispiel", in: Forum Modernes Theater, Bd. 13, Tübingen 1998, Heft 2, S. 148–165. Zur Mappe *Hintergrund* vgl. Wolfgang Hütt (Hg.): Hintergrund. Mit den Unzüchtigkeits- und Gotteslästerungsparagraphen des Strafgesetzbuchs gegen Kunst und Künstler 1900–1933, Berlin 1990, S. 60–67, 230–262; Alexander Dückers: George Grosz. Das druckgraphische Werk, Frankfurt am Main 1979, S. 202.

43 Vgl. Juri Steiner: Jean Arp, in: Sikart Lexikon zur Kunst in der Schweiz, Stand 2010, http://www.sikart.ch/KuenstlerInnen.aspx?id=4023372 (10.6.2014).

44 Vgl. Editorial, in: information, 1/4, 1932, Rückseite der Frontseite.

45 Die Bildthemen der Zeitschrift müssen auch in engem Zusammenhang mit der Arbeiter- und Gewerkschaftspresse gesehen werden. In der Schweiz bemühten sich besonders die Gewerkschaften im Lauf der 1930er Jahre darum, dem Arbeitervolk das Verständnis für Kunst näher zu bringen. Sie organisierten Wanderausstellungen von Originalgrafik oder publizierten billig zu erwerbende Sammelmappen. Die Gemeinschaft für Arbeiterkunst gab etwa die Folge *Proletarische Kunst* mit elf Linolschnitten von Clément Moreau (Basel 1932) oder *15 Holzschnitte jugendlicher Arbeiter* heraus (vgl. Eva Korazija: Der moderne Holzschnitt in der Schweiz, hg. von Graphiksammlung ETH, Zürich 1987, S. 143).

46 Zitat aus der Zeitschrift *Die Rote Fahne* 1921, nach: Judith Prokasky: Besser als 100 gesprochene Worte. Bilder im Kampf gegen den Faschismus 1918–1933, in: kunsttexte.de, 1, 2009, http://edoc.hu-berlin.de/kunsttexte/2009-1/prokasky-judith-1/PDF/prokasky.pdf (29.9.2011).

47 Ernst Rebel: Druckgrafik. Geschichte, Fachbegriffe, Stuttgart 2003, S. 123–127.

48 Vgl. Walter Benjamin: Das Kunstwerk im Zeitalter seiner technischen Reproduzierbarkeit, Frankfurt am Main 1977 [1963], S. 32.

Abb. 1: Titelseite der Zeitschrift *information*, Nr. 1, 1. Jg., 1932

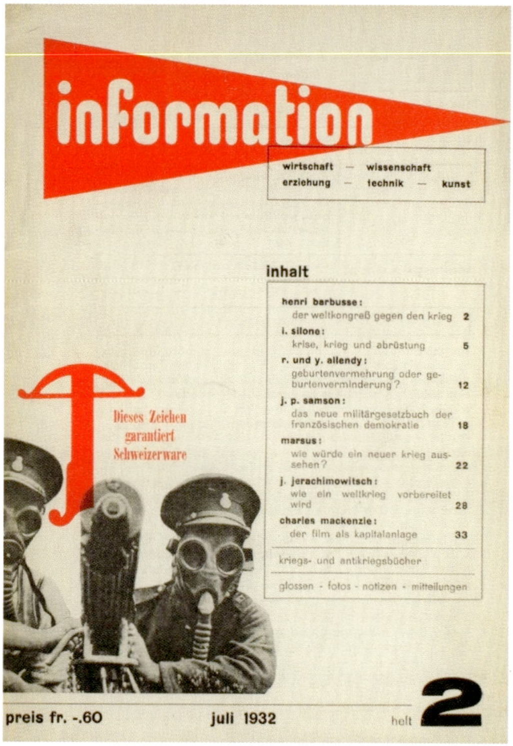


Abb. 2: Titelseite der Zeitschrift *information*, Nr. 2, 1. Jg., 1932

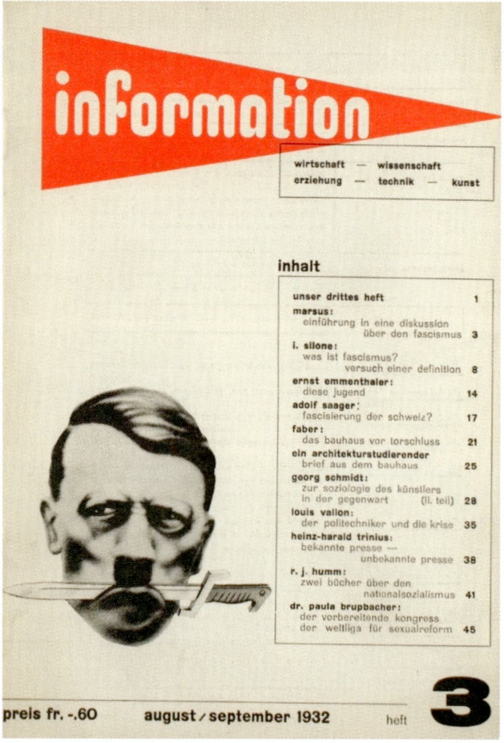


Abb. 3: Titelseite der Zeitschrift *information*, Nr. 3, 1. Jg., 1932

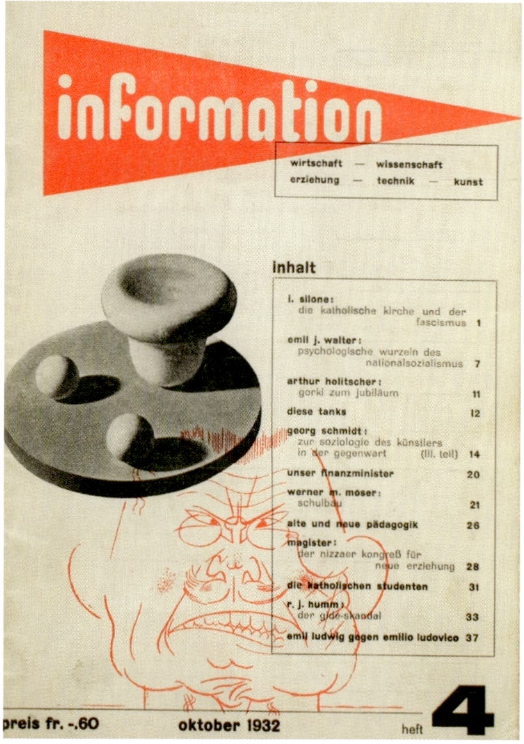


Abb. 4: Titelseite der Zeitschrift *information*, Nr.4, 1. Jg., 1932, mit Reproduktionen der Werke von Hans Arp und und George Grosz

information

inhalt

die redaktion:
aux etudiants et intellectuels de la suisse romande 1
genf 3
sylvia pankhurst:
mussolini als kavalier und kinderfreund 5
s. giedion:
picasso als erfinder 6
hans schmidt:
der gute schweizer geschäftsgeist 11
dieser vogel 12
i. silone:
katholizismus und fascismus — stadt und land 14
heinz greif:
theaterkrise und schauspieler-kollektive 21
proletarisches theater in zürich und in basel 27
informator:
sittenschnüffler an der arbeit 29
ernst emmenthaler:
dienstverweigerer im gefängnis 32
r. j. humm:
noch einer 34
aus andern zeitschriften:
gegen den kapitalismus im namen des geistes — ideologie und wirklichkeit — die drei soziologischen typen des antikapitalismus 36
mitteilungen:
masch — groupe plans de genève 40

Lilian Harvey
foto: UFA
aus: „weg ins leben"

preis fr. -.60 november 1932 heft 5

Abb. 5: Titelseite der Zeitschrift *information*, Nr. 5, 1. Jg., 1932

information

wirtschaft — wissenschaft
erziehung — technik — kunst

inhalt

georg schmidt:
das korporative system 1
angriff auf der ganzen linie 7
valentin gitermann:
probleme des modernen geschicht-unterrichtes 8
diese damen . . . 12
e. j. w.:
„kreuger im rahmen der zeit" 14
j. silone:
die professionellen verbrecher u. der schutz des privateigentums 15
genf im spiegel 17
ernst emmenthaler:
liberté, égalité, fraternité: 19
etwas zum an den knöpfen abzählen 21
Meyer-Amden † - Bitte 2mal lesen! 22
georg schmidt:
proletarische kunst 23
otto mugli:
es ist eine lust zu leben! 24
lenin über das schweizer bibliothekwesen 25
j. silone:
um ein land richtig zu kennen . . . 26
Bücherschau
m. r.: karl marx: der historische materialismus — arthur seehof: alkohol und prohibition — s. t.: rationalisierung und hygiene — s. h.: die gewerbebetriebe in der schweiz 27—32

der deutsche reichsadler:
bruder
der schlange hydra

preis fr. -.60 märz 1933 heft 8

Abb. 6: Titelseite der Zeitschrift information, Nr. 8, 1. Jg., 1932

information

wirtschaft — wissenschaft
erziehung — technik — kunst

1. MAI 1933

inhalt

oskar hellmer:
die erste niederlage 1
hans scheer:
stacheldraht 4
robert bürger:
gewerkschaft oder kriegerverein? 7
herbert zam:
technokratie und marxismus 11
simplicissimus,
rechts-um-kerrrrrt 17
detektor:
moderne sklavenbefreiung 21
moralische abrüstung
als ablenkungsmittel 26
f.-m. hardie:
die englischen studenten stehen links 29
glossen:
die „neue zürcher zeitung" ist marxistisch 10
hitler will goering hinrichten lassen 10
die maschine ist schuld 15
ein deutsches rundfunkprogramm 16
künstler — auf die knie 20
ein junger angestellter schreibt uns 28
mittelständler — war's so gemeint? 28
bücher:
schweiz—russland 32

10

Abb. 7: Titelseite der Zeitschrift *information*, Nr. 10, 1. Jg., 1932

Die Weltbühne

Der Schaubühne XXV. Jahr

Wochenschrift für Politik · Kunst · Wirtschaft

Begründet von Siegfried Jacobsohn

Unter Mitarbeit von Kurt Tucholsky
geleitet von Carl v. Ossietzky

Inhalt:

Carl v. Ossietzky: . . . . . Republikanisch oder kosakisch?
Georg Matzner: . . . . . . . . . . . . . . . Bewegung rechts!
Leopold Heinemann: . . . . . Traditionskompagnie Kanitz
Hellmut v. Gerlach: . . . . . . Die Herberge der Pazifisten
Erich Kästner: . . . . . . . . . . . Die andere Möglichkeit
E. Glaeser und B. v. Brentano: . . Neue Formen der Publizistik
Werner Ackermann: . . . Proletariat und radikale Literaten
Peter Panter: . . . . . . . . . . . . . . . . . Bänkelbuch
Rudolf Arnheim: . . . . . . . . . . . Sonntag in Hamburg
Harry Kahn: . . . . . . . . . . . . . . . . . . . Treibjagd
Valeriu Marcu: . . . . . . . . . . . . Der Mann im Dunkel

Bemerkungen — Antworten

Erscheint jeden Dienstag

XXV. Jahrgang 9. Juli 1929 Nummer 28

Versandort Potsdam

Verlag der Weltbühne
Charlottenburg · Kantstrasse 152

Abb. 8: Titelseite der Zeitschrift *Die Weltbühne* Nr. 28, 25. Jg., 9. Juli 1929, 21 x 15 cm

Abb. 9: Titelseite der Zeitschrift *Das Werk*, Jg. 18, Februar 1931, 21 x 29,7 cm (DIN A4)

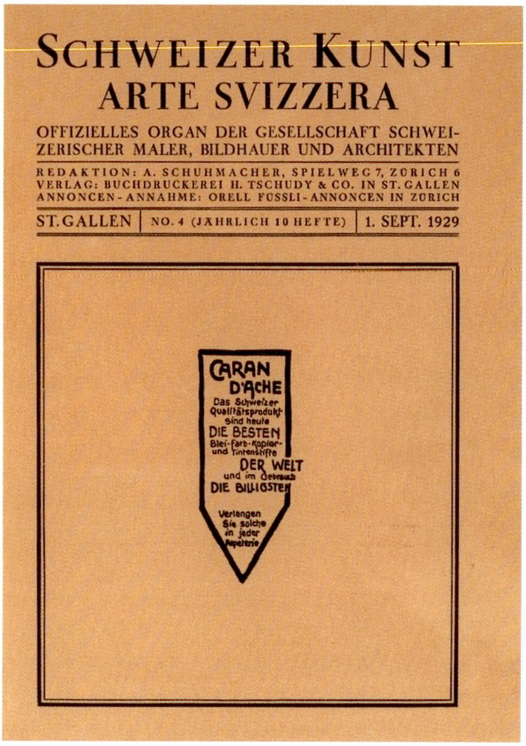


Abb. 10: Titelseite der Zeitschrift *Schweizer Kunst*, Nr. 4, September 1929, 16,2 x 23,3 cm

Abb. 11: Titelseite der *Zürcher Illustrierte*, Nr. 52, 27. Dezember 1929

Abb. 12: Titelseite der Zeitschrift *Die Form*, Heft 1, Jg. 1, 1925, 21 x 29,7 cm (DIN A4)

Abb. 13: Titelseite der Zeitschrift *Die Form*, Heft 5, Jg. 5, 1930, 21 x 29,7 cm (DIN A4)

Abb. 14: Titelseite der Zeitschrift *Das neue Frankfurt*, Heft 1, Jg. 1, 1926, 24 x 26 cm

Abb. 15: Titelseite der Zeitschrift *Das neue Frankfurt*, Heft 1, Jg. 2, 1928, 24 x 26 cm

Abb. 16: Titelseite der Zeitschrift *Das Werk* Heft 1 Jg. 19, 1932, 21 x 29,7 cm (DIN A4)

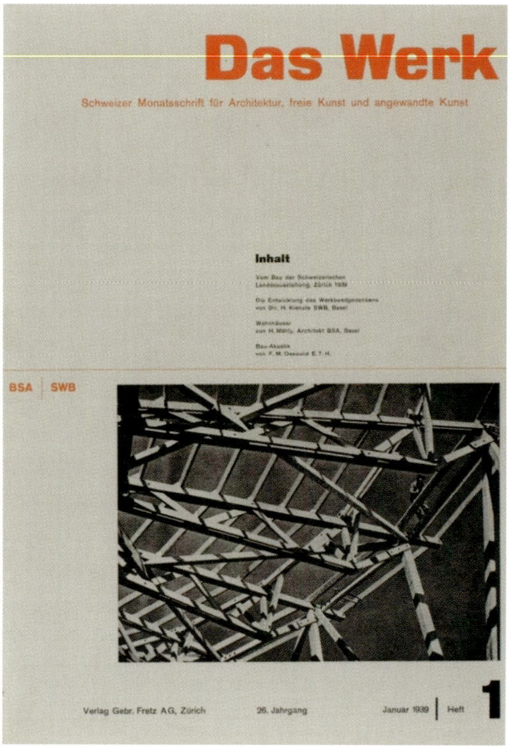

Abb. 17: Titelseite der Zeitschrift *Das Werk*, 26/1, 1939, 21 x 29,7 cm (DIN A4)

Abb. 18: Beschriftung des ersten Ladens der Firma Wohnbedarf AG in der Claridenstrasse, Zürich, 1931

Abb. 19: El Lissitzky, Mit dem roten Keil schlage die Weissen, 1919, Lithografie, 59 x 48 cm, Staatsbibliothek Moskau

Abb. 20: Titelseite der Zeitschrift *Der nächste Krieg / Der Sonntag*, 29. Juli 1935, Montage: vermutlich Hans Oplatka

# Patrick Rössler

Dem Zeitgeist auf der Spur.
Zur ‚kulturellen Neugestaltung' als Leitmotiv von Illustriertenumschlägen der 1920er Jahre

Dem Umschlag der Zeitschrift kommt gemeinhin eine besondere Funktion zu. Er wirkt gleichzeitig als Aushängeschild der Publikation, Schaufenster für den Inhalt und wesentliches Verkaufsargument. Deshalb unterliegt seine Gestaltung strengsten Qualitätskontrollen und gilt nicht selten als ‚Chefsache'.[1] Einen ersten Meilenstein zur Covergeschichte der illustrierten Zeitschrift legte Patricia Frantz Kery 1982 vor, die unter dem Titel *Great Magazine Covers of the World* über 500 Umschläge aus über 20 Nationen zusammenstellte. Teile verwendete sie später für ein Kapitel im Rahmen ihres Bildbandes zur Grafik des Art Déco.[2] Seither hat sich eine Reihe von Publikationen mit den Umschlägen speziell amerikanischer Magazine befasst,[3] seltener mit internationalen Perspektiven,[4] häufiger mit einzelnen Titeln wie der *Vogue*[5], *Fortune*[6] oder in Deutschland dem *Spiegel*[7]. Wie die Durchsicht dieser Standardwerke belegt, trifft der Begriff des ‚Aufmachers', wie er primär im Kontext der Tagespresse verwendet wird, die Natur von Zeitschriftenumschlägen nur im Falle der Illustrierten mit einem unmittelbaren Bezug zum Zeitgeschehen.[8]
Als ‚Aufmacher' im weiteren Sinne – nämlich den Einstieg in das Heft, Appetizer und Imageträger – lassen sich freilich alle Heftumschläge bezeichnen, denn ihrer Gestaltung haben Herausgeber und Redaktionen stets eine besondere Bedeutung beigemessen. Wie die herausragenden Publikationen von Crowley (2003), Heller (2003) und Andel (2002) belegen, besaßen Zeitschriftenumschläge auch für die Avantgarde der Zwischenkriegszeit einen hohen Stellenwert, und speziell die deutsche Gebrauchsgrafik wurde von der Illustriertengestaltung nachhaltig geprägt.[9]

Einerseits spiegeln sich in kaum einem Massenmedium die Zeitläufte so unmittelbar wie in der illustrierten Publikumspresse. Die Zeitschrift als „Schrift der Zeit"[10] nimmt das aktuelle Geschehen auf, und „stets spürt man aus ihrer Spiegelung der Zeit und den Gedanken über sie, wie sich die Redakteure als eine geistig produktive Körperschaft gleichsam an einen ‚gedachten' Leser oder an eine ‚gedachte' Leserin wenden".[11] Doch während sich die Forschung auf pressetypologische Fragen, den Inhalt der Zeitschriften, ihre Berichterstattung, die Produktionsbedingungen oder die wirtschaftlichen Grundlagen konzentrierte,[12] blieb andererseits die Gestaltung von Zeitschriften weitgehend unbeachtet. Zwar enthalten kunst- und designhistorische Abhandlungen dann, wenn prominente Künstler in irgendeiner Form am Layout der Illustrierten beteiligt waren, zumindest eine entsprechende Randbemerkung.[13] Da gebrauchsgraphische Arbeiten jedoch von Kunsthistorikern bis heute tendenziell als zweitrangig, weil kommerziell orientiert und primär dem Broterwerb dienlich angesehen werden, findet eine ausführlichere Auseinandersetzung nur ausnahmsweise statt.[14] Anders an der Schnittstelle zwischen Buchwissenschaft und Design-Geschichte: Hier hat sich gerade die angloamerikanische Forschung, die sich ohnehin deutlich intensiver dem Zeitschriftengenre widmet,[15] auch immer wieder mit Gestaltungsfragen der Zeitschrift auseinandergesetzt.[16] Doch auch diese Untersuchungen sind nicht mehr als ein Tropfen auf den heißen Stein, denn sie berücksichtigen nur einen verschwindenden Bruchteil der in den vergangenen rund 100 Jahren erschienenen Zeitschriftenumschläge – wie sich leicht ausrechnen lässt, wenn man weiß, dass alleine im Deutschen Reich der Zwischenkriegszeit phasenweise rund 6000 Zeitschriften gleichzeitig auf dem Markt erhältlich waren.[17] Nicht alle zierten illustrierte Cover, und noch weniger würde man heute noch als bemerkenswert bezeichnen, aber die reine Zahl deutet bereits an, dass das Spektrum potenzieller Objekte endlos scheint, zumal in internationaler Perspektive. Und gerade mit dem Boom des ‚neuen' Magazindesigns seit den 1990er Jahren beobachtet die Kreativwirtschaft wieder verstärkt die Best-Practice-Modelle am Kiosk, für die der jeweilige Umschlag nach wie vor von herausragender Bedeutung ist.[18]

## Die ‚kulturelle Neugestaltung' und ihre Medien

Der zeitgenössische Begriff der ‚kulturellen Neugestaltung' – so der Untertitel der einflussreichen Zeitschrift *das neue frankfurt*[19] – bezeichnete den unverkennbaren Aufschwung avantgardistischer Strömungen im Deutschland der 1920er Jahre, die weite Bereiche der Gesellschaft erfassten und als Teil eines globalen Modernisierungsprozesses gelten können.[20] Neben der üblichen politisch-historischen Epocheneinteilung, die den Ersten Weltkrieg als die markante Zäsur zu Beginn des 20. Jahrhunderts begreift, fanden in jüngerer Zeit auch Perspektiven Beachtung, die das „zweite Jahrzehnt"[21] zwischen 1910 und 1920 in den Mittelpunkt der Betrachtung rücken und auf wichtige Entwicklungslinien in klassischen Teilkulturen wie Presse, Film, Literatur, Kunst und Musik,[22] insbesondere aber auf neue Zusammenhänge wie die Emergenz von Werbung und Propaganda,[23] Alltags-[24] und Fotokultur[25] verweisen. Als Chiffren für die „Massenproduktion guten, ‚neuen' Gebrauchsgeräts"[26] sei hier auf die Arbeit des Deutschen Werkbundes[27] und die Gründung des Bauhauses[28] verwiesen.
Nach dieser Lesart stellt für die kulturelle Neugestaltung des urbanen Raums eher die desaströse Hyperinflation von 1923 und der darauf folgende, rapide wirtschaftliche Wiederaufbau *das* Schlüsselereignis dar, das in Deutschland erst „ausreichend industrielle und ökonomische Grundlagen für eine sozialfunktionale Massenproduktkultur"[29] im beschriebenen Sinne hervorbrachte. Das heute vielfach vorherrschende Image der 1920er Jahre als ‚Roaring Twenties' speist sich wesentlich aus dem Aufbruch der Weimarer Republik in eben diese Konsumgesellschaft, deren Vielfalt, aber auch Zerrissenheit angesichts der zahlreichen neuen Optionen verschiedentlich beschrieben wurde.[30] Das omnipräsente Adjektiv ‚neu' avancierte zu einer alle Lebensbereiche übergreifenden Metapher,[31] die so unterschiedliche Bewegungen wie das ‚neue Bauen', die ‚neue Frau',[32] das ‚neue Sehen',[33] oder die ‚neue Wohnkultur' als internationale Konzepte der Moderne[34] umschloss. All dies erforderte freilich auch „ein neues, aufnahmebereites Publikum: die fortschrittsgläubige tragende Schicht der neuen bürgerlichen Industrie- und Bildungsgesellschaft, die Studenten und Akademiker, den Ingenieur, den Anwalt, Arzt, leitenden Angestellten, Lehrer und Beamten".[35] Diese substanziellen gesellschaftlichen Veränderungen teilte Deutschland dabei mit anderen Industrienationen westlicher Prägung:

> „Berlin ist die amerikanischste Stadt Deutschlands, sagen die hier zu Besuch weilenden Amerikaner. Immer neue Einrichtungen, die das Leben der geplagten, gehetzten Großstadtmenschen erleichtern und bequemer gestalten, entstehen und bestätigen das amerikanische Urteil. Da gibt es nicht nur Quickrestaurants, Rolltreppen und Automaten jeder Art. Auch das Wohnen wird reformiert, wird angenehmer und schöner. Architekt Professor Hans Scharoun hat am Kaiserdamm ein Haus gebaut, das es einzelstehenden Menschen, Junggesellen und Junggesellinnen, denen die möblierten Zimmer ein Graus sind, ermöglicht, ein Heim und doch nur ein Zimmer zu besitzen."[36]

Die bis heute maßgebliche, zeitgenössische Analyse der aufstrebenden und individualistisch orientierten Angestelltenschicht[37] skizziert diese als besonders wichtigen Träger der neuen Konsumkultur. Die aktuelle Kracauer-Rezeption arbeitet ergänzend heraus, dass speziell dieser Personenkreis wesentlich durch ‚neue Medien' zusammengehalten wurde:[38] Neben Jazzplatten, Film und Rundfunk waren es die illustrierten Zeitschriften, die aufgrund von Innovationen in Journalismus, Herstellung und Produktion für die visuelle Kommunikation der kulturellen Neugestaltung eine herausragende Rolle spielten.[39] Dabei fanden sich neue Medien und neue Produktkultur in einer bis heute typischen Symbiose wieder: Einerseits bedürfen Innovationen stets der Vermittlung via Trägermedien, um sich durchsetzen zu können, und zwar sowohl durch Werbeankündigungen als auch durch bewertende redaktionelle Einordnung; andererseits sind Medien auf den Neuigkeitswert dieser Innovationen redaktionell angewiesen, und die Werbeeinahmen aus der Produktreklame ermöglichen erst die aufwändig gestalteten Publikationen.[40]

Diese Symbiose ist geradezu typisch für Diffusionsprozesse von Innovationen, die sich treffend anhand der Typologien und Prozessmodelle von Rogers[41] beschreiben lassen. Anhand empirischer Untersuchungen in den unterschiedlichsten Branchen konnte hier ein typischer Diffusionsverlauf identifiziert werden, bei dem eine Avantgarde für die Entwicklung der Neuerung verantwortlich ist, die dann Resonanz in einer innovationsbereiten Gruppe so genannter ‚früher Übernehmer' findet, hier: in einer bürgerlich geprägten Oberschicht. Dort entscheidet sich, ob eine kritische Masse von Adaptoren zusammenkommt, die dann auf den verschiedensten Wegen und durch ihre spezifischen Medien für einen ‚spill over' in die ‚frühe' oder ‚späte' Bevölkerungsmehrheit sorgen.[42] Dieser Zugang erlaubt es auch, den offensichtlichen Widerspruch zwischen einer neuen egalitären Produktkultur[43] und dem elitären Individualkonsum handwerklich gefertigter Einzelstücke[44] zu erhellen: Im erfolgreichen Diffusionsverlauf sinken die Fertigungskosten aufgrund von Rationalisierung – ‚economy of scale' –, freilich häufig unter erheblichen Konzessionen an den Massengeschmack.

Medien gelten als eine zentrale Vermittlungsinstanz im Diffusionsprozess, denn sie verbinden die Avantgarde mit der Bevölkerungsmehrheit. Als besonderes geeigneter Informationskanal gewann dabei die Zeitschrift an Bedeutung,[45] denn sie war einerseits weniger an Tagesaktualität gebunden und lockerer in der Darstellungsform als die Tageszeitung, und gleichzeitig weniger aufwendig zu produzieren als audiovisuelle Medien, deren Durchbruch in der Zwischenkriegszeit außerdem erst noch bevorstand. Zeitschriften avancierten zu jenem Medium, aus dem die frühen Übernehmer und damit die Meinungsführer in Diffusionsprozessen ihre Kenntnisse erlangten, und dies gilt eben auch für die Innovationen im Zuge der kulturellen Neugestaltung. Unabhängig von der wichtigen Rolle der Massenmedien innerhalb dieses Prozesses lässt dieser sich außerdem auch auf Medieninnovationen selbst anwenden: Wenn beispielsweise redaktionelle Konzepte, Gestaltungstrends oder spezifische Zielgruppenansprachen von Meinungsführer-Illustrierten entwickelt werden, und diese sich daraufhin in der Presselandschaft durchsetzen.[46] Im vorliegenden Fall verbinden sich die sich wechselseitig beeinflussenden Diffusionsprozesse zu einem Gesamtbild der kulturellen Neugestaltung im Deutschland der 1920er Jahre, bei dem Medien- und Produktinnovatoren Hand in Hand eine Brücke schlagen zwischen der Weimarer Avantgarde einerseits und einer zunehmend gebildeteren und am modernen Lebensstil interessierten, ‚frühen Mehrheit' von Bevölkerungsmitgliedern und Populärmedien andererseits.

Beide Tendenzen sollen nachfolgend als Beispiele dienen, um die Emergenz des Phänomens in der Publikumspresse der Zwischenkriegszeit zu verdeutlichen, nämlich einerseits Publikumsillustrierte und ihre Umschläge als Wegbereiter der ‚kulturellen Neugestaltung', hier insbesondere mit Blick auf den urbanen Lebensraum, und andererseits Medieninnovationen selbst als Indikatoren dieser Veränderungsprozesse. Ein Schwerpunkt der Betrachtungen liegt dabei auf der Covergestaltung und damit auf der Frage, ob und in welcher Form sich einschlägige Themen und Visualisierungen auf die ‚Aufmacher' der Zeitschriften niederschlugen, verstanden hier als der Umschlag im Sinne eines ‚Schaufensters' der Illustrierten. Innerhalb jedes der beiden genannten Bereiche werden ausgewählte Abbildungen zur Unterstützung des Gedankengangs exemplarisch herangezogen.

## FALLBEISPIEL 1:
## Gestaltung des urbanen Lebensraums

Die Illustriertenpresse transportierte – zufällig oder beabsichtigt – immer auch Visionen von Urbanität und urbanem Leben in die Öffentlichkeit. Einerseits selbst Ausfluss eines gesellschaftlichen Wandels, der mit einem rasanten Medienwandel einherging,[47] und andererseits ein wesentlicher Motor dieses Wandels, reflektierte die Massenpresse vielleicht so genau wie kein anderes Medium, was Urbanität und urbanes Leben in der Massengesellschaft als vielleicht wesentlichster Ausdruck der kulturellen Neugestaltung bedeutete. Publiziert zumeist in den Ballungszentren des Deutschen Reiches, avancierten sie schnell zu unverzichtbaren Medien der Großstadtkommunikation.[48] In den Periodika der städtischen Avantgarden, aber genauso in den Magazinen und Bilderblättern der Publikumspresse wurden Bilder von der ‚Neuen Stadt' vermittelt, wie sie sich beispielsweise die moderne Architektur im Umfeld von Bauhaus und CIAM erdachte. Großen Einfluss besaß die Zeitschrift *das neue frankfurt* (1926–1931), die gemeinsam mit ihrem Relaunch *die neue stadt* (1932) alle Bereiche des ‚Neuen Lebens' berührte und dabei ebenso Medien wie den Film oder die Fotografie thematisierte. Ihr Untertitel „Internationale Monatsschrift für die Probleme kultureller Neugestaltung" lieferte deswegen auch den Namen für das hier untersuchte Konzept. Nachahmer wie *das neue berlin* (1929), *das neue leipzig* (ab 1928) oder *die lebendige stadt* (Mannheim, ab 1929) und weitere Publikationen illustrieren die Welle der großstadtbezogenen Zeitschriften, die immer wieder den ‚neuen' Lebensraum thematisierten. Dabei ist nicht zu unterschätzen, dass ausnahmslos alle dieser Zeitschriften von einem

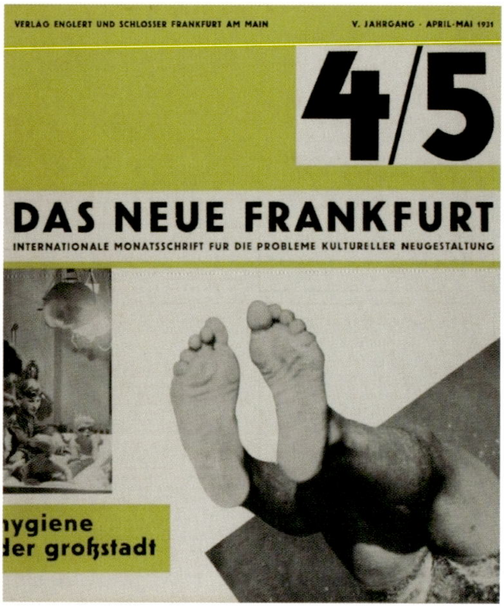


Abb. 1: *das neue frankfurt*, Nr. 4/5, April/Mai 1931 (Umschlaggestaltung Willi Baumeister)

Fortschrittsglauben beseelt waren, der sie im politischen Kampf eindeutig als Kontrahenten der reaktionären Kräfte im Reich auswies. Nach 1933 wurden sie deswegen entweder sofort eingestellt, belanglos oder unter der Flagge der ‚neuen' Machthaber umgekrempelt weitergeführt.
Gleichzeitig berichteten die gerade in der Klasse der von Kracauer so treffend beschriebenen Angestellten beliebten Unterhaltungsmagazine über den ‚letzten Schrei' und die Innovationen im Alltagsleben, die sich in Erfindungen, aber genauso in Erscheinungen sozialen Wandels, wie etwa den veränderten Geschlechterverhältnissen, niederschlugen. Ende der 1920er Jahre hatte sich damit eine Vielfalt visueller Darbietungsformen an deutschen Kiosken etabliert, die zur Illustration auch auf neue Medienberufe zurückgreifen konnte – von den in immer schnellerem Rhythmus produzierenden Bildagenturen, die ihre Abzüge zu Tausenden in den Redaktionen ablieferten, bis zu den meist autodidaktischen Fotoreportern, die Tag und Nacht die Metropolen nach reizvollen Motiven für ein immer sensationshungrigeres Publikum durchstreiften.

Abb. 2: *die neue stadt*, Nr. 11, Februar 1933 (Umschlag, Sonderheft Stuttgart)

## Der Trendsetter: das neue frankfurt

Unter der Leitung des Stadtbaurats Ernst May, mit Gestaltungen in ‚Neuer Typografie' der Geschwister Leistikow, Walter Dexel, Robert Michel und später Willi Baumeister, wurde das auffallende, fast quadratische Magazin *das neue frankfurt* schnell zu einer Ikone der Moderne in Deutschland.[49] Die Zeitschrift startete zunächst als „Monatsschrift für die Fragen der Grosstadt-Gestaltung" mit einem klaren Schwerpunkt auf Architektur und Stadtentwicklung und fokussiert auf die aktuellen Probleme in dem rapide anwachsenden Ballungsraum Rhein-Main rund um die Metropole Frankfurt. Schon bald erweiterte sich das Blickfeld freilich auf alle Phänomene modernen Lebens, wie der neue Untertitel verdeutlichte. Die Themengebiete wurden entsprechend ausdifferenziert und umfassten, neben anderem, erstens das ‚Neue Bauen' mit dem Ziel, zu reduzierten Kosten auch der Masse an Industriearbeitern einen Mindest-Lebensstandard zu ermöglichen; zweitens die ‚neuen Möbel' als standardisierte Typenware, die vom Einbauschrank bis zur Türklinke zeitgemäße Gebrauchsgeräte bereitstellten; und drittens, vielleicht am berühmtesten, die ‚Frankfurter Küche' als Arbeitsplatz der Frau, die anhand wissenschaftlicher Untersuchungen ergonomisch optimiert war und als weltweit erste Einbauküche in über 10 000 Haushalten zum Einsatz kam. Alle diese Innovationen wurden unter dem Überbegriff ‚Das Neue Frankfurt' geführt und verbreitet, weshalb die gleichnamige Zeitschrift schnell als das Fachorgan für die moderne urbane Lebensführung reüssierte.

Während der sieben Jahre seines Bestehens vermittelte *das neue frankfurt*, als öffentliche Manifestation einer breiten Erneuerungsbewegung (Abb. 1), zwischen Avantgarde und Massenproduktion.[50] Obwohl sämtliche Archivalien zu dieser Zeitschrift im Bombenhagel des Zweiten Weltkriegs vernichtet wurden, lässt sich aus den Anzeigenpreislisten jener Zeit die Verbreitung des *neuen frankfurts* rekonstruieren. Für 1930 ist eine Druckauflage von 4000 Exemplaren dokumentiert, die 1931 auf 3000 und 1932 auf 2500 zurückging. Ungeachtet dieser auf den ersten Blick vielleicht geringen Zahlen kann die Bedeutung dieses Periodikums für die kulturellen und intellektuellen Umwälzungen in der Weimarer Gesellschaft kaum überschätzt werden: Seine Ausgaben gingen an die Meinungsführer unter Künstlern, Architekten, Intellektuellen und politischen wie unternehmerischen Entscheidungsträgern im In- und Ausland, die die Hefte wiederum in ihren Kreisen zirkulieren ließen und sie in ihren eigenen Medien propagierten. Die Zeitschrift, später in Erweiterung ihres lokalen Bezugs allgemein in *die neue stadt* umbenannt (Abb. 2), wurde 1933 eingestellt, als sie im Zuge der NS-Repressalien gegen die deutsche Presse sofort auch ins Fadenkreuz der Zensurmaßnahmen geriet. Dabei erregte nicht nur die Stoßrichtung der Themen hin zu einer vermeintlich ‚undeutschen' Kultur Anstoß, sondern genauso die politische Orientierung der Mitarbeiter, die zudem auch häufig einem jüdisch-intellektuellen Umfeld entstammten und deswegen verfolgt wurden.

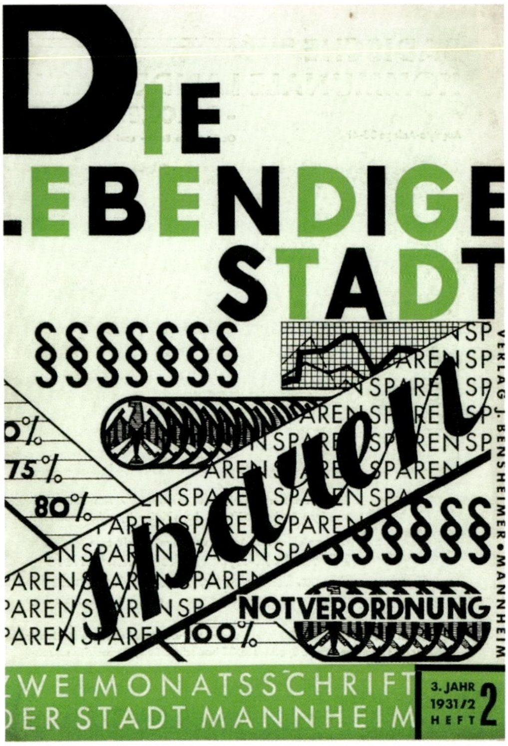


Abb. 3: *die lebendige stadt*, Nr. 2, 1931 (Umschlag, Themenheft Notverordnung)

## Die Epigonen etablieren die ‚kulturelle Neugestaltung'

Mit seinem redaktionellen Konzept und der zeitgemäßen Art der visuellen Umsetzung diente *das neue frankfurt* schon bald anderen Zeitschriften mit ähnlicher Zielsetzung als Vorbild. Besondere Beachtung erfuhr seinerzeit *das neue berlin*, als unverblümte Übernahme des Frankfurter Epigonen.[51] Als ‚echter Verwandter' widmete sich das Hauptstadtmagazin, herausgegeben von dem Stadtbaurat Martin Wagner und unter der Schriftleitung des einflussreichen Kunstpublizisten Adolf Behne, ebenfalls primär der Architektur und dem Städtebau. Sein Untertitel lautete schlicht: „Grossstadtprobleme". Im ersten Heft formulierten Wagner und Behne ein manifestartiges Geleitwort, in dem es bezeichnenderweise heißt:

„Wir wollen keine Zeitschrift machen für die [...] schon Anerkannten, die ohnehin überall zu Worte kommen. Wir wollen die offiziellen Hemmungen nicht mitmachen. Publizistik, die nicht Hilfe ist, haben wir schon genug. Unsere Aufgabe soll sein, alle Arbeiten, Gedanken und Leistungen zu sammeln, die beitragen können, Berlin zu einer Stätte glücklicher Arbeit und glücklicher Muße zu machen."

Im unmittelbaren Einzugsgebiet von Frankfurt, nämlich im benachbarten Mannheim, erschien ebenfalls ab 1929 *die lebendige stadt*, ein Magazin für die städtebaulichen Probleme im Rhein-Neckar-Gebiet (Abb. 3). Ausläufer der Moderne waren auch bis nach Magdeburg zu spüren; davon zeugt insbesondere *Das Stichwort*, als städtisches Organ für „Bühne, Musik und gestaltende Arbeit". Gestaltet wurde das Magazin durch die graphische Abteilung des Hochbauamtes unter der Leitung des früheren Bauhäuslers Xanti Schawinsky. Der Deutsche Werkbund als überragende hiesige Einrichtung für Produktgestaltung publizierte *die form*, die mit ihrer Auflage von etwa 5000 Exemplaren (1931) eine enorme Breitenwirkung unter Intellektuellen und Kunstschaffenden entfaltete.[52] Der Umschlag der Zeitschrift, zunächst gestaltet vom Bauhäusler Joost Schmidt und ab 1928 nach einem Entwurf von Walter Dexel (Abb. 4), bot den idealen Rahmen für die Darstellung zeitgemäßen Gebrauchsgeräts – von der Mode bis zum Treppengeländer. Leipzig, in der Zwischenkriegszeit bedeutende Verlagsstadt und Messestandort, legte ab 1929 ein PR-Blatt des Fremdenverkehrsamtes unter dem Titel *das neue leipzig* auf. Ganz im Sinne aktueller Stadtmagazine wurde hier eine Mischung aus Veranstaltungskalender und Zeitgeschehen präsentiert, als „Monatshefte für die Kulturinteressen der Grosstadt". Und auch die Provinzmetropole Münster suchte von dem Trend zu profitieren, weshalb sie ebenfalls 1929 ihr Magazin *Das schöne Münster* startete. Wie dieser vergleichsweise banale Titel nahelegt, versprachen die modern gestalteten Umschläge mehr, als die Inhalte letztlich zu halten vermochten. Unbeeindruckt von der faschistischen Machtübernahme setzte man nach

Abb. 4: *Die Form*, Nr. 16, August 1930 (Umschlag, Themenheft Mode mit einer Abbildung von Lee Miller)

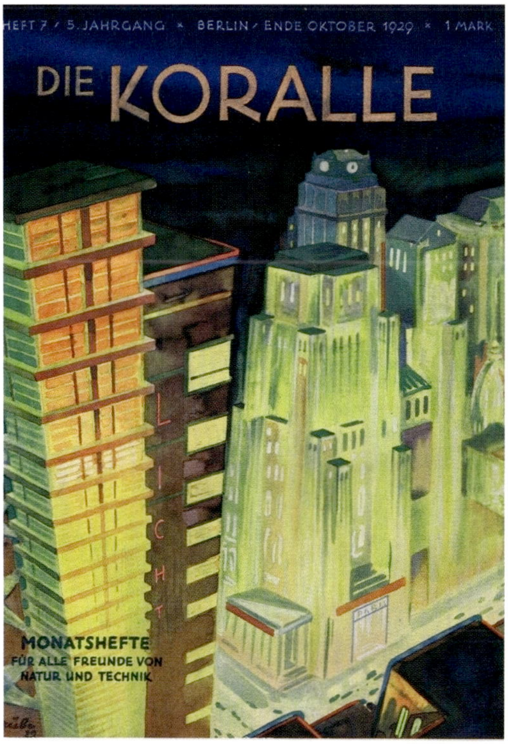


Abb. 5: *Die Koralle*, Nr. 7, Oktober 1929 (Umschlag, Gestaltung von Strube)

1933 schlicht die neuen Machthaber unterm Hakenkreuz modern in Szene.

## Die Neugestaltung und die illustrierte Massenpresse

Der Transfer von Innovationen und Aspekten der kulturellen Neugestaltung in eine bürgerliche Leserschaft hinein wurde allerdings wesentlich von populären Wissensmagazinen betrieben. Die Faszination für den technischen Fortschritt, gerade in städtebaulicher Hinsicht, bedienten diese auflagenstarken Periodika wie *Die Koralle*[53] durch kurze sachliche Texte, die oft von Wissenschaftlern oder Ingenieuren verfasst wurden, und durch attraktive Umschlagzeichnungen neuester Errungenschaften (Abb. 5). Das Leben in der Großstadt wurde in der Zwischenkriegszeit freilich gerne als chaotisches Treiben einer Massengesellschaft wahrgenommen, deren vielfältige Ausdrucksformen für eine überhitzte Atmosphäre sorgte (‚Roaring Twenties'). Die zeitgemäße Darstellungsform für die Zerrissenheit der Epoche schien die (Foto-)Montage, die es erlaubte, das Tempo und die Parallelität der sozialen Erscheinungen in dynamischer Anmutung abzubilden. Beispielhaft sei die Strategie des *Figaro*, einem Magazin der Freikörperkultur, erwähnt, das um 1930 bevorzugt wilde Umschlagmontagen präsentierte (Abb. 6), die immer wieder auch Versatzstücke des städtischen vs. des natürlichen Landlebens gegeneinander ausspielten. Wie vielschichtig dabei die Problemlagen hinsichtlich der sozialen Frage schon damals waren, zeigt beispielhaft ein Umschlag des *Illustrierten Blatts* aus Frankfurt (Nr. 9/1931). Eine augenscheinlich moderne junge Frau steht vor dem Problem, „auf Kinder verzichten" zu müssen, um dem zeittypischen Geschlechterstereotyp zu entsprechen. Der Beitrag selbst äußert sich im Anschluss eher differenziert zum Thema

Abb. 6: *Figaro*, Nr. 2, Januar 1931 (Umschlag mit Fotomontage, Gestalter nicht genannt)

Gleichberechtigung der Frau, das häufig auch auf den Umschlägen der deutschen Magazinpresse angesprochen wurde. Jener Illustriertentyp, zugeschnitten auf die Pendler aus den Vorstädten, die ihren Arbeitsweg mit der Lektüre kurzer unterhaltsamer Stücke kurzweiliger gestalteten, porträtierte beispielsweise mit der Architektin und der Automobilistin zwei Grundmuster für den weiblichen Vormarsch in einstmals männliche Domänen (Scherls *Magazin* 5/1931; *Revue des Monats* 12/1930). Die Öffnung der Weimarer Gesellschaft gerade für solche Aktivitäten besitzt freilich oft eher mythischen Charakter denn einen tatsächlichen Kern: Die Zahl jener Frauen, die emanzipiert genug waren, um die dargestellten Tätigkeiten tatsächlich regelmäßig auszuüben, war verschwindend gering.[54]

## FALLBEISPIEL 2: Medien als Erscheinungsform der ‚kulturellen Neugestaltung'

Medien berichten über Medien: Was heute unter dem Konzept der ‚medialen Selbstreferenzialität' diskutiert wird (Malik 2004) und wie eine Erfindung der 1990er Jahre anmutet, lässt sich sogar bis in die Journale der frühen Moderne zurückverfolgen, denen es immer eine Mitteilung wert war, wenn Verlage neue Periodika lancierten. Und der mediale Innovationsschub der Epoche zwischen den beiden Weltkriegen vervielfältigte nicht nur die Kanäle, auf denen berichtet werden konnte, sondern gleichzeitig auch die möglichen Gegenstände der Berichterstattung – denn nicht zuletzt können Medien selbst ebenfalls als Ausdrucksform der ‚kulturellen Neugestaltung' betrachtet werden.[55]
Gerade der ungarische Konstruktivist und Bauhaus-Meister Laszlo Moholy-Nagy lässt sich als Vordenker begreifen, der die Funktion der Entwicklung audiovisueller Medien für Kunst und Gesellschaft beispielsweise in seinem epochalen Bauhausbuch *Malerei, Photographie, Film* aus dem Jahr 1925 adressierte. Anhand verschiedener Anwendungsfelder verdeutlicht er den Übergang aus der Gutenberg-Galaxis in ein multimediales Zeitalter, dessen Medien „neue Beziehungen zwischen optischen, akustischen und anderen funktionellen Erscheinungen", etwa der Schrift, herstellen. Das von ihm propagierte ‚Typofoto' als „visuell exaktest dargestellte Mitteilung" kombiniert in diesem Sinne Fotografie und Text zu effektiven Fotomontagen; man erfindet den ‚Telehor': „...den Fernseher – man kann morgen in das Herz des nächsten schauen, überall sein und doch allein sein".[56]
Die Rationalisierung im Druckereiwesen und die Erfindung der Rotationspresse, die hohe Auflagen in kurzer Herstellungszeit ermöglichte, paarte sich in den 1920er Jahren mit vereinfachten Reproduktionsverfahren für fotografische Abbildungen. Gemeinsam sorgte dies für den unaufhaltsamen Durchbruch der illustrierten Magazine, die mit ihrer Kombina-

Abb. 7: *Das Magazin*, Nr. 77, November 1930 (Umschlag mit verdoppeltem Heftmotiv)

tion aus Text und Bild erstmals eine aktuelle, multimediale Berichterstattung ermöglichten. Die Funktionslogik des journalistischen Systems, namentlich die Selektionsregeln für aktuelle Berichterstattung, beförderte Medieninnovationen auf die gesellschaftliche Agenda. Der Nachrichtenfaktor ‚Neuigkeit' ist einschlägig, wenn es eine neue Erfindung aus dem Bereich der Kommunikationstechnologien zu präsentieren gilt, oft verknüpft mit regionaler Nähe und Statusaspekten. Mitunter kuriose Visionen faszinierten gerade in den 1920er Jahren das aufstrebende Bildungsbürgertum und beflügelten die Phantasien der urbanen Mittelschicht – aber auch von Politikern und Unternehmern, die schnell das gesellschaftliche und ökonomische Potenzial eines ausdifferenzierten Mediensektors erkannten. In manchen Fällen schafften es diese Innovationen auch auf die Titelseiten, wie sich anhand der nachfolgenden, ausgewählten Beispiele verdeutlichen lässt.

## Rotationspresse und Illustrierte

Die Magazin-Hysterie der 1920er Jahre, als zeitweise über 50 verschiedene, unterhaltende Bilder-Illustrierten an den Kiosken zu erwerben waren, griffen die Magazine in ihren Titelgestaltungen selbst gerne auf. Der Genre-Platzhirsch *Das Magazin* zeichnete sich beispielsweise durch eine permanente Selbstreferenzialität aus, denn sowohl im Heft als auch auf dessen Umschlägen waren immer wieder vermeintliche Leserinnen und Leser des Heftes abgebildet: entweder in die Betrachtung vertieft wie die beiden Freundinnen (Nr. 9/1925), von denen sich eine mit ihrem charakteristischen Bubikopf sofort als ‚neue Frau' der Weimarer Zeit zu erkennen gibt;[57] oder sich die Zeit vertreibend, dass man vor lauter Faszination gar nicht registriert, welch tiefe Einblicke der geschlitzte Rock ermöglicht (Abb. 7). Auch andere Periodika des Genres, wie etwa die *Revue des Monats*, pflegten solche ‚Cover-im-Cover'-Titelbilder (Nr. 3/1932). Die Kritik an der zumeist trivialen Unterhaltungsorientierung der Bildermagazine ließ denn auch nicht lange auf sich warten. So erschien eines der führenden Satireblätter im Reich, das der Sozialdemokratie nahestehende *Lachen links*, schon im Herbst 1926 mit einer Parodie (Nr. 37). Dessen Sondernummer *Das Magazin* nimmt sowohl deren triviale Inhalte als auch ihre oft hohle Bilderauswahl und -präsentation auf die Schippe. Deutlich schärfer pointierte die linksintellektuelle *Neue Revue* die Zustände: mit einer Titelillustration des Holzschneiders Karl Rössing (Abb. 8), der das ‚Gesicht der Presse' als eine widerwärtige Fratze karikiert, die ihren Revolverjournalismus nur mühsam hinter einem Blütenstiel verbergen kann.

## ‚Neues Sehen' und Fotomontage

Als Gegenbewegung zu einem einfallslosen, aufs dekorative verpflichteten Bildjournalismus entwickelte sich ebenfalls Mitte der 1920er Jahre das ‚neue Sehen' als eine

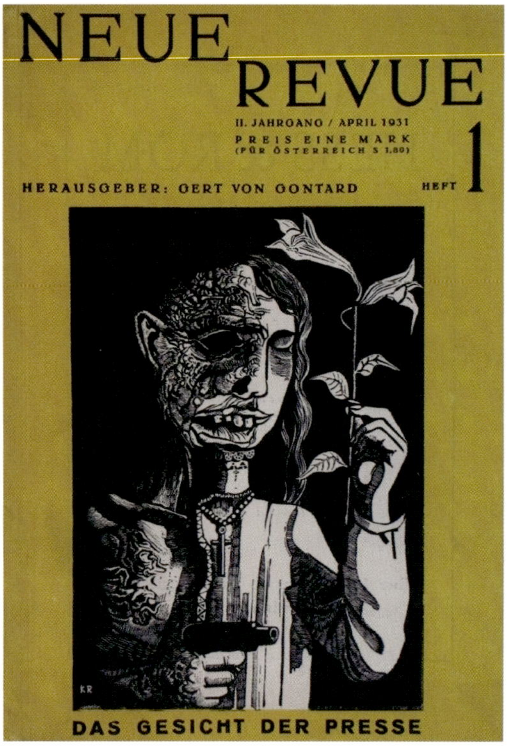


Abb. 8: *Neue Revue*, Nr. 1, April 1931 (Umschlag, Holzschnitt von Karl Rössing)

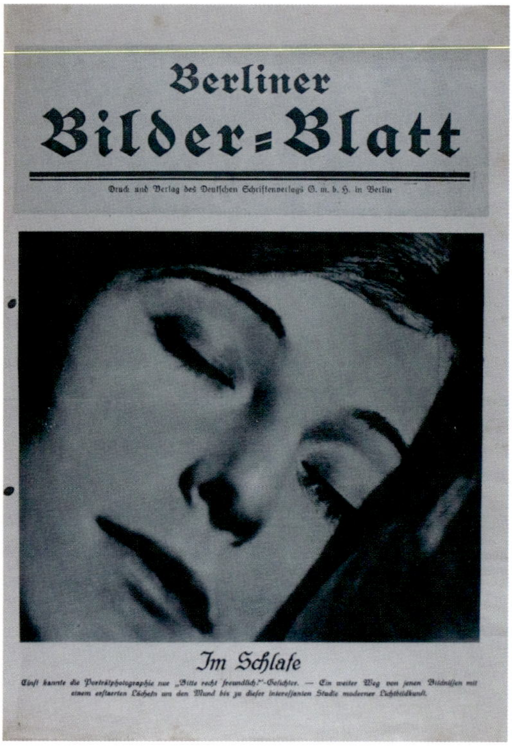


Abb. 9: *Berliner Bilderblatt*, Nr. 34, August 1929 (Umschlag, Fotograf nicht genannt)

Bildsprache in der Tradition der Avantgarde-Fotografie, wie sie beispielsweise von den russischen Konstruktivisten oder am Bauhaus gepflegt wurde. Wieder war es eine technologische Innovation, in diesem Fall die lichtstarke Kleinbildkamera, die dem Fotografen eine neue Bewegungsfreiheit und damit andere Motive und Perspektiven ermöglichte als die schwerfällige Plattenkamera. Als treffliches Beispiel mag das Motiv „Im Schlafe" aus dem Jahr 1929 dienen (Abb. 9), das das *Berliner Bilder-Blatt* auf seiner Titelseite wie folgt kommentierte:

„Einst kannte die Porträtphotographie nur ‚Bitte recht freundlich!'-Gesichter. – Ein weiter Weg von jenen Bildnissen mit einem erstarrten Lächeln um den Mund bis zu dieser interessanten Studie moderner Lichtbildkunst."

Der Fotoreporter avancierte zu einem Medienberuf, der Glamour und Gefahren versprach, und damit eine der Speerspitzen der kulturellen Neugestaltung der 1920er Jahre markierte. Zu einer Meisterschaft ganz eigener Art brachte es der Salon-Fotograf Erich Salomon, der mit versteckter Kamera nicht nur bei gesellschaftlichen Anlässen, sondern auch in Parlamentssitzungen, bei politischen Verhandlungen oder Staatsbesuchen fotografierte. Als „Ausstellung neuer Meisterfotografie" wurden die lebendigen Genrefotos von Martin Munkacsi gewürdigt (*Die Zeitlupe* 23/1932, Rückumschlag) – vielleicht eine etwas hochtrabende Stilisierung, aber dennoch beeindruckt die Leichtigkeit, mit der diese Szenen wie aus dem Lebensgefühl der kulturellen Neugestaltung gegriffen scheinen.

## Vom Stumm- zum Tonfilm

Die Geschichte des Films ist eine Erfolgsgeschichte, ebenso wie die der Filmpublizistik. Von der Jahrmarktsattraktion schaffte es das Kino in kurzer Zeit zu einem seriösen Unterhaltungsmedium, das prototypisch für die kulturelle Neuorientierung in den 1920er Jahren stehen kann, und dessen Publikumsnachfrage auch durch die Medienberichterstattung erheblich stimuliert wurde. An dieser Stelle sei nicht ausführlicher auf die zahlreichen Konterfeis von Filmstars auf den Umschlägen der Publikumspresse jener Jahre eingegangen, die – wie hier exemplarisch an dem Kultstar Louise Brooks verdeutlicht, die den Typus des ‚Girls' in Frisur und Lifestyle besser verkörperte als jede andere (Abb. 10) – ihren Beitrag zur Vermittlung eines Lebensstils der kulturellen Neugestaltung leisteten.[58]

Statt dessen sei an dieser Stelle betont, dass die Publikumspresse immer wieder auch die neuen Berufsbilder auf ihre Umschläge hob, die insbesondere mit dem Durchbruch des Tonfilms um 1930 in der Filmindustrie entstanden und der jungen urbanen Mittelschicht zeitgemäße Kulturberufe eröffneten. Der Tonregisseur war einer der zeitgemäßen Berufe, die dieser Medienwandel mit sich brachte; der ‚Ton-Kontrollör' ein anderer, von dessen Zustimmung nun die Aufnahmearbeiten abhängig waren (*Berliner Illustrirte Zeitung* 32/1929). Kaum eine populäre Zeitschrift jener Tage zeigte nicht wenigstens einmal einen Eindruck vom Tonfilmset – erklärungsbedürftig waren beim Blick in das UFA-Atelier Neubabelsberg von 1929 die Bemühungen, den Ton mittels großer Mikrofone einzufangen und vor allem, ihn durch Nummerntafeln und die sprichwörtliche ‚Klappe' später mit dem Bild zeitlich exakt synchronisieren zu können. Auch die Schauspieler, die aus dem Stummfilm eine übertriebene Gestik und teilweise groteskes Mienenspiel gewohnt waren, mussten ihren Beruf neu lernen. Nicht alle konnten sich auf die neue Situation so einstellen wie Käthe Dorsch, die der Fotograf beim Einstudieren ihrer „ersten Tonfilmrolle" ertappte (*Ton und Bild* 34/1930). Von nahezu ikonischer Qualität ist schließlich das denkwürdige Cover mit einem Porträt des russischen Regisseurs Pudowkin, den die *Arbeiter-Illustrierte-Zeitung* inmitten seiner belichteten Filmstreifen als Derwisch des neuen Zeitalters inszenierte (Abb. 11).

Abb. 10: *Das Magazin*, Nr. 63, November 1929 (Umschlag nach einer Porträtaufnahme von Louise Brooks)

## Massenmedium Radio und frühe Mobilkommunikation

Am 1. Dezember 1923 begann der Sendebetrieb der Berliner Radiostunde mit 467 Rundfunkteilnehmern. Ein gutes Jahr später waren bereits mehr als eine halbe Million Empfänger registriert, die Radioprogramme von über 50 Sendern in neun Ländern teilten sich den Äther. Das Profil der Radiohörerin, die 1926 den Titel der *Funk-Woche* illustrierte (s. den Umschlag von Rössler 2010b), wurde mit ihrer Empfängermuschel zu einem Sinnbild des modernen Großstadtlebens. Dieses Motiv zierte

die Titelseiten der Zeitschriften in zahlreichen Varianten. Auch die Arbeiterbewegung hatte sich früh dem neuen Medium zugewandt, wie der proletarische Radiohörer auf dem Umschlag des Sonderhefts *Rundfunk und Arbeiterschaft* des *Kulturwille* verdeutlicht (Nr. 2/1927). Ähnlich wie beim Film brachte auch das Radio neue Berufsbilder hervor, etwa die ‚Zeitgestalt' des Sportsprechers (s. den Umschlag der *Berliner Illustrirten Zeitung* 41/1929).
Schon früh faszinierte die Menschen die Vision, Mediennutzung mobil zu gestalten, unabhängig von Kabelverbindungen mit Hilfe handlicher (oder zumindest portabler) Endgeräte. Geradezu sinnbildlich führt dies aus heutiger Sicht das Umschlagfoto der *Berliner Illustrirten Zeitung* vor Augen, das das „Telephon der Zukunft" zeigt: Einen jungen Mann in einem Boot auf einem See, vor sich eine kleine hölzerne Kiste (offensichtlich der Empfänger) und eine meterhohe Antenne (Abb. 12). Und auch der Radioempfang war bald ortsungebunden, wie das Bild des Indianerkindes verdeutlicht, das stolz in seinem Wigwam an den Drehknöpfen einer mobilen Empfangsstation herumspielt (*Funk-Woche* 50/1927).

Abb. 11: *Arbeiter-Illustrierte Zeitung (AIZ)*, Nr. 25, Juni 1929 (Umschlag mit Porträt des Regisseurs Pudowkin)

## Fazit: Die Illustrierten der ‚kulturellen Neugestaltung'

Die in den beiden vorangegangenen Kapiteln diskutierten Fallbeispiele haben verdeutlicht, dass Erscheinungsformen der ‚kulturellen Neugestaltung' von Printmedien unterschiedlicher Couleur und Zielgruppe in ihrer Umschlaggestaltung aufgegriffen wurden. Abschließend lässt sich fragen, ob man darüber hinaus manche dieser oder andere Publikationsorgane in ihrer Gesamtheit als dezidierte ‚Medien der kulturellen Neugestaltung' bezeichnen kann. Jenseits des *neuen frankfurt*, das sich als Namensgeber für eine solche Charakterisierung unmittelbar aufdrängt, könnten hierfür grundsätzlich solche Periodika relevant sein, die – ausgehend vom ganzheitlichen Anspruch im Konzept der kulturellen Neugestaltung – die klassischen Genregrenzen zwischen Architektur-, Kunst- und Modezeitschriften durchbrechen und als multifokale Bildmedien für die Diffusion eines modernen Lebensstils bedeutsam werden.[59]
Einschlägig wären also nicht reine Architektur-, reine Kunst- oder reine Modezeitschriften, sondern genau diejenigen Illustrierten, die erstens durch die Beachtung verschiedener Aspekte des neuen Lebensstils dazu beitrugen, dessen Transzendenz programmatisch erkennbar zu machen, und zweitens als Medien der frühen Übernehmer eine zentrale Transferfunktion zwischen den Ideen der Avantgarde und den Massenpublikationen für breite Bevölkerungsschichten besaßen.
Aufgrund des aus Platzgründen nur skizzierten Forschungsstandes könnten als Lebensbereiche, in denen sich die kulturelle Neugestaltung primär niederschlägt, zusammenfassend definiert werden: Architektur und Städtebau,[60] Wohnen und Inneneinrichtung,[61] Mode[62] mit Berlin als ‚west-östlichem

Abb. 12: *Berliner Illustrirte Zeitung*, Nr. 44, November 1919 (Umschlag „Das Telephon der Zukunft")

Brennpunkt der neuen Eleganz',[63] Mobilität (Reise und Automobilismus) als ‚Sinnbild der Moderne',[64] Sport, Bewegung[65] und Unterhaltungskultur[66] sowie als bereichsübergreifende gesellschaftliche Phänomene dazu quer liegend inhaltlich die Thematisierung der ‚Neuen Frau' als Konsumentin und Produzentin des ‚neuen Heims'[67] und moderner Errungenschaften[68], sprich: Agentin wie Ergebnis der kulturellen Neugestaltung; hinzu kommt ästhetisch die neue Bildsprache in Fotografie und Typografie[69] als unmittelbarer Ausdruck der kulturellen Neugestaltung.
Diese vergleichsweise lange Liste von Bereichen verdeutlicht, dass das fragliche Phänomen tatsächlich umfassend in die Lebenswelt der (bürgerlichen) Mittel- und Oberschicht eingreifen konnte und somit eine zeitgeschichtlich relevante Entwicklung darstellt. Andererseits zeigt das Fehlen bestimmter Aspekte – nämlich insbesondere die der politischen Willensbildung und der sozialen Frage – auch die Grenzen des Prozesses auf: Der politische Diskurs wurde in anderen Medien, vor allem der Tagepresse, verhandelt, und Aspekte einer kulturellen Neugestaltung für die Unterschicht, etwa sozialer Wohnungsbau, Arbeitsbedingungen oder Konsequenzen von Arbeitslosigkeit, spiegeln sich primär in der breiten Palette von Arbeiterpublizistik[70], die sich aufgrund ihrer Zielgruppe natürlich ausdrücklich nicht in das Segment der relativ gesehen durchaus hochpreisigen Lifestyle-Illustrierten einordnen. Und schließlich wäre zu fragen, wie sich vor dem Hintergrund des Konzepts einer Selbstreferenzialität von Medienberichterstattung[71], die sich bereits in den 1920er Jahren beobachten lässt, die Medienentwicklung zum Gesamtphänomen der kulturellen Neugestaltung verhält.
Aufgrund dieser Überlegungen lässt sich zunächst eine Positivliste von elf Periodika erstellen, die bei genauer Inspektion die genannten Kriterien – wenn auch in unterschiedlichem Umfang und Ausprägung – erfüllen und als Kerngruppe von Illustrierten der ‚kulturellen Neugestaltung' betrachtet werden können. Neben den im Verlauf dieses Artikels bereits vorgestellten oder erwähnten Titeln *das neue frankfurt*, *das neue berlin* und *Die Form* wären dies:
*Die Dame* (1912–1943), die als „Journal für den verwöhnten Geschmack" mit journalistischen und literarischen Beiträgen und seinem „Schick, dem Impetus, der anmutigen Frechheit, die diese Stadt auszeichnete", zur Legendenbildung Berlins in der Weimarer Zeit mit beitrug.[72]
*Sport im Bild* (1895–1934), ungeachtet ihres irreführenden Titels schon vor dem Ersten Weltkrieg eine Illustrierte für den gehobenen Lebensstil, die über den Sport hinaus alle Bereiche des gesellschaftlichen und kulturellen Lebens adressierte und das Pendant des Hauses Scherl zu Ullsteins *Dame* darstellte.[73]
*Die Deutsche Elite* (1924–1930), eine inhaltlich aristokratisch ausgerichtete Zeitschrift, die 1927 für den bemerkenswert hohen Preis von 3 Reichsmark vertrieben wurde.
*Vogue, Deutsche Ausgabe* (29/1928) als der kurzlebige Versuch, das Konzept einer global

vermarkteten Lifestyle-Illustrierten aus den Metropolen New York, London und Paris auch nach Berlin und in deutsche Haushalte zu tragen.[74]

*die neue linie* (1929–1943) als Prototyp für eine Illustrierte der „domestizierten Moderne", deren Gestaltung zwar von Künstlern des Bauhauses wie H. Bayer oder L. Moholy-Nagy maßgeblich geprägt wurde, die Ästhetik der Avantgarde aber immer nur in einer ‚weichgespülten' Variante vermittelte und während der NS-Diktatur als Kronzeuge für die scheinbare Vielfalt in der Gleichschaltung weitergeführt wurde.[75]

*Das Elegante Köln* (1928–1932), als „Halbmonatsschrift für Mode, Kunst, Kultur" heute weitgehend vergessen, seinerzeit aber ein gelungenes Beispiel, wie die Trends aus Berlin in der großstädtischen Provinz aufgegriffen und adaptiert wurden.

*Blau Rot* (1928–1929), als „Monatsschrift für den Herrn" auf eine kleine elitäre Zielgruppe und den Anspruch exklusiver Geschmacksbildung ausgerichtet, war das Magazin nur im Abonnement erhältlich.

*Der Modediktator* (1927–1930) / *Herrenjournal* (1931–1941), als „Die Zeitschrift für den gut angezogenen Herrn und alle seine Lieferanten" 1927 in einem Bekanntenkreis von Bekleidungsherstellern um Baron von Eelking, Berlin, entstanden und 1931, auch auf Wunsch der Leserschaft, unter dem neuen Namen *Herrenjournal* um das Themenspektrum der feinen Lebenskultur erweitert.

Dieser freilich nicht abgeschlossene Korpus umfasst mehrheitlich Zeitschriftentitel, die der Forschung bislang nur begrenzt zugänglich sind – zu ihrer Entstehungszeit nicht als bewahrenswerte Literatur klassifiziert und deswegen von öffentlichen Bibliotheken kaum systematisch gesammelt, sind sie heute an den wenigen Standorten meist nur lückenhaft überliefert. Lediglich *Die Form* und *das neue frankfurt* wurden von der Universitätsbibliothek Heidelberg kürzlich digitalisiert und erschlossen,[76] stehen mithin also für Analysen zur Verfügung. Die Ergänzung dieser Bestände durch Digitalisate der übrigen genannten Illustrierten der ‚kulturellen Neugestaltung' wäre wünschenswert und ist Gegenstand eines gemeinsamen Projektvorhabens der Universität Erfurt und der SLUB Dresden, das an das im April 2013 erfolgreich abgeschlossene Digitalisierungsprojekt zu den Magazinen der Weimarer Republik[77] anschließt, aber mit der Konzentration auf ausgesprochene Leitmedien der kulturellen Erneuerung bei einer anderen Diffusionsstufe ansetzt.

1 William Owen: Modern Magazine Design, New York 1991, S. 186 ff.

2 Patrica Frantz Kery (Hg.): Art Deco Graphics, New York 1986, S. 117–156.

3 Gerald Grow: Magazine Covers and Cover Lines. An Illustrated History. Journal of Magazine and New Media Research. [http://aejmcmagazine.asu.edu/fall2002.html] 2002. Und Steven Heller, Louise Fili: Cover Story. The Art of American Magazine Covers 1900–1950, San Fransisco 1996.

4 Stéphane Duperray, Raphaele Vidaling: Front Page. Covers of the Twentieth Century, London 2003.

5 William Packer: The Art of Vogue Covers 1909–1940, New York 1980.

6 John Huey (Hg): Fortune. The Art of Covering Business, Utah 1999.

7 Hans-Dieter Schütt, Oliver Schwarzkopf (Hg.): Die SPIEGEL-Titelbilder 1947–1999, Berlin 1999.

8 Vgl. den Beitrag von Konrad Dussel im vorliegenden Band.

9 Jeremy Aynsley: Grafik-Design in Deutschland 1890–1945, Mainz 2000.

10 Wilmont Haacke: Die Zeitschrift – Schrift der Zeit, Essen 1961.

11 Ebd., S. 10.

12 Hans Bohrmann: Über Zeitschriftenforschung als Teil der Publizistik- und Kommunikationswissenschaft, in: Andreas Vogel & Christina Holtz-Bacha (Hg.): Zeitschriften und Zeitschriftenforschung, Wiesbaden 2002, S. 28–41.

13 Vgl. Camilla Gray: Alexander Rodchenko. A Constructivist Designer, in: Herbert Spencer (Hg.): The Liberated Page. A Typographica Anthology, San Fransisco 1987, S. 179–197.

14 Beispielsweise Wolfgang Kermer: Willi Baumeister. Typographie und Reklamegestaltung, Stuttgart 1989.

15 Vgl. etwa Amy Janello, Brennon Jones: The American Magazine, New York 1991.

16 Als Klassiker siehe Ruari McLean: Magazine Design, London 1969.

17 Rudolf Stöber: Deutsche Pressegeschichte – Einführung, Systematik, Glossar, Konstanz 2000.

18 Jeremy Leslie (Hg.): magCulture. The New Magazine Design, London 2003.

19 Patrick Rössler: Frankfurt, Leipzig, and Dessau: Neue Typographie – the new face of a new world. das neue frankfurt (1926/33) and die neue linie (1929/43), in: P. Brooker & A. Thacker (Hg.), The Oxford Critical and Cultural History of Modernist Magazines, Bd. III: Europe, Oxford 2013.

20 Christopher Wilk: Modernism. Designing a New World 1914–1939, London 2006; Hermann Glaser: Kleine Kulturgeschichte Deutschlands im 20. Jahrhundert, München 2002, S. 77–151; Jost Hermand: Deutsche Kulturgeschichte des 20. Jahrhunderts, Darmstadt 2006, S. 73–119.

21 Werner Faulstich (Hg.). Das zweite Jahrzehnt, München 2007.

22 Beispielsweise Hans-Dieter Kübler: Kriegszeit und demokratischer Umbruch. Die Presse im zweiten Jahrzehnt, in: Werner Faulstich (Hg.): Das zweite Jahrzehnt, München 2007, S. 41–72; Thomas Anz: Der Sturm ist da – Literatur im expressionistischen Jahrzehnt, in: Werner Faulstich (Hg.): Das zweite Jahrzehnt, München 2007, S. 89–108.

23 Michael Kriegeskorte: 100 Jahre Werbung im Wandel. Eine Reise durch die deutsche Vergangenheit, Köln 1995; Karin Knop: Zwischen Werbung und Propaganda: Werbewesen und Werbemedien von 1910 bis 1920, in: Werner Faulstich (Hg.): Das zweite Jahrzehnt, München 2007, S. 173–184.

24 Jens Flemming: Crème nationale: Der Krieg und die Kulturen des Alltags, in: Werner Faulstich (Hg.): Das zweite Jahrzehnt, München 2007, S. 109–124.

25 Bernd Weise: Fotojournalismus. Erster Weltkrieg – Weimarer Republik, in: Klaus Honnef, Rolf Sachse, Karin Thomas (Hg.): Deutsche Fotografie. Macht eines Mediums 1870–1970, Bonn 1997, S. 72–87.

26 Stephan Waetzold: Einleitung, Berlin 1977, S. 26, in: Tendenzen der Zwanziger Jahre. 15. Europäische Kunstausstellung Berlin 1977, Berlin 1977, S. 22–26.

27 Winfried Nerdiger (Hg.): 100 Jahre Deutscher Werkbund 1907–2007, München 2007.

28 Walter Scheidig: Bauhaus Weimar. Werkstattarbeiten 1919–1924, Leipzig 1966.

29 Gerd Selle: Die Geschichte des Design in Deutschland von 1870 bis heute. Entwicklung der industriellen Produktkultur, Köln 1978, S. 81.

30 Vgl. etwa Neue Gesellschaft für bildende Kunst (Hg.): Wem gehört die Welt. Kunst und Gesellschaft in der Weimarer Republik, Berlin 1977; Kunstamt Kreuzberg, Institut für Theaterwissenschaften der Universität Köln (Hg.): Weimarer Republik, Berlin/Hamburg 2007; Christine Wenning: Eine Zeit der Gegensätze. Berlin in den Goldenen Zwanzigern, in: Adelheid Rasche, Anna Zika (Hg.): Styl. Das Berliner Modejournal der frühen 1920er Jahre, Stuttgart 2009, S. 18–23, hier S. 18.

31 Stephan Waetzold: Einleitung, Berlin 1977, S. 24 f., in: Tendenzen der Zwanziger Jahre. 15. Europäische Kunstausstellung Berlin 1977, Berlin 1977, S. 22–26.

32 Beispielsweise Elizabeth Otto, Vanessa Rocco (Hg.): The New Woman International. Representations in Photography and Film from the 1870s through the 1960s, Michigan 2011.

33 Etwa Christine Kühn (Hg.): Neues Sehen in Berlin. Fotografie der Zwanziger Jahre, Berlin 2005.

34 Jeremy Aynsley: Designing Modern Germany, London 2009, S. 72.

35 Stephan Waetzold: Einleitung, in: Tendenzen der Zwanziger Jahre. 15. Europäische Kunstausstellung Berlin 1977, Berlin 1977, S. 22–26, hier S. 25.

36 E.c.z.: Das Heim einer Junggesellin, in: die neue linie, Oktober 1929.

37 Siegfried Kracauer: Die Angestellten. Aus dem neuesten Deutschland, Frankfurt am Main 1930.

38 Jeremy Aynsley: Designing Modern Germany, London 2009, S. 70.

39 Patrick Rössler: VIEWing our LIFE and TIMES. A Cross-Cultural Perspective on Media Globalization, Dresden 2006; Patrick Rössler: Das Bauhaus am Kiosk. die neue linie 1929–1943, Bielefeld 2007. Überarbeitete Neuauflage: The Bauhaus at the Newsstand. Das Bauhaus am Kiosk. die neue linie 1929–1943, Bielefeld 2009; Patrick Rössler: Global Players, Émigrés, and Zeitgeist. Magazine design and the interrelation between the U.S. and Germany, in: Journalism Studies (8), London/New York 2007, S. 566–583; Patrick Rössler: die neue stadt. Visionen von Urbanität und urbanem Leben in der illustrierten Massenpresse. Ausstellungskatalog, 16.–18. Mai, Berlin 2012.

40 Vgl. Michael Kriegeskorte: 100 Jahre Werbung im Wandel. Eine Reise durch die deutsche Vergangenheit, Köln 1995.

41 Everett Rogers: Diffusion of Innovations, New York 2003.

42 Vgl. zusammenfassend Michael Schenk: Medienwirkungsforschung, Tübingen 2007, S. 401–429.

43 Gerd Selle: Die Geschichte des Design in Deutschland von 1870 bis heute. Entwicklung der industriellen Produktkultur, Köln 1978, S. 82.

44 Ebd., S. 93.

45 Vgl. hierzu Patrick Rössler: Moderne Illustrierte – illustrierte Moderne. Zeitschriftenkonzepte im 20. Jahrhundert, Stuttgart 1998, S. 11–13.

46 Vgl. ausführlich ebd.

47 Stichwort ‚Iconic Turn'; vgl. etwa Patrick Rössler: Zwischen ‚Neuem Sehen' und der bildpublizistischen Massenware. Der Aufstieg des Fotojournalismus in Uhu, Querschnitt und Berliner Illustrirte Zeitung, in: Ute Schneider, David Oels (Hg.): Der ganze Verlag ist eine Bonbonniere, Erfurt 2014.

48 Vgl. hier und im Folgenden ausführlich Patrick Rössler: die neue stadt. Visionen von Urbanität und urbanem Leben in der illustrierten Massenpresse. Ausstellungskatalog, 16.–18. Mai, Berlin: DGPuK, Berlin 2012.

49 Vgl. ausführlich Patrick Rössler: Frankfurt, Leipzig, and Dessau: ‚Neue Typographie' – the new face of a new world. das neue frankfurt (1926–33) and die neue linie (1929–43), in: Peter Brooker & Andrew Thacker (Hg.): The Oxford Critical and Cultural History of Modernist Magazines, Bd. III: Europe, Oxford 2013.

50 Vgl. ausführlich Klaus Hirdina(Hg.): Neues Bauen Neues Gestalten. Das neue Frankfurt/die neue Stadt. Eine Zeitschrift zwischen 1926 und 1933, Berlin 1982.

51 Martin Wagner, Adolf Behne (Hg.): Das neue Berlin. Grossstadtprobleme. Reprint der Ausgabe von 1929, Basel/Berlin/Boston 1988.

52 Vgl. Felix Schwarz, Frank Gloor (Hg.): ‚Die Form'. Stimme des Deutschen Werkbundes 1925–1934, Gütersloh 1969; Roland Jaeger: Bleibende Dokumente des Neuen Sehens. Der Verlag Hermann Reckendorf, Berlin, in: Manfred Heiting & Roland Jaeger (Hg.): Autopsie. Deutschsprachige Fotobücher 1918 bis 1945, Göttingen 2012, Bd. 1, S. 248–267.

53 Vgl. David Oels: Die Koralle – Eine populärwissenschaftliche Illustrierte im Ullstein Verlag. Vortrag auf der Tagung ‚Deutsche illustrierte Magazine – Journalismus und visuelle Kultur in der Weimarer Republik', Erfurt 2013.

54 Vgl. Patrick Rössler: Markante Profile & edle Körper. Zum visuellen Framing der ‚Neuen Frau' in der illustrierten Massenpresse der 1920er Jahre, in: Stephanie Giese, Katharina Lobinger (Hg.): Visual Framing Perspektiven und Herausforderungen der Visuellen Kommunikationsforschung, Köln 2013, S. 286–310.

55 Maja Malik: Journalismus-Journalismus. Funktion, Strukturen und Strategien der journalistischen Selbstthematisierung, Wiesbaden 2004; Vgl. hier und im Folgenden Patrick Rössler: Zwischen Typofoto und Telehor. Medieninnovationen im Spiegel der Publikumspresse 1918–1939, Stuttgart 2010.

56 Patrick Rössler: Zwischen Typofoto und Telehor. Medieninnovationen im Spiegel der Publikumspresse 1918–1939, Stuttgart 2010, S. 36.

57 Patrick Rössler: Frankfurt, Leipzig, and Dessau: ‚Neue Typographie' – the new face of a new world. das neue frankfurt (1926–33) and die neue linie (1929–43), in: Peter Brooker & Andrew Thacker (Hg.): The Oxford Critical and Cultural History of Modernist Magazines, Bd. III: Europe, Oxford 2013.

58 Vgl. etwa David Fahey, Linda Rich: Masters of Starlight. Photographers in Hollywood, London 1988.

59 Vgl. Hans Wichmann: Design contra Art Déco. 1927–1932 Jahrfünft der Wende, München 1993.

60 Burcu Dogramaci (Hg.): Großstadt. Motor der Künste in der Moderne, Berlin 2010; Patrick Rössler: die neue stadt. Visionen von Urbanität und urbanem Leben in der illustrierten Massenpresse. Ausstellungskatalog, 16.–18. Mai, Berlin: DGPuK, Berlin 2012.

61 Bruno Taut: Die neue Wohnung. Die Frau als Schöpferin, Leipzig 1928.

62 Gretel Wagner: Fixierte Eleganz, in: Franz Christian Gundlach, Uli Richter (Hg.): Berlin en vouge. Berliner Mode in der Fotografie, Tübingen/Berlin 1993, S. 113–146.

63 Gerd Hartung, Cordula Moritz: Linienspiele. 70 Jahre Mode in Berlin, Berlin 1991, S. 11.

64 Gabriele Knoll: Kulturgeschichte des Reisens. Von der Pilger-

fahrt zum Badeurlaub, Darmstadt 2006, S. 121–135; Barbara Pankowska, Janina Milberg: Ein Refugium für Lust und Last. Das Automobil als Sinnbild der Moderne, in: Adelheid Rasche, Anna Zika (Hg.): Styl. Das Berliner Modejournal der frühen 1920er Jahre, Stuttgart 2009, S. 146–151, hier S. 146.

65 Werner Hägele: Individualisierung und Körperkultur in nationaler Moderne und globaler Postmoderne, München 2008.

66 Mel Gordon: Voluptuous Panic. The Erotic World of Weimar Berlin, Los Angeles 2006.

67 Jeremy Aynsley: Designing Modern Germany, London 2009; Patrick Rössler: Markante Profile & edle Körper. Zum visuellen Framing der ‚Neuen Frau' in der illustrierten Massenpresse der 1920er Jahre, in: Stephanie Giese, Katharina Lobinger (Hg.): Visual Framing Perspektiven und Herausforderungen der Visuellen Kommunikationsforschung, Köln 2013, S. 286–310.

68 Etwa Autofahren, vgl. Andreas Ley: Die Frau am Steuer – Mode als Waffe, in: Münchner Stadtmuseum (Hg.): Die 20er Jahre. Mode Graphik Kunstgewerbe, Wolfratshausen 2005, S. 10–21.

69 Jeremy Aynsley: Grafik-Design in Deutschland 1890–1945, Mainz 2000; Patrick Rössler: Die ‚Neue Typographie' und das Buch. Fachdiskurse und Umschlagentwürfe zwischen den Kriegen, in: Christof Windgätter (Hg.): Wissen im Druck. Zur Epistemologie der modernen Buchgestaltung, Wiesbaden 2010, S. 68–98.

70 Aiga Seewald: Die Presse der sozialen Bewegungen 1918–1933, Essen 1994.

71 Vgl. Carsten Reinemann, Jana Huismann: Beziehen sich Medien immer mehr auf Medien? Dimensionen, Belege, Erklärungen, in: Publizistik, 52. Jg., Wiesbaden 2007, S. 465–484.

72 Christian Ferber (Hg.): Die Dame. Ein deutsches Journal für den verwöhnten Geschmack. 1912–1943, Berlin 1980; vgl. auch Tanja Fabian: Analyse der Zeitschrift „Die Dame" 1932–1941 unter besonderer Berücksichtigung des nationalsozialistischen Einflusses auf die Mode, Wien 2006, unveröffentlichte Magisterarbeit.

73 Vgl. den Beitrag von Peter Hanisch im vorliegenden Band.

74 Patrick Rössler: Das Bauhaus am Kiosk. die neue linie 1929–1943, Bielefeld: Kerber. Überarbeitete Neuauflage (2009): The Bauhaus at the Newsstand. Das Bauhaus am Kiosk. die neue linie 1929–1943, Bielefeld 2009, S. 15–17; Patrick Rössler: VIEWing our LIFE and TIMES. A Cross-Cultural Perspective on Media Globalization. Ausstellungskatalog, ICA Conference, Dresden 2006, S. 42–44.

75 Patrick Rössler: Das Bauhaus am Kiosk. die neue linie 1929–1943, Bielefeld: Kerber. Überarbeitete Neuauflage (2009): The Bauhaus at the Newsstand. Das Bauhaus am Kiosk. die neue linie 1929–1943, Bielefeld 2009.

76 Die Form: Zeitschrift für gestaltende Arbeit, Berlin 1922–35. http://digi.ub.uni-heidelberg.de/diglit/form bzw. /neue_frankfurt (zuletzt abgerufen am 24.4.2014)

77 Patrick Rössler, Achim Bonte und Katja Leiskau:. Digitization of Popular Print Media as a Source for Studies on Visual Communication: Illustrated Magazines of the Weimar Republic, in: Historical Social Research / Historische Sozialforschung (HSR) 37.4., Köln 2012, S. 172–190.
Sächsische Landesbibliothek – Staats- und Universitätsbibliothek Dresden, Universität Erfurt – Seminar für Medien- und Kommunikationsforschung, Dresden/Erfurt 2014. www.illustrierte-presse.de (zuletzt abgerufen am 24.4.2014).

# Anne Ulrich

Die kleine Traumfabrik.
Titelstorys deutscher Fernsehzeitschriften

Ein braungebrannter Marshall Thompson ziert das Titelbild der Fernsehzeitschrift *TV Hören und Sehen* aus dem Jahr 1971. Die silbergrauen Haare akkurat frisiert, das blauweiß karierte Halstuch schön in den Kragen seines Tropenhemds drapiert, stützt sich der Schauspieler in seiner Rolle als Fernsehdoktor oder *Daktari* Dr. Marsh Tracy lässig mit dem Ellenbogen auf einen Stein und lächelt den Betrachter an. Im künstlich-milchigen Hintergrund ist inmitten einer hoch aufgeschossenen Wiese als Exotismus-Symbol eine Palme zu sehen, die Bildunterschrift verkündet „Großer Bildbericht: Daktari in Deutschland – Seite 24". Die weiteren Ankündigungen dieser Ausgabe: „Heinz Rühmann erzählt aus seinem Leben – Seite 47" und „Kriminalbericht: Der Chauffeur des Lords war ein Mörder – Seite 92". Außerdem weist uns die Programmzeitschrift in der großen Schlagzeile, die sich direkt über dem Haupt des amerikanischen Filmschauspielers ansiedelt, auf den „Fussball-Europapokal: Endspiel der Landesmeister" hin, das „[a]m Mittwoch im Fernsehen" kommt. Es ist das Heft Nummer 18 des Jahres 1971, das mit amerikanischen und deutschen Fernsehprominenten, einer Kriminalgeschichte und dem Hinweis auf ein europäisches Sportereignis das Fernsehprogramm vom 2. bis 8. Mai bewirbt. An der hellsten Stelle des Titelbildes, die sich knapp links von Marshall Thompsons Kinn befindet, steht mit blauem Kugelschreiber in schwungvoller Schreibschrift notiert und kühn unterstrichen: „Nudeln, Tomatensoße" (Abb. 1).

Abb. 1: *TV Hören und Sehen*, Nr. 18, 1970

Das Titelbild ist in vielerlei Hinsicht exemplarisch für die Covergestaltung von Programmzeitschriften. Schon die Kritzelei verrät, dass diese Zeitschrift von ihrem Beschrifter oder ihrer Beschrifterin möglicherweise als trivialer und vor allem für den Gebrauch bestimmter Gegenstand empfunden wurde, der eben mal als Einkaufszettel in das Alltagsleben integriert wird. Auch die Zeitschrift selbst scheint sich auf dem Titel ganz darauf auszurichten, ihrer Leserschaft zum praktischen Gebrauch zu dienen, und zwar in erster Linie zur Orientierung in einem anderen Medium, dem die Zeitschrift ihre Existenz verdankt: dem Fernsehen. Der Schwerpunkt liegt auf Unterhaltungsthemen, die Visualisierung konzentriert sich ganz auf den beliebten Doktor für das exotische Vieh. Doch führt der Typus der Fernsehzeitschrift, um dessen Aufmacher es im Folgenden gehen soll, wirklich nur ein parasitäres Dasein als Begleitheft zum Fernsehen? Die Forschung hat die Programmpresse, deren Anfänge mit der Geburt der Zeitschrift *Der Deutsche Rundfunk* aufs Jahr 1923 datiert werden,[1] eigentlich bis in die 1970er Jahre hinein vernachlässigt. So stellt Herbert Honsowitz, der ‚Pionier' der Programmzeitschriften-Forschung, 1975 fest: „Die Programmzeitschriften für Hörfunk und Fernsehen – bei weitem der auflagenstärkste Zeitschriftentyp in der Bundesrepublik – sind bislang kaum beachtet worden; selbst in den Jahren um 1968 nicht, als das Springer-Imperium, zu dessen wichtigsten Tragsäulen seine Programmzeitschriften gehören, von vielen Seiten kritisch durchleuchtet wurde."[2] In seiner nicht ganz unumstrittenen Dissertation *Fernsehen und Programmzeitschriften. Eine Aussagenanalyse der Programmpresse* machte Honsowitz diesen bislang völlig unterschätzten Zeitschriftentypus zum ersten Mal zum Gegenstand der Forschung. Betreut wurde die Arbeit vom Tübinger Empirischen Kulturwissenschaftler Hermann Bausinger, der mit seinen Impulsen zur Neuerung und Öffnung des Faches sowohl in Richtung Alltagskultur als auch in Richtung Medien- und Kommunikationswissenschaft sicherlich einen wichtigen Anstoß gegeben hat. Das ‚Springer-Imperium' gab zu dieser Zeit übrigens zwei Fernsehzeitschriften heraus, von denen jeweils auch ein paar Hefte in den grauen Kisten der Zeitschriftensammlung des Ludwig-Uhland-Instituts für Empirische Kulturwissenschaft (LUI) lagern: *Hör Zu* und *Funk-Uhr*.

Im Instituts-Archiv befinden sich insgesamt etwa 20 Kisten mit Fernsehzeitschriften, die den Mittelpunkt dieses Beitrag bilden, darunter klassische Programmzeitschriften wie eben *Hör Zu*, die günstigere *Funk-Uhr* oder *TV Hören und Sehen* (Heinrich Bauer Verlag), aber auch Programm-Supplemente wie die inzwischen eingestellte *Illustrierte Wochen-Zeitung* (*IWZ*) und *radio + television* (*rtv*) sowie sendereigene Publikationen wie *Das Erste* oder *ZDF*.[3] Die Jahrgänge sind selten komplett, die ältesten Hefte sind von *Hör Zu* (1964) und *Funk-Uhr* (1966), die jüngsten finden sich bei *rtv* (1979) und der *IWZ* (1982). Es handelt sich also mehr um ein buntes Sammelsurium als um eine systematische Sammlung, auf deren Basis sich fundierte Vergleiche ziehen ließen. Daher will dieser Beitrag eher ein breites Panorama der Aufmacher bundesdeutscher Fernsehzeitschriften von den späten 1960er Jahren bis zu den frühen 1980er Jahren entwerfen.

Doch zurück zu den Pionieren der Programmzeitschriftenforschung. Peter-Matthias Gaede stößt ins selbe Horn wie Honsowitz, wenn er auch 1979 noch mahnt: „Die geringe Beachtung, welche die Programmzeitschriften bisher in der Publizistikwissenschaft gefunden haben, steht in einem Missverhältnis zur Bedeutung dieses Zeitschriftentypus im Massenkommunikationssystem der BRD." Dann liefert er beeindruckende Zahlen:

„Mit einer wöchentlich verkauften Auflage von über 12 Millionen Exemplaren und einer Reichweite von 63 Prozent der erwachsenen Bundesbevölkerung ist die Programmpresse nicht nur die weitaus größte Publikumszeitschriftengruppe; ihre Relevanz ergibt sich darüberhinaus aus dem Sachverhalt, daß sie als Hauptvermittler von (Programm-) Informationen über das einflußreichste Medium moderner Massenkommunikation, das Fernsehen, fungiert. Rund drei Viertel aller Fernsehteilnehmer informieren sich aus Programmzeitschriften, während nur jeweils ca. ein Drittel auf das Angebot der Rundfunkanstalten selbst (Ansagen; Programmtafeln) bzw. der Tageszeitungen (Fernsehseiten) zurückgreift; fast die Hälfte der Fernsehrezipienten nutzt zur Vorinformation ausschließlich die Programmpresse."[4]

Fernsehzeitschriften werden in den ausgehenden 1970er Jahren als mächtige Agenten gesehen, deren Position sich irgendwo zwischen den Fernsehanstalten selbst und den Fernsehzuschauern ansiedeln lässt. Honsowitz nennt sie „Medienverbünde en miniature", weil sich in ihnen die Interessen der Pressekonzerne, der öffentlich-rechtlichen Rundfunkanstalten und der Unterhaltungsindustrie überschnitten.[5] Der „Student aus Tübingen", wie Honsowitz von Hartmut Wrede (*Hör Zu*) abwertend genannt wird,[6] wirft den Programmzeitschriften in seiner Studie vor, sie würden das Fernsehprogramm so stark in Richtung Unterhaltung und Starkult verzerren, dass sich die Leser keine selbständige und kritische Meinung zum Fernsehen mehr bilden könnten. Dafür seien in erster Linie Marktzwänge verantwortlich, die den öffentlichen Aufgaben sowohl des Rundfunks als auch der Presse entgegenstünden.[7] Auch Gaede sieht bei den Programmzeitschriften nicht nur eine „spezifische Nähe zum Fernsehen", sondern auch zur Unterhaltungsindustrie,[8] in deren Zentrum wieder der Starkult steht. Er beklagt die „oft sensationalistische, fast durchgängig affirmative Aufbereitung" der Berichterstattung über „jene Stars, an deren Popularität die Medienkonzerne mitverdienen". Stattdessen wünscht er sich eine „Vertiefung und Erläuterung von Programmkonzeption und intention".[9]

Die redaktionellen Vertreter der Programmzeitschriften selbst weisen eine solche Kritik in der Regel weit zurück. Wrede, seinerzeit stellvertretender Chefredakteur der *Hör Zu*, versteht Programmzeitschriften in einem Statement aus den frühen 1980er Jahren als „ehrliche Makler", die über keinerlei politische Macht verfügten und das Fernsehprogramm adäquat und unverzerrt aufbereiteten.[10] Über den „von Honsowitz ausgelösten publizistischen Blitzkrieg gegen die Programmzeitschriften" ärgert er sich sichtlich und schimpft über dessen „Elaborat", das auf der Grundlage von „sieben (Sie lesen ganz richtig: sieben!) Hefte[n] der jeweiligen Programmzeitschriften" erstellt worden sei.[11] Hier war der Blick Wredes vor Ärger jedoch recht getrübt – Honsowitz beschäftigte sich tatsächlich mit fünf Programmzeitschriften und einer Tageszeitung im Zeitraum von sieben Monaten (und keineswegs nur sieben Wochen) des Jahres 1971 – für eine Dissertation eine durchaus ansehnliche Materialgrundlage. Andere Chefredakteure wie Günter van Waasen von *Bild + Funk* reagieren nicht so scharf auf die von Honsowitz geäußerte Kritik: „Der Vorwurf, die Programmzeitschriften betonten zu stark die Unterhaltungsaspekte des Fernsehens, ist objektiv vielleicht richtig, aber überwiegt nicht auch beim Fernsehen das Unterhaltungsangebot?"[12] Van Waasen spielt den Ball also zurück zum Fernsehen – und fast meint man hier schon einen Vorboten der fernsehkritischen Diskussion der 1980er Jahre zu erkennen, die mit Neil Postmans Buch *Wir amüsieren uns zu Tode* einen Höhepunkt finden sollte.[13]

Die Honsowitz-Debatte soll hier nicht im Einzelnen nachgezeichnet werden,[14] sie ist aber wichtig zu erwähnen, weil hier über den Gegenstand der Programmzeitschriften indirekt auch die Macht des damaligen Leitmediums Fernsehen und seine Verbindungen zur Unterhaltungs- oder eben Kulturindustrie verhandelt wurden. Die Fernsehzeitschriften wurden dabei als „‚Medien' in einem doppelten Sinne" verstanden, welche die „Intentionen sehr verschiedener Partner aufeinander beziehen" müssen.[15] Der Redaktion von *TV Hören und Sehen* war es wichtig zu betonen, dass sie in dieser Mittlerrolle eben nicht als „Sprachrohr der Anstalten", sondern als „Anwalt der Zuschauer" erscheinen. „Wir wollen im Dialog zwischen dem Fernsehen und seinem Publikum zum gegenseitigen Verständnis beitragen, Irrtümer beseitigen und Verbesserungen vorschlagen, also dafür sorgen, dass ein Programm gesendet wird, mit dem möglichst viele Zuschauer zufrieden sein können."[16] Auch hier überwiegt demnach – zumindest in der offiziellen Verlautbarung – ein kritischer, fast schon erzieherischer Impetus, doch die Rolle der Fernsehzeitschriften ist damit noch nicht erschöpfend erfasst. Sicherlich übernehmen sie eine wichtige, möglicherweise auch nicht ganz objektive Orientierungsfunktion für die Leser in Bezug auf das Fernsehprogramm und profitieren damit auch vom Glanz des damaligen Leitmediums. Gleichzeitig stellen die Fernsehzeitschriften aber auch unverzichtbare Bestandteile zur Aufrechterhaltung dieses Glanzes dar, da sie maßgeblich das Bild des Fernsehens und der in ihm zum Tragen kommenden Personen und Themen prägen. Damit sind sie keine reinen Anhängsel, sondern als Paratexte wichtige Faktoren für die allgemei-

ne Wahrnehmung des Fernsehens und seiner Position in Kultur und Gesellschaft.[17] Gleichzeitig sind Fernsehzeitschriften in aller Regel aber vor allem illustrierte Familienzeitschriften, die sich – zumindest in Teilen – überhaupt nicht aufs Fernsehen oder sein Programm beziehen, sondern im Stil einer „neuen Gartenlaube" mit Fortsetzungsromanen, Karikaturen oder Kochrezepten eine möglichst breite Leserschaft anzusprechen beabsichtigen.[18]
Die Frage ist nun, wie sich diese komplexe Angebotsstruktur auf den Titelseiten der Fernsehzeitschriften niederschlägt: Werben die Aufmacher für das Fernsehen oder für Zeitschriften selbst? Werden die Betrachter als Leser oder als Fernsehzuschauer angesprochen? Steht eine unterhaltende oder eine informierende Intention im Vordergrund? Die eingangs gezeigte Titelseite der *TV Hören und Sehen* entscheidet sich mit Marshall Thompson in der äußerst beliebten Rolle des *Daktari* beispielsweise dafür, den Fernseh-Starkult zu bedienen und die Leser als Zuschauer anzusprechen, die ihre Bindung an die Figur nun über die Zeitschrift weiter festigen können. Dies ist eine durchaus übliche, jedoch nicht die einzige Aufmacher-Strategie. Auf den am LUI gesammelten Heften zeigt sich eine erstaunliche Bandbreite an Motiven und Mustern, die hier exemplarisch vorgestellt werden soll.

## Bekannt aus Funk und Fernsehen - Zur Inszenierung der Fernsehstars

Der Star – eigentlich ein Phänomen der Kino-Ära – spielt als zentrale Ikone auch auf den Covern von Fernsehzeitschriften eine wichtige Rolle. Allerdings unterscheidet sich der Fernsehstar vom Filmstar dadurch, dass er „seinen Star-Status nicht in anderen Bereichen oder durch andere Medien erworben und auf das Fernsehen nur übertragen, sondern primär bzw. ausschließlich durch das Fernsehen" erlangt hat.[19] Für Ricarda Strobel und Werner Faulstich, die sich den deutschen Fernsehstars in einer vierbändigen Monographie widmeten, ist nicht zuletzt die Programmpresse für die Konturierung und Etikettierung von Fernsehstars verantwortlich und damit ein wichtiges Element des televisiven Starkultes.
Auf den Heften der LUI-Sammlung tauchen nicht nur Fernsehstars der ersten Stunde wie Peter Frankenfeld oder Hans-Joachim Kulenkampff auf, sondern auch Sänger/innen und Schauspieler/innen wie Vico Torriani, Mary Roos, Dunja Rajter oder Wencke Myhre, die ihr Tätigkeitsfeld im Laufe ihrer Karriere immer wieder ins Fernsehen verlagerten. Exemplarisch lassen sich hier Dietmar Schönherr und Vivi Bach herausgreifen, deren Star-Status durch das Fernsehen und die Programmzeitschriften maßgeblich geprägt wurde. Dietmar Schönherr, eigentlich ein Filmschauspieler, wandte sich in den 1960er Jahren verstärkt dem Fernsehen zu, wo er mit der Rolle des Commander McLane in der deutschen Serie *Raumpatrouille. Die Abenteuer des Raumschiffs Orion* Berühmtheit erlangte. 1965 heiratete er Vivi Bach, ein schauspielendes, singendes und malendes Multi-Talent aus Dänemark. Gemeinsam trat das Ehepaar als Moderatoren bei Gala-Abenden und Musikshows im Fernsehen auf. Von 1969 bis 1972 moderierten beide die innovative und zum Teil skandalumwitterte Familienunterhaltungsshow *Wünsch dir was*. Danach wurde Schönherr mit *Je später der Abend...* zum „ersten Talkmaster des Deutschen Fernsehens".[20] Die Zeitschrift *Funk-Uhr*, die mit 50 Pfennig im mittleren Preissegment lag, zeigt auf dem Titel von Heft 45 im Jahr 1966 das lächelnde Ehepaar Bach-Schönherr vor einem rustikalen Möbel-Interieur (Abb. 2). Die Schlagzeile lautet: „Die Erde hat sie wieder... Vivi Bach und Dietmar Schönherr. Das Ehepaar stand für die ‚Orion'-Fernsehserie, deren 5. Folge in dieser Woche über den Bildschirm läuft, gemeinsam in München vor der Kamera".[21] Beide lächeln direkt oder in Richtung der Kamera und sind in lässiger Alltagskleidung zu sehen – Bach in Jeans und blauer Bluse mit lockerer Hochsteckfrisur, die Hände in die Hüften gestützt, Schönherr in grauer Stoffhose, grauem Hemd und rotem Pullover, die linke Hand in die Hosentasche gesteckt. Der gesamte Auftritt signalisiert: Wir sind ein Ehepaar, geerdet wie du und ich – trotz der fiktiven Raumfahrten eben nicht abgehoben und unerreichbar wie ein Star am Hollywood-Himmel. Auch die *TV*

Abb. 2: *Funk-Uhr*, Nr. 45, 1966

Abb. 3: *TV Hören und Sehen*, Nr. 38, 1971

*Hören und Sehen*, Heft 38 aus dem Jahr 1971, bringt das prominente Ehepaar auf die Titelseite (Abb. 3) – diesmal sind die beiden unter der Überschrift „Dietmar Schönherr und Vivi Bach in Afrika" im Safari-Look inklusive Tropenhelm und Filmkamera auf einem Geländewagen zu sehen.[22] Der schräg gesetzte Zusatz kündigt hier zudem eine „Neue Serie" an. Schönherr, etwas erhöht, hat seinen linken Arm um Bachs Schultern geschlungen und unter den rechten Arm die Kamera geklemmt, gemeinsam sehen sie über den Betrachter hinweg in die Ferne und lächeln. Auch wenn diese Darstellung die Stars ein wenig aus dem Umfeld des Betrachters entfernt, bleiben Bach und Schönherr dennoch nahbar, weil sie – so inszeniert die Pose auch sein mag – eine Art Blick hinter die Kulissen beim Dreh in Afrika erlauben. Sie werden nicht als ‚Performer' vor der Kamera gezeigt, sondern vermeintlich als sie selbst. Die zugehörige Titelstory, ganz von Dietmar Schönherr in der Ich-Form verfasst, verstärkt diesen Eindruck. Wir erfahren, dass der Autor gerne Kümmelschnaps trinkt und ein echter Draufgänger ist, während seine
Ehefrau sich vor allem ein Kind wünscht und viel liest. Ein paar vermeintliche Urlaubs-Schnappschüsse zeigen die Reisenden zudem beim Überqueren eines Flusses oder beim Bummeln. Vor allem aber dient der Text als Auftakt einer ‚neuen Serie' dem Zweck, die Leser neugierig zu machen auf das nächste Heft und sie mit den Reiseeindrücken weiter an die Zeitschrift zu binden.

Diese Konstruktion einer privaten Persona, die maßgeblich von der illustrierten Programmpresse in ihren Titelstories vorgenommen wird, hält die verschiedenen Rollen zusammen, die Fernseh-Performer wie Bach oder Schönherr im Fernsehen einnehmen. Dort treten sie stets in einer bestimmten Rolle und mit einer bestimmten, von der jeweiligen Sendung vorgegebenen Funktion in Erscheinung – bei *TV Hören und Sehen* oder bei der *Funk-Uhr* hingegen lernen wir sie so kennen, wie sie

‚sind', was ihren Star-Status jedoch nur untermauert. Ein weiterer *TV Hören und Sehen*-Titel zeigt ein Einzelporträt von Vivi Bach, die den Betrachter offen und freundlich anlächelt, während sie in einem bequemen Strickpullover in einem Korbsessel sitzt. Die zugehörige Story trägt die Kopfzeile „Vivi Bach und Dietmar Schönherr verraten TV Hören und Sehen ihre Zukunftspläne: ‚Wünsch dir was' muß noch schockierender werden" und entspricht damit genau dem, was die Redaktion der Zeitschrift explizit als Lesererwartung formuliert:

„Richtschnur ist für uns das Interesse der Leser und die Wichtigkeit der Sendungen. Der Start einer neuen Serie, eine bemerkenswert aufwendige Show, eine thematische bedeutsame Dokumentarsendung, die Erprobung neuer Sendeformen, die Vorstellung eines unbekannten Moderators, die besonders schwierigen Produktionsbedingungen eines Fernsehspiels oder Erlebnisse beliebter Darsteller und Sänger während der Dreharbeiten: Das alles und vieles mehr sind Ereignisse, mit denen wir uns beschäftigen."[23]

Die ‚Quote' trifft auf die klassischen Nachrichtenfaktoren, allen voran die Faktoren der Neuheit, Aktualität oder Personalisierung. Dabei verabschiedet sich die Zeitschrift langsam aber sicher vom Mief und den alten Familien- und Ehevorstellungen der 1950er und 1960er Jahre. Wenn Dietmar Schönherr mit der Aussage zitiert wird, er wolle bei der Samstagabendshow *Wünsch dir was* „[k]eine Beweihräucherung heiler Familienidylle, sondern Auseinandersetzung mit der harten Wirklichkeit",[24] dann kann das – etwas moderater – auch als Richtschnur für die Ausrichtung der Fernsehzeitschriften gelten.
Die Medienhistorikerin Lu Seegers hat herausgearbeitet, wie sich gerade die *Hör Zu* von ihrem biederen und altbackenen Image Mitte der 1960er Jahre löste, um „neue soziokulturelle Bewegungen und plurale Lebensstile, wie sie in der kommerzialisierten Jugendkultur sichtbar wurden, in die redaktionelle Gestaltung von ‚HÖR ZU' zu integrieren".[25]
Als Beispiel nennt sie eine Titelstory über die Fernsehansagerin Petra Schürmann, die

Abb. 4: *Hör zu*, Nr. 27, 1967

seinerzeit als ehemalige Philologie-Studentin und ‚Miss World' bekannt ist.[26] Auf diesem Titel von Heft 27 aus dem Jahr 1967 ist sie mit ihrer frisch geborenen Tochter Alexandra zu sehen (Abb. 4).
Das Titelbild selbst ist klassisch: eine hübsche Mutter, die das Köpfchen ihrer Tochter an die Wange drückt und glücklich in die Kamera lächelt, während die kleine Alexandra fasziniert die Blumenmotive auf Mutters Bluse betastet. Die Schlagzeile: „Mein Wunschkind heißt Alexandra". Die Titelgeschichte hingegen – von den Fotografien her eine Home-Story – thematisiert freimütig die Unehelichkeit der Tochter und lässt Schürmann deklarieren: „Jeder sollte aus seinem Leben das machen, was er für richtig hält." Auch die Redakteurin, Marlen Sinjen, lenkt die Wahrnehmung, indem sie schreibt „Der Sturm blieb aus. Und das kleine Lüftchen, das um Petra Schürmanns Baby bei der Geburt wehte, hat sich schnell gelegt."[27] Die Zeitschrift präsentiert ihrer

Leserschaft hier explizit und äußerst positiv eine neue Frauenrolle und ein alternatives Familienmodell und begleitet damit aktiv den sich vollziehenden gesellschaftlichen Wandel.[28] Leserbriefspalten und die Ratgeber-Kolumne *Fragen Sie Frau Irene* bieten darüber hinaus Raum für Diskussion und Feedback – ein Raum, der den Lesern vom Fernsehen selbst verwehrt bleibt. In gewisser Weise können Fernsehzeitschriften somit auch als ‚Rückkanäle' für das Fernsehen angesehen werden, die es den Zuschauern ermöglichen, auf das Fernsehprogramm in einer Weise zu reagieren, die sich nicht nur aufs Um- oder Abschalten beschränkt.

Diese Reaktionsmöglichkeit ist besonders deswegen wichtig, weil es sich bei Petra Schürmann um einen „neuen Typ von Perfomern" handelt, für den die Soziologen Donald Horton und R. Richard Wohl schon im Jahr 1956 den Begriff ‚Personae' geprägt haben.[29] Sie verstehen darunter „Quizmaster, Ansager, Interviewer in einer neuen Welt des ‚Showgeschäfts' – kurz gesagt, eine besondere Kategorie von Persönlichkeiten, deren Existenz eine Funktion der Medien selbst ist."[30] Außerhalb des Fernsehens, so die These, existieren diese Personen in der Wahrnehmung der Zuschauer nicht, und im Fernsehen nehmen sie in der Regel nur *eine* Rolle ein, etwa als Ansagerin oder Nachrichtensprecher. Dadurch werden sie zu einem verlässlichen Gegenüber für die Fernsehzuschauer, zu dem eine parasoziale Bindung aufgebaut werden kann. Horton und Wohl gehen davon aus, „dass ihr Charakter und ihre Darstellung gemäß der ‚Formel', die von ihr und ihren Managern ausgearbeitet wurde, standardisiert und in ein angemessenes Produktionsformat eingebettet sind. Daher bleiben Charakter und Handlungsmuster der Persona unverändert in einer Welt, die ansonsten durch verstörende Veränderungen geprägt ist".[31]

Fernsehzeitschriften bilden hier einen wichtigen Paratext für die Festigung dieser parasozialen Beziehung – sind sie doch der einzige Ort, an dem sich die Fernseh-Personae außerhalb der Rolle zeigen, einen wohldosierten Einblick in ihre Persönlichkeit und ihr ‚Privatleben' geben können. Das Programmsupplement *rtv* nimmt in den Jahren 1976 und 1977 immer wieder Fernsehansagerinnen auf den Titel, beispielsweise Carolin Reiber vom Bayerischen Rundfunk,[32] Herdis Husmann von Radio Bremen[33] oder Karin Tietze-Ludwig, damals noch beim Hessischen Rundfunk[34]. Wie bei *rtv* zu dieser Zeit üblich, bleibt es jedoch beim Titelbild – die redaktionelle Arbeit beschränkt sich vollkommen auf wenige Tipps auf den Programmseiten. Dennoch ist es auch in anderer Hinsicht bezeichnend, dass die Ansagerinnen auf die Titelseiten der Programmzeitschrift finden, denn in gewisser Weise handelt es sich sowohl bei den Ansagerinnen als auch bei der Programmzeitschrift um wichtige, Überblick und Orientierung vermittelnde, gleichzeitig aber auch attraktive und unterhaltende ‚Anker' im Fernsehprogramm. Die Ansagerinnen sind demnach als Personifizierungen des Fernsehprogramms und im Sinne der Corporate Identity auch als Aushängeschilder der einzelnen Fernsehanstalten zu verstehen. Sie geben den Fernsehsendern ein Gesicht und sind damit als eine Art Senderlogo zu verstehen – ein Logo jedoch, das gleichzeitig „als Vorreiter der Akzeptanz neuer Ehe- und Familienformen und individueller Lebensentwürfe" präsentiert werden kann[35] und das sich die Programmzeitschriften wie fremde Federn anheften können.

## „Das bin ja ich!" - Zur Stilisierung der Leser

Fernsehstars werden als Repräsentanten der ‚kleinen Traumfabrik' Fernsehen bewundert und geliebt – zieren sie den Titel einer Fernsehzeitschrift, werden sie damit weiter auf den Star-Sockel gehievt, während gleichzeitig ein Versprechen der Nähe und Intimität ausgesprochen wird. Den Lesern werden Einblicke geboten, die sie über das Fernsehen allein so nicht bekommen könnten. Auf diese Weise profitiert die Fernsehzeitschrift von der Bindung der Leser an die Fernsehstars und versucht diese Bindung auch auf die Fernsehzeitschrift zu übertragen. Die *Hör Zu* hat sich in dieser Konstellation eine besonders starke Position gegeben, indem Chefredakteur Hans Bluhm im Jahr 1965 den größten deutschen Fernsehpreis, die *Goldene Kamera* erfand. Fortan wurden jedes Jahr Moderatoren, Schauspieler oder Regisseure für ihre Leistungen ausgezeichnet.[36] Den Großteil der Preise vergab eine Jury, zwei jedoch wurden vom Publikum verliehen und gingen im ersten Jahr an Hans-Joachim Kulenkampff und Inge Meysel.[37] Dietmar Schönherr bekam im Jahr 1970 für *Wünsch dir was* die Goldene Kamera[38] – ein weiterer Anlass, ihn aufs Titelblatt zu bringen.

Die *Hör zu* jedoch setzt nicht allein auf eine Star-Aufmacherstrategie – wie es etwa bei der *TV Hören und Sehen* und bei der *rtv* der Fall ist. Sie lässt dem Leser auf dem Titelblatt sein Spiegelbild entgegentreten – wenn auch nicht im wörtlichen Sinne, wie es das *Time Magazine* mit einer spiegelnden Oberfläche im Jahr 2006 umsetzte.[39] Es sind gemalte Darstellungen von Familien, Paaren, Kindern oder einzelnen ‚Menschen wie du und ich', die den Lesern eine Identifikationsfläche bieten sollen. Die ganz im Stile des amerikanischen Zeitschriftenillustrators Norman Rockwell gehaltenen, kunstvollen Titelbilder stammen vom dänischen Künstler Kurt Ard, der für die *Hör Zu* von den 1950ern bis in die 1970er insgesamt rund 260 Titelblätter angefertigt hat.[40] Sie wurden, so *Hör Zu*-Chefredakteur Thomas Garms im Jahr 2004, „zum Synonym für die erste und größte Programmzeitschrift der Bundesrepublik, *Hör zu*. Schon Ende der 50er Jahre war Ard so populär, dass *Hör zu* getrost hätte das Logo vom Titel nehmen können, die Leser hätten die Zeitschrift an der Illustration doch erkannt."[41] Das Cover von Heft 45 aus dem Jahr 1961 zeigt ein Ehepaar beim abendlichen Fernseher (Abb. 5).[42] Die beiden sitzen nebeneinander auf einem Sofa, dem Betrachter frontal gegenüber, und werden vom Licht des Bildschirms hell angestrahlt. Eigentlich sitzen sie beim Essen, aber ihre volle Aufmerksamkeit gilt dem Fernsehprogramm. Beide führen die Gabel zum Mund, der Mann schenkt sich obendrein noch Bier nach, ohne den Fernseher aus den Augen zu lassen.

Abb. 5: *Hör zu*, Nr. 45, 1961

Versonnen blicken sie auf den Bildschirm, der dem Betrachter verborgen bleibt. Ganz klar werden die Leser hier als Fernsehzuschauer angesprochen (das damalige Logo in der linken Ecke lautet „Sieh fern mit Hör Zu"), für die die Zeitschrift in ihrem häuslichen Alltag ein Begleiter sein will. Die Szene ist einerseits fast fotorealistisch gestaltet, lässt aber insbesondere durch den vollkommen neutral gehaltenen Hintergrund und das verborgene Fernsehbild sehr viel Raum für eigene Interpretationen und für die Identifikation – und gibt Anlass zum Schmunzeln über diese Szene, die sich so oder ähnlich in jedem Haushalt der *Hör-zu*-Leser abspielen könnte.

Auch andere Titelbilder bleiben im häuslichen Raum, so sehen wir etwa eine junge Frau beim Sockenstopfen, eine Hausfrau, die den vormittäglichen Hausputz durch ein Telefonat unterbrochen hat, einen Vater, der mit seinem Sohn zusammen ein Fußbad nimmt, weil sie sich beide erkältet haben – und überhaupt immer

Abb. 6: *Hör zu*, Nr. 7, 1967

wieder Mädchen und vor allem Jungen, die uns zum Lachen bringen sollen. Die Hefte 7 und 40 aus dem Jahr 1964 zeigen denselben Jungen, wie er in vielen kleinen Bildern einmal mit einem Drachen und ein andermal mit dem Binden einer Krawatte kämpft (Abb. 6). Zusammen mit den Bildunterschriften ergeben diese Titelbilder kleine Geschichten, die mit einem Augenzwinkern von den Missgeschicken des Alltags erzählen. Der Gesichtsausdruck der Personen ist stets besonders ausgeprägt. Ards Figuren lächeln nicht floskelhaft in die Kamera wie die Stars, sondern geben ihre Empfindungen preis – schiefes Lächeln, Stirnrunzeln, weit aufgerissene Augen, zusammengezogene Augenbrauen, zusammengekniffene Lippen oder ein breites, offenes Grinsen ‚sprechen' den Betrachter direkt an, ziehen ihn in die Stimmung der humorvollen, manchmal etwas peinlichen Szene hinein. Kurt Ard bezeichnet dies in einem Interview rückblickend als das „Geheimnis" seiner Bilder.

„‚Moderne Magazine zeigen nur Bilder fremder Menschen, Schröder, Bush, Popstars, Könige. Mein Geheimnis war, dem Leser ein Bild von ihm selbst zu zeigen. Er sah sich zwar im Zerrspiegel, aber doch deutlich: Das bin ja ich!'[43] Der Zerrspiegel bezieht sich darauf, dass die Figuren immer auch ein wenig ‚trottelig' daherkamen, aber dennoch auf eine sympathisch-akzeptable Art.[44] So kann Thomas Garms schreiben: ‚Jede seiner Personen muss man lieb haben.'"[45]

In der Tat setzt dort ein ähnlicher Effekt ein wie bei der Persona-Inszenierung im Fernsehen, da Ard immer wieder auf dieselben Modelle setzt, etwa Ole, den spitzbübischen Jungen, oder Frau Thor, eine distinguierte ältere Dame mit lockigen Haar. Sie werden somit einerseits zu symbolischen Repräsentanten der Zeitschrift und andererseits zu guten Bekannten der Leser und unterstützen auf diese Weise die Leser-Blatt-Bindung enorm. Ards Illustrationen sind in diesem Zeitraum äußerst beliebt – die Motive zieren darüber hinaus Poster und Porzellan-Teller, die bei Sammlern bis heute begehrt sind. Sie sind sogar so prägend, dass sie auch fotografisch auf den *Hör-zu*-Titeln imitiert werden, und zwar in Form von harmlos-lustigen Alltagsszenen, die auf mimisch und gestisch ausdrucksstarke ‚gewöhnliche Menschen' setzen. Ein Beispiel hierfür ist das Titelbild von Heft 26 aus dem Jahr 1964, das eine schrullige, etwas füllige ältere Putzfrau in einem großräumigen Büro zeigt (Abb. 7). Die Bildunterschrift lautet bemüht witzig: „Hier ist keiner, hier wird heute gearbeitet!" Dieselbe Frau begegnet uns etwa acht Wochen später wieder.[46] Diesmal ist sie in einem ganz ähnlichen, weiß gepunkteten blauen Kleid, jedoch ohne Schürze und Putzutensilien, dafür mit Handtasche und Reisetasche neben einer jungen Frau und einem älteren Mann auf einer Wartebank sitzend zu sehen (Abb. 8). Der ältere Mann hält den älteren *Hör-zu*-Titel in die Kamera, schaut sie an und fasst sich mit der Hand grübelnd ans Kinn. Die Bildunterschrift legt ihm folgende Frage in den Mund: „Sagen Sie mal, kennen wir uns nicht?".

Abb. 7: *Hör zu*, Nr. 26, 1964

Abb. 8: *Hör zu*, Nr. 34, 1964

Hier findet eine Art Meta-Thematisierung statt: Das Cover im Cover eröffnet einen Diskurs über die Titelfiguren, der genau auf die Leser-Blatt-Bindung zielt. Als Leser erinnern wir uns selbst an den vergangenen Titel, fragen uns zusammen mit dem bemützten Herrn, woher wir die Dame kennen, und sind gleichzeitig darauf vorbereitet, diese Dame und all die anderen Personen, die wir kennen gelernt haben, auf den künftigen Titelblättern wie alte Bekannte begrüßen zu können. Die Zeitschrift nutzt dabei das gleiche Prinzip wie das Fernsehen, nämlich die Serialität. Ihr regelmäßiges, verlässliches Erscheinen am immer gleichen Tag mit wiederkehrenden Personen, Situationen oder Stimmungen stärkt das Band der Intimität, das zwischen Lesern und Blatt entstehen soll. Es ist die von Kenneth Burke beschriebene Rhetorik der Identifikation,[47] die in den Illustrationen von Ard und ihren fotografischen Imitationen stark gemacht wird. Die Leser begegnen sich selbst auf den Titelblättern in einer Art und Weise, die ihnen geläufig ist, sie amüsiert und zutraulich macht – und die Glaubwürdigkeit und Akzeptanz der *Hör Zu* entscheidend steigern soll.

## „Stille Tage in Sils Maria" - Ein Fenster zur Welt

Nicht alle Fernsehzeitschriften setzen auf Personalisierung – sei es über Stars oder über Inkarnationen der Otto-Normal-Leserschaft. Die *Illustrierte Wochenzeitung* (*IWZ*) geht einen völlig anderen Weg, der eine weitere Facette des Fernsehens imitiert: seine Eigenschaft als ‚Fenster zur Welt'. Weil die Zeitschrift als Supplement der Tageszeitung einfach beigelegt wird und somit ihre Leser findet, ohne sich am Kiosk marktschreierisch um sie zu bemühen, können die Cover gänzlich andere und vom aktuellen Fernsehprogramm unabhängige Motive verwenden. Mit den Reise-, Kultur-,

Abb. 9: *IWZ*, Nr. 38, 1982

Natur- und Technikfotografien erinnert die Zeitschrift viel eher an eine Kulturbeilage als an ein Programmheftchen, in dem man schnell einmal nachschlägt, ob diesen Samstag *Einer wird gewinnen* kommt. Die Fotografien gehen dabei über die gesamte Titelseite, das schlichte gelbe *IWZ*-Logo sowie die knappen Bildbeschriftungen werden inte-griert. Auf diese Weise wird das Titelblatt von einem Blick in die Welt dominiert und nicht von reißerischen Schlagzeilen, Programmankündigungen und Personendarstellungen. Heft 43 vom Oktober 1982 zeigt einen Holzsteg, der vom Meer an eine Strandpromenade führt, auf der mediterrane Strandbauten zu sehen sind. Der Betrachter blickt vom Steg aus auf den leeren Strand und die verschlossenen Fensterläden der Gebäude, es ist nur ein diffuses Licht zu sehen. Die Harmonie und Ruhe der Szenerie wird durch die Betonung der Zentralperspektive unterstützt. „Wenn die Sonne versinkt. Adria im Herbst", lautet die Bildbeschriftung.

Dieser Titel macht die Nebensaison zum Aufmacher und meidet die ausgetretenen Pfade. Angesprochen wird ein kulturinteressiertes, eher intellektuelles, erwachsenes Publikum, dessen Familienstand oder Alltagsleben auf den Titeln eine Leerstelle bleibt. Wenn Personen auf den Titel finden, sind sie anonyme und symbolische Stellvertreter für Gruppen wie „Die Massai" oder „Pariser Originale".[48] Werden bekannte Persönlichkeiten thematisiert wie etwa Nietzsche,[49] bleibt ihr Gesicht verborgen. Stattdessen ist neben der Überschrift „Stille Tage in Sils Maria. Nietzsches Philosophenwinkel" der bäuerlich verzierte Waschkrug des deutschen Nihilisten zu sehen (Abb. 9). Äußerst leise also kommt dieser ‚Starkult' daher, in einer dezenten, feuilletonistischen Geste.
Während der Betrachter auf den Titelseiten der übrigen Fernsehzeitschriften dem immer gleichen Personal der Fernsehstars, anonymen Models oder eben sich selbst begegnet, stößt die *IWZ* ein Fenster zur Welt auf, zu einer kulturell und landschaftlich reizvollen, faszinierenden Welt, die über eine reiche Geschichte und eine vielversprechende technische Zukunft verfügt. Die Aufmacher entsprechen in ihrem qualitativen Anspruch in etwa der Linie der Dritten Programme, die in den übrigen Fernsehzeitschriften, so die häufige Klage, vollkommen unterrepräsentiert sind. Diese empfinden es nicht als ihre Aufgabe, „vorrangig über Sendungen zu schreiben, die nur von wenigen Zuschauern gesehen werden", wie die Redaktion der *TV Hören und Sehen* freimütig bekennt.[50] Offenbar leistet es sich jedoch die *IWZ*, Themen auf den Titel zu rücken, die im Fernsehen unterrepräsentiert sind oder überhaupt nicht thematisiert werden. Somit ergänzt die Zeitschrift das Fernsehen um einen distinguierten, kulturell interessierten Blick in die Welt. Der redaktionelle Teil – also das ‚Innere' der Zeitschrift – bleibt dem ‚außen' manifestierten Versprechen dann jedoch nur bedingt treu. Neben der zentralen Reportage oder Fotostrecke zum Titel finden sich auf den wenigen Seiten doch wieder ganz fernsehzeitschriften-übliche Elemente: Leser-Umfragen, ‚Leute von heute', Kolumnen,

Kinderseiten, Kochrezepte, Rätsel, Garten- und Verbrauchertipps. So bleibt auch die *IWZ* eine gewöhnliche kleine Familienillustrierte mit Programm. Auch wenn sie auf dem Titel ein Fünf-Gänge-Menü versprach, bleibt sie so in gewisser Weise ‚Nudeln mit Tomatensoße' – ein schnelles und einfaches Rezept, das der ganzen Familie schmeckt.

1 Thomas Bauer: Deutsche Programmpresse 1932 bis 1941. Entstehung, Entwicklung und Kontinuität der Rundfunkzeitschriften, München 1993, S. 22.

2 Herbert Honsowitz: Fernsehen und Programmzeitschriften. Eine Aussagenanalyse der Programmpresse, Berlin 1975, S. 5. Die Forschung ist sich einig, dass Honsowitz der erste war, der sich den Programmzeitschriften systemtisch gewidmet und mit der Publikation seiner Dissertation im Jahr 1975 auch eine regelrechte Debatte losgetreten hat. Hagemann, Renckstorf und Schröder erwähnen noch eine Studie von Schulz aus dem Jahr 1973, diese ist jedoch unveröffentlicht und befasst sich obendrein nur mit Programmankündigungen und Fernsehkritiken in der Tagespresse, nicht aber mit den Fernsehzeitschriften selbst, vgl. Otmar Hagemann / Karsten Renckstorf / Hermann-Dieter Schröder: Das Fernsehprogramm in Programmzeitschriften und Tageszeitungen. Ergebnisse einer inhaltsanalytischen Untersuchung (ZDF Schriftenreihe, Heft 34, Medienforschung), Mainz 1986, S. 8 bzw. 103.

3 Insgesamt sind es rund 800 Hefte, von denen die Programmsupplemente den größten Teil bilden (etwa 600). Die sendereigenen Publikationen finden in diesem Beitrag keine weitere Berücksichtigung, weil sie ganz anderen Voraussetzungen unterliegen als die sender-unabhängige Programmpresse.

4 Peter-Matthias Gaede: Aufgaben und Nutzen der Programmzeitschriften, in: Jörg Aufermann / Wilfried Scharf / Otto Schlie (Hg.): Fernsehen und Hörfunk für die Demokratie. Ein Handbuch über den Rundfunk in der Bundesrepublik Deutschland, Opladen 1979, S. 467–484, hier S. 467. Ihre höchste Auflage erreichte die *Hör Zu* laut aktueller Auskunft der *Axel Springer MediaImpact GmbH & Co KG* in der Nummer 51 im Jahre 1980 mit einer Druckauflage von 4 590 080 Exemplaren. Insgesamt wurden 4 125 062 Exemplare dieser Ausgabe verkauft, davon 3 001 487 im Einzelverkauf und 1 123 575 im Abonnement. Im Vergleich dazu wirkt die heutige Druckauflage von 1,3 Mio. recht bescheiden. Zum Vergleich: Die *TV Hören und Sehen* bringt es im vierten Quartal 2013 auf rund 800 000, die *Funk-Uhr* auf rund 580 000 und nur die *rtv* durch den Supplementverkauf auf etwa 8,5 Mio., vgl. die Daten der Informationsgemeinschaft zur Feststellung der Verbreitung von Werbeträgern e.V. (IVW), http://daten.ivw.eu/index.php?menuid=1&u=&p=, 20.3.2014. Dies hat mit einem generellen Rückgang der Auflagenzahlen im Printmedienbereich zu tun, aber auch mit der Tatsache, dass viele Fernsehzeitschriften ihre Leser mittlerweile über eigene Internetseiten über das Fernsehprogramm informieren und zeitschriftenunabhängige Programminformations-Seiten im Internet entstanden sind. Zudem stellen die Sender selbst auf ihren Internetseiten das Programm bereit, darüber hinaus verfügen neuere Fernsehgeräte über elektronische Programminformationen (EPG), die sich über die Fernbedienung aufrufen lassen (der Vorläufer hierfür war der Teletext). Programminformationen sind heute also über sehr viel mehr Plattformen beziehbar als in den 1960er bis 1980er Jahren – der Bedeutungsverlust, der damit für die Programmzeitschriften einhergeht, ist somit nicht zu unterschätzen.

5 Honsowitz 1975, S. 5.

6 Hartmut Wrede: Die Programmzeitschriften suchen den lebendigen Dialog, in: Medien, 3/1 1981, S. 12–17, hier S. 13.

7 Vgl. Honsowitz 1975, S. 142f.

8 Gaede 1979, S. 471.

9 Ebd., S. 474.

10 Vgl. Wrede 1981, S. 12.

11 Wrede 1981, S. 13.

12 Günter van Waasen: Anwalt des Zuschauers, in: Medien, 3/1 1981, S. 22–24, hier S. 24.

13 Neil Postman: Wir amüsieren uns zu Tode, Frankfurt am Main 1992 (engl. Original von 1985).

14 Vgl. hierzu Gaede 1979, S. 468 f., aber auch Dirk Altemann: Über den guten Geschmack des Publikums, in: Medien, 3/1 1981, S. 17–21, hier S. 21, Anm. 6.

15 Holger Rust: Programmzeitschriften, Fernsehseiten, Vorkritik – Orientierungspfade oder Holzwege?, in: Medien, 3/1 1981, S. 6–10, hier S. 8.

16 Statement der Redaktion: Leitfaden durch den Fernsehalltag: TV Hören und Sehen, in Medien, 3/1 1981, S. 25–26, hier S. 26.

17 Zum Konzept des Paratexts vgl. Gérard Genette: Paratexte. Das Buch vom Beiwerk des Buches, Frankfurt am Main 2001, bes. S. 9–21. In Bezug auf Fernseh-Shows und Spielfilme, aber auch in Bezug auf die Produkte der Musikindustrie übernehmen die Fernsehzeitschriften paratextuelle, also die intendierte Wirkung maßgeblich unterstützende Funktionen.

18 Vgl. hierzu Rolf Becker: Die neue Gartenlaube. Über die deutsche Rundfunk-Illustrierte „Hör zu", in: Der Monat, 13/145, 1960, S. 52–58, hier S. 53: „Häkelmuster hat man zwar tatsächlich bisher vermieden, aber dafür allerhand anderes angestrickt und eingenäht, was dieses vielgeliebte Blatt durchaus als Deutschlands neue Gartenlaube ausweist."

19 Ricarda Strobel, Werner Faulstich: Die deutschen Fernsehstars, Bd. 1: Stars der ersten Stunde, Göttingen 1998, S. 17.

20 Strobel/Faulstich 1988, S. 65.

21 *Funk-Uhr* 45/1966. Die zugehörige Titelstory auf den Seiten 4, 8 und 9 beschäftigt sich allerdings nicht mehr mit dem Ehepaar, sondern mit der Tricktechnik der Serie.

22 *TV Hören und Sehen* 38/1971.

23 Statement der Redaktion 1981, S. 26.

24 *TV Hören und Sehen* 15/1971, S. 4.

25 Lu Seegers: Fernsehstars und „freie Liebe". Zur Karriere der Programmzeitschrift *HÖR ZU* (1965–1974), in: Zeithistorische Forschungen / Studies in Contemporary History, 1/2, 2004, S. 214–235, hier S. 219.

26 Vgl. Peter Kniewel u.a. (Redaktion der *Hör Zu*): Unser Fernsehen 1952–1979. Geschichte und Geschichten des Mediums, der Menschen, der Sender und Sendungen. [Hamburg] 1979, S. 36.

27 *Hör Zu* 27/1967, S. 7.

28 Zum Schürmann-Titelbild vgl. ausführlich Sybille Buske: Fräulein Mutter und ihr Bastard, Eine Geschichte der Unehelichkeit in Deutschland 1900–1970 (Moderne Zeit, V), Göttingen 2004, S. 284–287.

29 Vgl. hierzu auch mit Bezug auf die *Hör Zu* Folkher C. Schreck: Die Bedeutung des Stars für die Programmzeitschriften, in: Werner Faulstich / Helmut Korte (Hg.): Der Star. Geschichte – Rezeption – Bedeutung, München 1997, S. 174–175.

30 Donald Horton / R. Richard Wohl: Massenkommunikation und parasoziale Interaktion. Beobachtungen zur Intimität über Distanz, in: Ralf Adelmann u. a. (Hg.): Grundlagentexte zur Fernsehwissenschaft. Theorie – Geschichte – Analyse. Konstanz 2002, S. 74–104, hier S. 76.

31 Horton/Wohl 2002, S. 78.

32 *rtv* 42/1977.

33 *rtv* 29/1977.

34 *rtv* 17/1977. In der Bildunterschrift wird sie fälschlicherweise „Karin Ludwig-Tietze" genannt.

35 Seegers 2004, S. 234.

36 Vgl. Seegers 2004, S. 222.

37 Vgl. die Presseinformation der *Axel-Springer-AG* zur Geschichte des Preises auf der Homepage der ‚Goldenen Kamera', http://www.goldenekamera.de/de/images/pdf/40jahre_goka.pdf, 20.3.2014.

38 Vgl. Strobel/Faulstich 1988, S. 64.

39 Vgl. *Time Magazine* vom 25.12.2006, Aufmacher: „Person of the year: You", vgl. http://content.time.com/time/covers/0,16641,20061225,00.html, 20.3.2014.

40 Vgl. Christian-A. Thiel: Der Leser staunte: Das bin ja ich!, in: Hamburger Abendblatt, 23.10.2004, online verfügbar unter http://www.abendblatt.de/vermischtes/journal/article707095/Der-Leser-staunte-Das-bin-ja-ich.html,20.3.2014.

41 Thomas Garms, Vorwort, in: Kurt Ard: So gesehen... Das Leben eines Künstlers in Text und Bild, Hamburg 2004, S. 2.

42 Vgl. Kurt Ard: So gesehen... Das Leben eines Künstlers in Text und Bild, Hamburg 2004, S. 110.

43 Vgl. Thiel 2004.

44 Vgl. Ard 2004, S. 14: „Die Leser von damals sahen, was die betreffende Person nicht selbst sehen konnte: er oder sie wurden belächelt, aber auf eine nette Art. Vielleicht dachten die Leser sogar: ‚Dieser Trottel auf dem Titelbild hätte auch ich sein können. Nein, so albern bin ich doch nicht. Mein Nachbar dagegen...'."

45 Garms 2004, S. 2.

46 *Hör Zu* 34/1964.

47 Vgl. Kenneth Burke: A Rhetoric of Motives, New York 1955, S. 57 f.

48 *IWZ* 36/1982 und 41/1982.

49 *IWZ* 38/1982.

50 Statement der Redaktion 1981, S. 25.

# Franz-Hubert Robling

Die Rhetorik von Titelbild und Titelstory des *Spiegel*

*Für Bernd-Jürgen Warneken*

## Der *Spiegel* als Nachrichtenmagazin

Wenn Rhetorik die Theorie und Praxis der Wirksamkeit einer Äußerung ist, muss für eine Analyse der *Spiegel*-Rhetorik zunächst geklärt werden, worauf die Wirkungsstrategie dieses Blatts beruht. Der Schlüssel liegt in seiner Eigenschaft als Nachrichtenmagazin.[1] Dieser Zeitschriftentypus geht zurück auf das amerikanische *newsmagazine Time*, wurde 1923 in den USA gegründet und verband drei wichtige publizistische Ziele: Bewältigung der Informationsflut sowie die Bindung und Bündelung der Leserinteressen.
Die ‚roaring twenties' des 20. Jahrhunderts in den USA mit Wirtschaftsboom und steigender Prosperität der Mittelschichten, aber auch mit Krisen in Landwirtschaft und Industrie sowie Massenstreiks und politischen Kontroversen um die Außenpolitik der damals noch jungen Weltmacht brachten ein Bedürfnis nach umfassender Information über die neuen Entwicklungen hervor. Die Medien hatten zwar seit der Wende zum 20. Jahrhundert mit der Erfindung des Telegrafen, des die Zeitungsproduktion beschleunigenden Rotationsdrucks und der Entstehung von Radio und Film einen gewaltigen Aufschwung genommen. Doch für Leser, Hörer und Zuschauer entstand jetzt ein Problem: Wie sollten sie mit der Fülle der Informationen fertigwerden?[2]
Damit schlug die Stunde von *Time*. Seine Gründer, Henry R. Luce und Briton Hadden, wollten den Konsumenten von Nachrichten bei der Lösung dieser Aufgabe behilflich sein. Jede Woche brachte die neue Zeitschrift eine Auswahl der wichtigsten Informationen aus Politik, Wirtschaft sowie dem sozialen und kulturellen Leben vor allem der USA, aber auch des Auslands. Das einzelne Heft war zudem reich illustriert und sein Inhalt thematisch in Sparten aufgeteilt, damit der Leser schnell fand, was er suchte. Zur Erleichterung der Lektüre bereitete *Time* die Informationen unterhaltsam auf, indem die Redaktion sich die Techniken des schon im 19. Jahrhundert von der Massenpresse entwickelten und auf die menschlichen Aspekte des Nachrichtengeschehens konzentrierten ‚human interest'-Journalismus[3] zunutze machte. Die Zeitschrift personalisierte das Geschehen und präsentierte es in erzählerisch gehaltenen Texten, den sogenannten ‚news stories'. Personalisierung und Nachrichtenerzählung weckten die Neugier der Leser und nivellierten außerdem die aufgrund unterschiedlicher Bildungsvoraussetzungen gegebenen Zugangsschranken für die Lektüre der Berichte. Sie wurden zusätzlich mit Interpretationen und Kommentaren zum Geschehen angereichert, wobei die – konservative – politische Tendenz der Zeitschrift nur indirekt, durch Darstellung und sprachliche Form, zum Ausdruck kam.[4] *Time* hat dieses Erscheinungsbild bis heute beibehalten, und zwar mit großem nationalen und internationalen Erfolg, wie die Auflage von insgesamt etwa 5,2 Millionen Exemplaren in vier Ausgaben beweist.[5]
Der *Spiegel*, Prototyp des deutschen Nachrichtenmagazins, ist ursprünglich ein Produkt des angloamerikanischen Journalismus. Als die Alliierten nach dem Zweiten Weltkrieg die Presse in Westdeutschland wieder aufbauten, wollten britische Offiziere auch ein Nachrichtenmagazin einführen und gründeten eine Zeitschrift namens *Diese Woche*, an der ebenfalls deutsche Redakteure arbeiteten. Das neue Blatt blieb nicht lange britisch, son-

dern ging bald in deutsche Hände über. Rudolf Augstein, Miteigentümer und Lizenznehmer, nannte es ab 1947 *Der Spiegel*. Anfänglich hielt sich die Redaktion bei der Gestaltung ihres Magazins noch eng an das amerikanische Vorbild *Time*. Das Nachrichtengeschehen wurde personalisiert, erzählerisch in news stories aufbereitet und in Sparten angeordnet. Die einzelnen Artikel waren, wie bei *Time* üblich, weitgehend uniform und anonym geschrieben sowie durch witzige, ironische Sprache mit indirekten Kommentaren versehen. Als im Lauf der Jahre der Seitenumfang der Hefte zunahm, lockerte die Redaktion das starre Schema der Nachrichtenpräsentation auf. Die Artikel wurden jetzt öfter namentlich gezeichnet, und die Story, bis dahin beherrschende Berichterstattungsform, musste auch anderen journalistischen Genres im Heft wie Reportage und Interview Platz machen. Heute zeigt die Gestaltung des *Spiegel* nur mehr geringe Ähnlichkeit mit *Time*. Anders als die amerikanische Zeitschrift bringt das Blatt keine Auswahl aus den wichtigsten Nachrichten der Woche mehr, sondern setzt diese als bekannt voraus und bietet dafür in erster Linie unbekannte oder schwer zugängliche Hintergrundberichte zum Geschehen. Das Magazin liefert damit neben detaillierender Sekundärinformation vor allem kritische, meist auf eigenen Recherchen beruhende Meinung zu dem, was Tagespresse, Hörfunk und elektronische Medien bereits gemeldet haben.[6] Auch der *Spiegel* wurde mit seinem Konzept des interpretierenden und investigativen, das heißt Missstände aufdeckenden Journalismus zu einer sehr erfolgreichen Zeitschrift. Das zeigt nicht nur die verkaufte Auflage von heute etwa 896 000 Exemplaren pro Woche, sondern auch die Leserschaft von sechs Millionen pro Ausgabe.[7]

## Das Titelbild

Jedes Titelbild des *Spiegel* bezieht sich illustrierend und kommentierend auf die Hauptnachricht eines Heftes. Rein dokumentarische Fotos wie bei einer Illustrierten mit einer Person der Zeitgeschichte oder einem wichtigen Ereignis (beispielsweise einer technischen Neuerung, einer naturwissenschaftlichen Entdeckung, einem Unglück) sind beim *Spiegel* selten. Meist finden sich auf der Titelseite kunstvoll gestaltete Bilder mit Personen, Szenen oder Gegenständen, die aus zeichnerischen oder fotografischen Elementen zum Nachrichtenthema nach Art einer Montage zusammengestellt sind und damit verschiedene, ineinander verschachtelte Aussagedimensionen enthalten. Dazu kommt, dass das *Spiegel*-Titelbild nie bloß Bild ist, sondern aufgrund von eingefügten Schriftzeilen ein komplexes Bild-Schrift-Konglomerat darstellt, das Information, Unterhaltung und Meinung des Blatts dem Leser schon beim ersten Blickkontakt vermitteln will.[8]

Journalistisch gesehen repräsentiert das Titelbild neben der Titelstory den Aufmacher eines *Spiegel*-Heftes. „Aufmachung" ist, so notiert *Der Große Brockhaus* von 1929, „[...] im Handel die Art und Weise, wie eine Ware zum Verkauf zurechtgerichtet wird, die Ausstattung und Verpackung, die tunlichst dem Geschmack und den Wünschen der Käufer angepasst sein müssen. Die folgerichtige Durchführung der Aufmachung führt zu dem Markenartikel."[9]

Da ein großer Teil der wöchentlichen *Spiegel*-Auflage nicht an die Abonnenten geht, sondern von jedem Montag an neu an den Kiosken verkauft werden muss, heißt „aufmachen" beim *Spiegel* also „Aufmerksamkeit erregen" für die wichtigste Nachricht im Heft und zugleich „Kaufanreize setzen" nach dem Publikumsgeschmack.

Damit sind die Bedingungen beschrieben, unter denen die Titelbild-Rhetorik des *Spiegel* wirken muss, soll das Magazin seine publizistischen und ökonomischen Ziele erreichen. „Die Bildrhetorik", schreibt Joachim Knape, „ist in semiotischer Hinsicht auf Bildtexte, in pragmatischer Hinsicht auf den erfolgsorientierten kommunikativen Gebrauch solcher Bildtexte bezogen."[10] Bilder bestehen aus Zeichen, die zu Bildtexten zusammengefügt werden.[11]

Nach dem semiotischen Dreieck von Charles Sanders Peirce in der Fassung von Max Bense gibt es drei Dimensionen eines Zeichens: den Mittel-, den Objekt- und den Interpretanten-

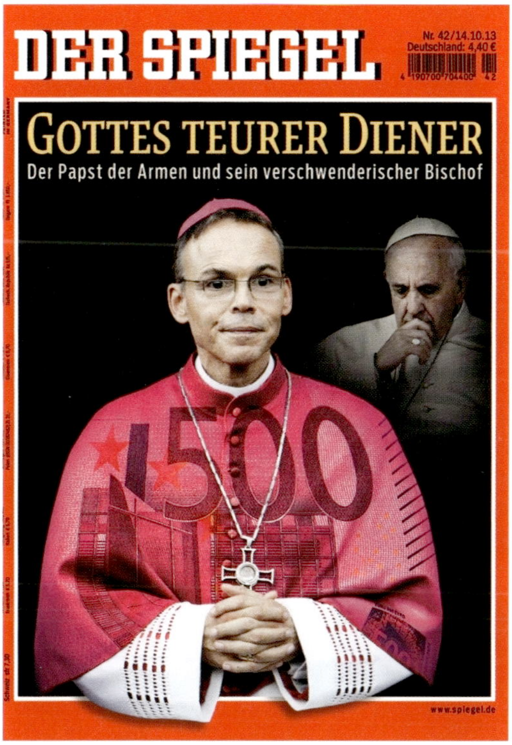


Abb. 1: *Der Spiegel*, Nr. 42, 2013

bezug. Von dieser „triadischen Relation" des Sprachzeichens schreibt Bense: „Als Mittel ist Sprache wesentlich differenzierbares *Material*, als Objektbezug ist sie wesentlich *Darstellung*, und als Interpretant involviert sie *Bedeutung*." Von der ‚triadischen Funktion' her ordnet er dem Mittelbezug die Kommunikation, dem Objektbezug die Realisation und dem Interpretantenbezug die Kodierung zu.[12] Geht man von einer konzeptuellen Analogie des Sprachzeichens mit dem Bildzeichen aus, gelten die triadischen Aspekte des Sprachzeichens auch für das Bildzeichen. Im konkreten Bild überlagern sich diese Aspekte natürlich, wobei die Rhetorik im Interpretantenbezug zu dechiffrieren ist.

Im Folgenden soll nun die ‚Aufmacher'-Rhetorik des *Spiegel* an einem Beispiel erläutert werden, und zwar anhand des Titelbilds zur Nachrichten-Story über den Limburger Bischof Franz-Peter Tebartz-van Elst (Abb. 1).[13] Im Vordergrund steht der Bischof freundlich lächelnd mit Brustkreuz und gefalteten Händen, gekleidet in einen kostbaren Bischofsornat, auf dessen Stoff zwei 500-Euro-Scheine kopiert sind. Im Hintergrund ist Papst Franziskus sichtbar, den Kopf gesenkt und mit ernster Miene, die Hand nachdenklich zum Mund geführt. Die Schlagzeile oben auf dem Bild lautet: „Gottes teurer Diener"; sie ist gelb unterlegt. Darunter steht: „Der Papst der Armen und sein verschwenderischer Bischof". Die Unterzeile formuliert die Hauptnachricht dieses *Spiegel*-Heftes, das montierte Bild veranschaulicht und kommentiert sie. Bischof und Papst sind als Gegenspieler positioniert, wobei die nachdenkliche Haltung des letzteren dem von der Nachrichtenlage her vorinformierten Leser wie eine missbilligende Geste gegenüber dem Treiben des Limburgers erscheint. Das Bild führt dem Betrachter damit schon auf den ersten Blick vor Augen, worum es in der Berichterstattung gehen wird. Verstärkt wird diese Bildaussage durch das Wortspiel „Gottes teurer [statt „treuer"] Diener" in der gelben Oberzeile, die damit unmissverständlich den kritischen Ton der Nachrichten-Story im Heft vorwegnimmt. Vom Objektbezug her präsentieren die Bildzeichen Bischof und Papst, Geldschein und Haltung der Protagonisten die Themen der Story, vom Interpretantenbezug her codieren sie die rhetorischen Wirkungselemente dieses Bildes: die Antithese der Positionen, die Anspielung auf die existierenden Vormeinungen, die ironisch-kritische Einstellung des *Spiegel* gegenüber der Hauptperson, gestaltet als Veranschaulichung, ‚evidentia', einer exemplarischen Situation in der katholischen Kirche.[14] Insgesamt gesehen wird durch diese Kombination von Information und Unterhaltung der Bischof abgewertet, der Papst aber aufgewertet, womit das Nachrichtenmagazin den Leser von seiner, der *Spiegel*-Meinung überzeugen will. Vom Objektbezug her kann dieses Bild übrigens nicht nur als ‚ikonisch', also abbildend, sondern auch als ‚indexikalisch', also anzeigend, eingestuft werden, insofern es über sich hinaus auf die Titelstory im Heftinneren verweist.[15]

Die so vorgeschlagene Methode zur Dechiffrierung des rhetorischen Codes der *Spiegel*-

Abb. 2: *Der Spiegel,* Nr. 30, 2008

Abb. 3: *Der Spiegel,* Nr. 40, 2013

Titelbilder lässt sich auch auf andere Hefte anwenden. Ist das Bild zur Tebartz-Story vom Interpretantenbezug her vor allem antithetisch codiert, so jenes der Obama-Story[16] (Abb. 2) metonymisch und hyperbolisch. Objektbezug ist hier „Barack Obamas Auftritt in Berlin" im Juli 2008, wie die Nachrichtenzeile verrät. Der Besucher aus dem fernen Amerika wird in Deutschland damals als aussichtsreicher Kandidat für die Präsidentschaft vorgestellt; er partizipiert[17] gewissermaßen schon vom Nimbus dieses Amtes, wie die hymnische Oberzeile „Deutschland trifft den Superstar" verrät. Doch ist die hyperbolische Überhöhung[18] des Kandidaten auch wiederum nur mit einem Augenzwinkern angedeutet und nicht so ernst gemeint; das zeigt die Anspielung auf eine populäre Fernsehsendung („Deutschland sucht den Superstar") darin. Das *Spiegel*-Titelbild des Heftes kurz nach der Bundestagswahl 2013 mit der Nachrichtenzeile „Die Steuerpläne von CDU und SPD"[19] (Abb. 3) ist metaphorisch codiert. Die Parteivorsitzenden Gabriel und Merkel, im Begriff, den Koalitionsvertrag für die neue Regierung auszuhandeln, treten maskiert auf wie Ganoven, die mit dem Ausruf[20] „Geld her", so die Oberzeile, den Steuerzahler schröpfen wollen. Das Titelbild mit dem VW-Golf als Hai[21] (Abb. 4) trägt die Oberzeile „Die Attacke" und personifiziert[22] die aggressive Verkaufsstrategie eines bekannten Unternehmens der deutschen Autobranche, das sich nach der Unterzeile „Wie der VW-Konzern die Welt erobert" anschickt, alle Konkurrenten zu überrunden. Der Hai ist zwar ein Tier, aber seine Eigenschaft als Raubfisch macht ihn zur vergleichenden Metapher für ein menschliches Verhalten, das andere bedroht und ihnen schadet. Zugleich präsentiert er eine Firma, also ein unbelebtes Ding, wie eine menschliche Person, die unmoralisch handelt. Das Titelbild äußert zwar eine Missbilligung des Konzerns und seiner Strategie, was aber durch

Abb. 4: *Der Spiegel*, Nr. 34, 2013

das übertrieben breit gezeichnete Haifischmaul eher schmunzelnd, also unterhaltsam gemeint ist. Dieselbe Art der abwertenden Haltung nimmt der *Spiegel* gegenüber den Politikern Gabriel und Merkel ein, nur Obama wird aufgewertet.

## Aufbau und Sprache der Titelstory

Die zum Titelbild gehörende Story im *Spiegel* ist eine Textgattung, die alle das Aufmacher-Thema betreffenden Nachrichten in erzählender Form darbietet. Man kann die *Spiegel*-Story als ‚literarisierte Zweckform' bezeichnen, denn veranschaulichende Personendarstellung und Handlungsgeschehen verleihen ihr zwar Elemente einer Reportage, aber zugleich enthält sie die Daten und Fakten eines nüchternen Berichts. Die Nachrichten-Story kennt also keine zweckfreie ästhetische Durcharbeitung von Form und Inhalt zur Erschaffung einer eigenen poetischen ‚Welt' wie die Kunstliteratur. Sie arbeitet auch nicht mit realitätsfremden Fiktionen, sondern ist an die Grenze des wirklichen Geschehens gebunden.[23] Rhetorisch gesehen nimmt die Titelstory die publizistischen Ziele von Information, Unterhaltung und Kommentierung, die schon die Gestaltung des Titelbildes bestimmt haben, wieder auf und realisiert sie in Aufbau und Sprachgebung[24] des Textes, wie jetzt anhand der Tebartz-Geschichte gezeigt werden soll. Die Hauptüberschrift „Das Lügen-Gebäude" wiederholt die unterhaltende und kommentierende Tendenz der Oberzeile des Titelbildes, insofern es nicht nur um den laxen Umgang des Bischofs mit der Wahrheit geht, sondern in einem doppelsinnigen Wortspiel „Lügengebäude" – „Gebäude der Lügen" auch um die von ihm verschleierten Kosten bei der Renovierung seiner Residenz. Die Zwischenüberschrift vor dem Haupttext, beginnend mit „Armut oder Prunksucht", resümiert kurz und sachlich die Kontroverse zwischen Bischof und Papst über die wahre Aufgabe der Kirche. Die nun folgende Story-Einleitung, die den Leser schon mit den ersten Zeilen fesseln und zum Weiterlesen motivieren soll, spricht von „kraftvoll läutenden Glocken" und einem „schönen Sommertag", als „Bischof Franz-Peter [...] über den Limburger Domplatz auf seine neue, im Bau befindliche Residenz zugeht." „So beginnt im Sommer 2012 eine Begegnung" heißt es wenig später, „die seit Monaten die Hamburger Staatsanwaltschaft beschäftigt".[25] Damit folgt auf die einleitende Erzählung schon bald die erste Nachricht, und zwar die Information, dass Tebartz einem *Spiegel*-Redakteur auf eben diesem Domplatz ein brisantes Interview über seinen Flug nach Indien gab. Die anschließenden Teile der Story beschäftigen sich mit den verschiedensten Meldungen, darunter dem Problem einer Kontrolle der kirchlichen Finanzen, der Einstellung des neuen Papstes zum Geld und der Meinung des Vorsitzenden der deutschen Bischofskonferenz, Zollitsch, zur Affäre. Dann wird ein Rückblick auf den vielversprechenden Karrierebeginn des Bischofs eingeschoben, garniert mit einem erzählerischen Einsprengsel zu seiner Amtseinführung in Limburg, damit die Aufmerksamkeit des Lesers bei all den Nachrichten auch nicht erlahmt: „[Der neue Bischof,] ein für Kirchenverhältnisse blutjunger, konservativer Shootingstar", „steht noch etwas schüchtern im gleißenden Scheinwerferlicht, das Fernsehen ist da, die Luft voller Weihrauch [...]."[26] Danach geht es weiter mit der Verwaltung des Kirchenschatzes im Bistum, mit der skeptischen Resonanz auf den Reformkurs des Papstes, mit dem Lebensstil der deutschen Bischöfe und zuletzt wieder mit Tebartz-van Elst. „Der Bischof verließ am Freitagmorgen in seiner schwarzen Dienstlimousine Limburg mit unbekanntem Ziel", heißt es am Schluss, womit beim Leser eine spannungsvolle Erwartung über den Fortgang des Skandals aufgebaut und seinen Vermutungen über Rücktritt oder Entlassung des Delinquenten Raum gelassen wird.[27] Aufbau und Sprache der Titelstory des *Spiegel* verbinden so die rhetorischen Wirkungsprinzipien der Belehrung (‚docere') und Unterhaltung (‚delectare'), wobei besonders in der Überschrift und den erzählenden Passagen rhetorische Figuren wie etwa Wortspiele, schmückende Adjektive und Namensersetzungen („blutjunger, konservativer Shootingstar")[28] vorkommen. Unterhaltung und kritische Kommentierung verbinden sich in der *Spiegel*-Sprache[29] oft ununterscheidbar, wobei vielfach gerade die Kritik nach Art einer Satire zum Movens der Unterhaltung gemacht wird.

## Politische Wirkungsabsicht als Voraussetzung der publizistischen Wirkungstechnik

Die Aufmachung von Titelbild und Titelstory des *Spiegel* kann man nicht ohne Berücksichtigung der publizistischen Wirkungsabsicht dieses Blatts verstehen. Sie geht zurück auf die Rolle der jungen Zeitschrift in den ersten Jahren nach dem Zweiten Weltkrieg, als der *Spiegel* ungeschminkt über die Notlage der deutschen Bevölkerung berichtete und dabei auch offenen Tadel an der Politik der Besatzungsmächte nicht scheute. Augstein sagte 1954 in einem Vortrag, der *Spiegel* habe es damals für eine Ehre gehalten, von „Le Monde" als „das Blatt des militanten Nonkonformismus" bezeichnet worden zu sein. „[Es] wollte hart an die Tatsachen herangehen und zeigen, was ist. [...] Kehrseiten sollten beleuchtet, politische Illusionen zum Platzen gebracht werden. Der *Spiegel* wollte nicht umerziehen, sondern er wollte die Leser informieren, und er war der Meinung, dass Information Erziehung bedeute [...]."[30] Damals umriss Augstein die politische Rolle seines Blatts folgendermaßen: „Einzig durch das Medium der Presse kann die öffentliche Meinung noch an die regierenden Körperschaften heran, durch das Medium der Presse kann sie als öffentliches Gewissen funktionieren und allein dadurch, dass sie bei Gefahr eine Stimme hat, eine verhütende Kontrolle ausüben."[31] Kritisch verhielt sich der *Spiegel* besonders gegenüber Personen, die große politische, wirtschaftliche oder institutionelle Macht besaßen. Das führte in der Adenauer-Zeit zu ständigen Reibereien mit der CDU-geführten Bundesregierung, vor allem mit dem damaligen Verteidigungsminister Franz-Josef Strauß, und kulminierte schließlich in der *Spiegel*-Affäre aus dem Jahr 1962, als Herausgeber und leitende Redakteure verhaftet und die Redaktion besetzt wurde. Doch spätestens als die Zeitschrift diese Affäre unbeschadet überstanden hatte, wurde sie zu einem Garanten der Demokratie in der alten Bundesrepublik. Problematisch war und ist allerdings das Verfahren, Nachricht und Kommentar durch Aufmachung und Sprachgebung zu vermischen, was nicht zuletzt durch den Unterhaltungswert zwar große publizistische Wirkung hervorbringt, dem Leser aber oft kaum die Möglichkeit bietet, zwischen Information und Meinung zu unterscheiden. Heute nimmt der *Spiegel* nicht mehr die dominante Position in der Öffentlichkeit ein wie früher. Seit der Gründung und erfolgreichen Etablierung des Konkurrenzblatts *Focus* im Jahr 1993 hat er seine Monopolstellung als Nachrichtenmagazin verloren und an Auflage eingebüßt.[32] Dazu macht ihm wie anderen Zeitungen und Zeitschriften auch der wachsende Einfluss des Internets zu schaffen, was zu einem Rückgang der Profitabilität insbesondere durch geringere Anzeigenerlöse führt und damit die Basis für einen qualitativ hochwertigen Journalismus schmälert. Der *Spiegel*-Verlag hat deshalb vor einigen Jahren das Internet-Magazin *Spiegel-Online* ins Leben gerufen, das mit ähnlicher Nachrichtenaufmachung wie das gedruckte Magazin arbeitet und gleichfalls sehr erfolgreich ist. Die von der *Spiegel*-Redaktion praktizierte Art des investigativen Journalismus mit Hintergrundrecherche bleibt trotz aller Vorbehalten gegenüber der Darstellungsform weiterhin wichtig für die demokratische Öffentlichkeit in der Bundesrepublik Deutschland.

1 Ich beziehe mich bei der folgenden Analyse vor allem auf meine Dissertation: Personendarstellung im *Spiegel*, erläutert an Titel-Stories aus der Zeit der Großen Koalition, Tübingen 1983.

2 Vgl. Hans R. Guggisberg: Geschichte der USA in zwei Bänden, Stuttgart 1975, Bd. 2, S. 175–196; Uwe Magnus: ‚*Time*' und ‚*Newsweek*'. Darstellung und Analyse, Hannover 1967, S. 20.

3 Helen MacGill: News and the Human Interest Story, New York 1968 (Reprint der Ausgabe Chicago 1940).

4 Magnus 1967, S. 63–65, 72, 80–84.

5 Quelle: Wikipedia zu „Time" (27.1.2014).

6 Dieter Just: *Der Spiegel*. Arbeitsweise, Inhalt, Wirkung, Hannover 1967, S. 14, 19, 63–65, 121–123, 143–145

7 Quelle: www.spiegel-qc.de/medien/print/der-spiegel vom 23.1.2014.

8 Vgl. Just 1967 zu den frühen Titelbildern des *Spiegel*, hier S. 97–98.

9 Der Große Brockhaus. Handbuch des Wissens in zwanzig Bänden. Zweiter Band: Asu-Bla, Leipzig 1929, S. 61.

10 Joachim Knape: Bildrhetorik. Einführung in die Beiträge des Bandes, in: Ders. (Hg.): Bildrhetorik, Baden-Baden 2007, S. 14.

11 Knape 2007, S. 12. Bildzeichen sind sprachlich identifizierbare Bildelemente. Vgl. auch Joachim Knape: Bildtextualität, Narrativik und Pathosformel. Überlegungen zur Bildrhetorik, in: Petra Schöner, Gert Hübner (Hg.): Artium coniunctio. Kulturwissenschaft und Frühneuzeitforschung, Baden-Baden 2013, S. 297–299. Ich verstehe unter einem Bildzeichen nicht nur mikrostrukturell die einzelnen Bildelemente, sondern auch makrostrukturell das gesamte Bild als hybrides oder Superzeichen.

12 Max Bense: Einführung in die informationstheoretische Ästhetik. Grundlegung und Anwendung in der Texttheorie (1969), in: Ders.: Ästhetik und Texttheorie, Bd. 3 der Ausgewählten Schriften, hg. v. Elisabeth Walther, Stuttgart/Weimar 1998, S. 388, vgl. auch S. 261 und 363–364, zum Superzeichen S. 260.

13 Siehe *Der Spiegel*, Nr. 42, 14.10.2013.

14 Zu den rhetorischen Figuren Antithese, Anspielung (allusio), Ironie und evidentia vgl. Heinrich F. Plett: Einführung in die rhetorische Textanalyse, Hamburg [6]1985, S. 27, 47–48, 72, 93–99.

15 Vgl. Bense 1969/1998 zu Index und Werbung, S. 365.

16 Siehe *Der Spiegel*, Nr. 34, 19. 8. 2008.

17 Vgl. Plett 1985 zur Metonymie: „Ersetzung des ‚eigentlichen' durch einen anderen Ausdruck, der zu ihm in einer realen Beziehung steht. ‚Reale Beziehung' heißt: kausaler, räumlicher, zeitlicher Zusammenhang" (S. 77).

18 Plett 1985 zur Hyperbel: S. 76–77.

19 *Der Spiegel*, Nr. 40, 30. 9. 2013.

20 Plett 1985 zum Ausruf (exclamatio), S. 65–66.

21 Siehe *Der Spiegel*, Nr. 34, 19. 8. 2013.

22 Plett 1985 zur Personifizierung (fictio personae), S. 67. Die rhetorische Personifizierung (Verlebendigung) eines Sachverhalts durch Vermenschlichung ist zu unterscheiden von der medienspezifischen Darstellungsmethode der Personalisierung, die ein nachrichtliches Geschehen an das Handeln der beteiligten Personen bindet. Siehe dazu Robling 1983, S. 37–55, 137–138.

23 Vgl. dazu Robling ebd. S. 133-136 sowie Elisabeth Plessen: Fakten und Erfindungen. Zeitgenössische Epik im Grenzgebiet von fiction und nonfiction, München 1971.

24 Zu Aufbau und Sprachgebung der „Spiegel"-Story siehe Robling 1983, S. 118–127, 170–173.

25 Siehe *Der Spiegel*, Nr. 42, 14. 10. 2013, S. 65, Sp. 2.

26 *Der Spiegel*, Nr. 42, 14. 10. 2013, S. 67, Sp. 1.

27 *Der Spiegel*, Nr. 42, 14. 10. 2013, S. 70, Sp. 3.

28 Plett 1985 zum Wortspiel (annominatio), S. 38–39 und zur Namensersetzung (antonomasia) S. 73–74; siehe außerdem Heinrich Lausberg: Elemente der literarischen Rhetorik, München 31967 zum schmückenden Adjektiv (epitheton ornans), S. 100 sowie zu docere und delectare S. 34–35.

29 Zur *Spiegel*-Sprache siehe auch Just 1967, Kap. VIII, sowie Broder Carstensen: *Spiegel*-Wörter, *Spiegel*-Worte: zur Sprache eines deutschen Nachrichtenmagazins, München 1971.

30 Rudolf Augstein: Rede über den *Spiegel* von 1954. Vervielfältigtes Manuskript, *Spiegel*-Verlag, Hamburg, S. 6.

31 Rudolf Augstein: Rede über den *Spiegel* von 1953. Vervielfältigtes Manuskript, *Spiegel*-Verlag, Hamburg, S. 13–14.

32 Nach der in Anmerkung 7 genannten Quelle hat *Focus* eine Druckauflage von etwa 531 000 Exemplaren pro Woche. 1993 verkaufte der *Spiegel* im Durchschnitt noch 1 109 033 Exemplare pro Woche. Quelle: *Der Spiegel*. Allgemeine Informationen, Ausgabe 1994.

Silke Fürst

# Die Empfänger als Aufmacher.
# *Spiegel*-Bilder des Medienpublikums

Mit seinen Aufmachern etablierte sich das Nachrichtenmagazin *Der Spiegel* zu einer „publizistischen Institution", die die „bundesdeutsche (Nachkriegs-)Geschichte aufs tiefste geprägt hat".[1] Die Titelgeschichte wurde zum Markenzeichen des *Spiegel*: mit einem markanten Aufhänger, einer Pointe sowie mit ausgeprägter Metaphorik und rhetorischen Stilmitteln setzt sie Themen, die die öffentliche Debatte prägen.[2] Auf diese Weise hat sich das Blatt zu einem Leitmedium entwickelt, das nicht nur über eine hohe Reichweite bei den Lesern verfügt, sondern auch von Journalisten stark wahrgenommen und häufig zitiert wird.[3] Das Nachrichtenmagazin gilt zugleich als wichtige Instanz der Medienberichterstattung.[4] In einem eigenen Medienressort berichtet der *Spiegel* regelmäßig über Angebote und Angebotsstrukturen in Rundfunk, Presse und Onlinemedien. Seit den 1970er Jahren rückt das Blatt zunehmend Diskussionen um neue Medien in den Fokus seiner Berichterstattung. Auf den Titelseiten wird beispielsweise plakativ gefragt, ob Kinder durch das Fernsehen „gefährliche[n] Bilder[n]" ausgesetzt werden (Nr. 4, 1972) und ob das Internet „doof" macht (Nr. 33, 2008). Auf diese Weise werden die Empfänger der Massenkommunikation selbst zum Thema gemacht. Die Leser des *Spiegel* bekommen vor Augen geführt, wie weite Teile der Bevölkerung die Medien nutzen und wie sie dadurch beeinflusst werden. Da es sich beim Publikum der Massenmedien um räumlich verstreute Nutzer handelt, die sich gegenseitig allenfalls begrenzt wahrnehmen können, sind diese Informationen ebenso bedeutsam wie schwer zugänglich.

Selbst die wissenschaftliche Kommunikationsforschung, die sich mit Fragen nach der Nutzung und Wirkung von Medien in unzähligen Studien beschäftigt hat, hat hierzu noch immer keine verallgemeinerbaren Antworten gefunden. Stattdessen wird inzwischen anerkannt, dass das Publikum in seinem Verhalten nicht ganzheitlich erfasst werden kann und stets eine Konstruktion ist.[5] Statt abstrakt von ‚dem' Verhalten des Publikums zu sprechen, kann die Forschung adäquater das unterschiedliche Verhalten verschiedener Nutzer und Nutzertypen beschreiben. Für den öffentlichen Diskurs ginge damit aber die Möglichkeit verloren, gesellschaftsweite Probleme und Entwicklungen zu stilisieren.

Damit rückt die Frage in den Fokus, wie in der journalistischen Berichterstattung das mangelnde Wissen über ‚das' Publikum überbrückt wird und mit welchen rhetorischen Mitteln und Visualisierungsstrategien eine lebendige Vorstellung vom Publikum vermittelt wird.

Es geht also um Fragen der Evidenz und um Mittel der Evidenzerzeugung. Vorliegende Studien zeigen, dass die Berichte des *Spiegel* bestimmten Deutungs- und Evidenzmustern folgen, die für die Diskussion über Massenmedien typisch sind.[6] In diesem Beitrag stehen die Titelcover des *Spiegel* im Mittelpunkt der Analyse. Untersucht werden ausgewählte Ausgaben seit dem ersten Erscheinen des *Spiegel* (1947) bis heute (Frühjahr 2014).

## Die Evidenz des Publikums

Betrachtet man die Evolution der Massenmedien, so ist das 20. Jahrhundert durch eine rasante Entwicklung gekennzeichnet.[7] Zum einen tritt eine Vielzahl neuer Medientypen hinzu, zum anderen steigt insgesamt die Men-

| Evidenz-Strategie Publikumskonstruktion | Komplexitäts-reduktion | Beispiel |
|---|---|---|
| **Exemplifizierung** Typisierung durch ausgewählte Nutzer | Vernachlässigung der Diversität von Nutzern und Nutzungsverhalten | „Wie Facebook uns süchtig macht. Katharina (17) aus Hamburg ist rund um die Uhr in dem Netzwerk. Sie sagt: Ich könnte niemals darauf verzichten." (Titelseite der *Hamburger Morgenpost* vom 14.2.2012) |
| **Quantifizierung** Messung von quantitativer Nutzung (Einschalten; Anklicken; Kaufen) | Vernachlässigung von Nutzungskontexten, Intensitäten, Interpretationen und Bewertungen | „Jahresbestwert: 11,3 Millionen Zuschauer sahen Köln-‚Tatort'. [...] Der medienwirksame ‚Tatort' mit Til Schweiger war nicht so gut angekommen. Schweiger hatte mit seinem Auftritt nur eine Quote von 10,12 Millionen Zuschauern erreicht." (Spiegel Online vom 24.3.2014) |
| **Generalisierung** Konstruktion einer All-Inklusion | Ausblenden der Nichtnutzer und Übersteigerung der Nutzung, Vernachlässigung von Diversität | „‚Über diese Party wird man noch lange reden'. Ja gesagt haben Tina Turner und Erwin Bach bereits vor einer Woche. Jetzt sieht die ganze Welt endlich auch wie. Es war das Ereignis des Sommers." (*Blick am Abend* vom 29.7.2013) |

Tab. 1: Evidenzstrategien zur Sichtbarmachung des Publikums

ge des täglich neuen Informations- und Unterhaltungsangebotes. Beides hat Auswirkungen auf den öffentlichen Diskurs über das Publikum. Denn einerseits entsteht mit der Entwicklung jedes neuen Mediums eine öffentliche Diskussion darüber, wie die Menschen das neue Medium annehmen werden und welchen Einflüssen sie dadurch ausgesetzt sind.[8] Dabei werden stets größere Bildungs- und Partizipationsmöglichkeiten erhofft, aber zugleich auch Suchtpotentiale und eine Trivialisierung der Kultur befürchtet. Andererseits hat die enorme Steigerung des Angebotes auch zur Folge, dass sich das Publikum auf die unterschiedlichsten Kanäle verteilt und sich kaum noch langfristig an bestimmte Angebote bindet. Das Publikum ist also immer weniger greifbar. Für den Medienjournalismus stellt sich damit die Herausforderung, jene Medienangebote zu identifizieren und zu thematisieren, die von gesellschaftlicher Bedeutung sind. Er muss stärker verdeutlichen, warum Nachrichten über bestimmte Medienangebote tatsächlich relevante und interessante Nachrichten sind und warum bestimmte Themen einer Diskussion wert sind.[9] Dies führt dazu, dass das Publikum mit bestimmten Strategien evident, das heißt anschaulich und greifbar, gemacht wird. Wichtige Strategien sind hierbei Exemplifizierungen, Quantifizierungen und Generalisierungen des Publikums. Mit ihrer Hilfe soll ein möglichst bedeutsames Publikum vor Augen geführt und das Interesse der Leser geweckt werden.

Die in der Tabelle dargestellten Beispiele vermitteln den Lesern jeweils eine bestimmte Vorstellung vom Publikum des thematisierten Mediums. Im Fall der Exemplifizierung wird eine Jugendliche als typische Facebook-Nutzerin vor Augen gestellt, die ihre exzessive Nutzung nicht eingrenzen kann. Dieses Exempel wird mit einer Generalisierung verbunden („uns"), wodurch impliziert wird, dass wir am Fall Katharina die gesellschaftlichen Probleme der Facebook-Nutzung ablesen können. Ein Extrembeispiel wird also zur Normalität erklärt, ohne dass das Nutzungsverhalten verschiedener Nutzer einbezogen wird. Das Beispiel zur Quantifizierung zeigt, dass aktuelle Fernsehquoten an anderen Fernsehquoten bemessen werden. Aus der Differenz zwischen den Zahlen wird abgeleitet, wie stark die jeweilige Sendung dem Publikum gefallen hat. Bei der Erhebung von Quoten wird jedoch von Nutzungskontexten und Bewertungen der Nutzer abgesehen. Auf ihrer Basis lassen sich solche Aussagen also kaum treffen. Das Beispiel der Hochzeit von Tina Turner zeigt, wie ein Ereignis durch Generalisierungen des Publikums in seiner Bedeutung aufgewertet wird. Nicht die Prominenz der Braut, sondern die Erregung von weltweiter Aufmerksamkeit wird zum Aufhänger der Berichterstattung gemacht. Der Leser erfährt, dass „man" über dieses Ereignis spricht und bekommt dadurch nahelegt, dass das Lesen dieses Artikels wichtigen Gesprächsstoff liefert. Der Superlativ „die ganze Welt" bekräftigt die uneingeschränkte soziale Relevanz des Ereignisses und ist indes empirisch kaum haltbar. Das verwendete Tempus holt das Ereignis in die Gegenwart. Die Hochzeit hat zwar längst stattgefunden, aber „[j]etzt sieht" die Welt auf dieses Ereignis. Damit wird eine Gleichzeitigkeit von kollektiver Aufmerksamkeit simuliert, die dem Leser ein Gemeinschaftserleben vermitteln soll.

Wie die Forschung zu Mediennutzung und Medienwirkungen zeigt, sind genau diese genannten Punkte wichtige Motive dafür, warum Menschen sich Medien zuwenden.[10] Sie wollen mitreden können und erfahren, was gesellschaftliche Aufmerksamkeit auf sich zieht. Vorstellungen vom Publikum ermöglichen Gemeinschaftsgefühle, erlauben aber auch, sich mit anderen zu vergleichen oder sich in der eigenen Mediennutzung von anderen abzugrenzen. Sie lenken auch die Bewertung von Medienangeboten, aber nicht in vorbestimmter Weise. Die geschilderte Popularität eines Medienangebotes können Nutzer als Indiz für die Qualität des Angebotes lesen oder im Gegenteil als Zeichen eines anspruchslosen Mainstreams bewerten. Damit beeinflusst der Diskurs, der das Mediennutzungsverhalten beschreiben will, also selbst unsere Nutzung und unseren Umgang mit den Medien. Angesichts dieses Einflusspotentials verdienen die Aufmacher des Leitmediums *Spiegel* eine genauere Betrachtung. Sie werden mit Blick auf ihre sprachlichen und visuellen Mittel untersucht und durch den Einbezug der zugehörigen Titelgeschichten kontextualisiert.

## Die Empfänger als Aufmacher

In den ersten Jahrgängen des *Spiegel* finden sich nahezu keine Aufmacher, die das Medienpublikum thematisieren und darstellen. In den 1970er Jahren gewinnt dieses Thema deutlich an Bedeutung und nimmt von da an in seinem Stellenwert kontinuierlich zu. Im Folgenden wird eine Auswahl von 14 Aufmachern vorgestellt, die drei wichtige Themen bilden: a) die Verbreitung und Wirkung des Fernsehens, b) die mediale Gefährdung der Kindheit und schließlich c) die digitalisierte und vernetzte Gesellschaft. Alle Titelcover des *Spiegel* lassen sich online ansehen: http://www.spiegel.de/spiegel/print/.

In den 1970er Jahren werden das Fernsehen und das Fernsehpublikum stark zum Thema gemacht. Mit dem sogenannten ‚Kassetten-Fernsehen' eröffnet sich für die Zuschauer die Möglichkeit, sich von den vorgegebenen Strukturen des Fernsehprogramms lösen und mit zeitlicher Flexibilität Filme anschauen zu können. Der *Spiegel* macht das Kassetten-Fernsehen zu einem Zeitpunkt zum Titelthema, als es sich noch um eine Zukunftsvision handelte (Nr. 30, 1971). Die Leser kennen die neuen Nutzungsmöglichkeiten also noch nicht aus eigener Erfahrung, wodurch der *Spiegel* die Vorstellungen vom Kassetten-Fernsehen in besonderer Weise prägen kann. Der Aufma-

cher zeigt exemplarisch einen jungen Vater mit seinem Sohn, die inmitten eines ‚Meeres' aus Kassetten eng beieinander sitzen und gemeinsam auf den Fernsehbildschirm schauen. Das Video-Schauen wird auf diese Weise in einen familiären Kontext gestellt, zugleich aber auch als eine Männersache dargestellt. Die nicht überschaubare Anzahl der Kassetten symbolisiert die neuen Auswahlmöglichkeiten, indiziert aber auch Überfluss. Diese Deutung wird vom Schriftzug bestärkt: „Kassetten-Fernsehen. Selbstbedienung am Bildschirm". Hiermit werden die neuen Freiheiten hervorgehoben, aber auch eine gewisse Kommerzialisierung angedeutet. Innerhalb der Titelgeschichte werden weitere Nutzungsszenarien entworfen: Bildlich dargestellt wird, wie das Kassetten-Fernsehen die Schulräume erobert und damit neue Bildungsmöglichkeiten eröffnet und wie es einer Dame die Zeit beim Friseur vertreibt und dadurch Teil der Alltagskultur wird. Durch diese exemplarischen Darstellungen werden Nutzungsmuster auf eine Weise zur Anschauung gebracht, als gehörten sie bereits zum selbstverständlichen Alltag.
Kurze Zeit später titelt der *Spiegel* im Kontext der Olympischen Spiele von München: „Olympia. Das totale Fernsehen" (Nr. 36, 1972, siehe Abb. 1). Das Cover zeigt eine Fotomontage, die das Stadion aus der Perspektive der obersten Platzränge zeigt und dabei auf jedem Zuschauerplatz einen Fernsehapparat installiert. Das Stadion selbst ist leer: weder sind Zuschauer vor Ort noch findet auf dem Platz ein Wettkampf statt. Die leeren und medial ausgestatteten Zuschauerplätze symbolisieren die nicht sichtbaren Fernsehzuschauer, die von zu Hause aus das Geschehen verfolgen. Die eingeschalteten Fernsehgeräte übertragen Nahaufnahmen der Wettkampfteilnehmer und zeigen die unterschiedlichen Wettkampfszenen verschiedener Disziplinen damit aus allernächster Nähe. Hierdurch werden die herkömmlichen Vorstellungen von Nähe und Ferne umgekehrt: Nur der Fern-Seher ist wirklich dabei und sieht das Sportereignis im Detail und in allen seinen Facetten. Die Zuschauerschaft der Spiele wird so mit dem Fernsehgerät identifiziert. Die Schlagzeile unterstreicht, dass die Olympischen Spiele zu einem Fernsehereignis geworden sind: sie finden gewissermaßen für und durch die Fernsehübertragung statt.
Diese Generalisierung wird von der Titelgeschichte einleitend aufgegriffen und mit Quantifizierungen vertieft: „Seit Sonnabend guckt ganz Deutschland und die halbe Welt – Olympia hat das größte TV-Publikum aller Zeiten, fast eine halbe Milliarde Menschen." Und weiter: „Dabei sein ist alles – das ist olympische Floskel geblieben. Aber daß alle dabei sind, ist nun Wirklichkeit. Die Spiele einen die Völker: am Bildschirm." (S. 24) Der Bericht verbindet die Fernsehnutzung mit einem Gemeinschaftserlebnis und erzeugt das Gefühl, dass man durch das Fernsehen Teil einer globalen Gemeinschaft werden kann. Die Quoten basieren jedoch nur auf einer kurzen Mindesteinschaltzeit und sind zudem nur grob geschätzt, da die Zuschauermessung in vielen Ländern gar nicht oder in sehr unterschiedli-

Abb. 1: *Der Spiegel*, Nr. 36, 1972

cher Weise durchgeführt wird. *Spiegel*-Lesern, die um diese Problematiken nicht wissen, dürfte das hier geschilderte globale Publikum jedoch hochgradig evident erscheinen. Zusätzlich wird eine nationale Begeisterung vor Augen gestellt: Zahlreiche gesellschaftliche Einrichtungen stellen sich auf die Übertragung der Spiele ein. „Zehntausende von Bundesbürgern" (S. 26) haben auf ihren Urlaub verzichtet, um sich einen Fernseher anschaffen zu können. In den Fernsehfachgeschäften verzeichnete man indes Umsatzrekorde. Mit diesen Schilderungen wird implizit ein Kaufanreiz für alle diejenigen geschaffen, die noch kein eigenes Gerät haben und gewissermaßen auf dem Stand der Zeit sein wollen.
Neben solchen positiven Überzeichnungen stellen die *Spiegel*-Aufmacher das Fernsehen aber auch in ein kritisches Licht. Der Aufmacher „Fernsehen und Gewalt" (Nr. 51, 1977) übt eine deutliche Fernseh- und Programmkritik. Das Cover wird von einem Fernsehgerät ausgefüllt, dessen Bildschirmscheibe von einer Pistole zum Bersten gebracht wird. Sichtbar wird eine Hand, die die Pistole eng umschlossen hält und durch den Bildschirm hindurch unmittelbar auf den Zuschauer richtet. Die Zuschauer selbst werden nicht in das Bild integriert. Der zerbrochene Bildschirm und das Eindringen der Fernsehhandlung in den Zuschauerraum symbolisieren jedoch eine unmittelbare und bedrohliche Wirkung auf die Fernsehzuschauer. In Verbindung mit der plakativen Schlagzeile wird hier in generalisierender Weise die Nutzung und Wirkung des Fernsehens zum Ausdruck gebracht. Die Headline der Titelgeschichte konkretisiert die Betroffenen dieser schädlichen Wirkung: „Fernsehgewalt: ‚Leidtragende sind die Kinder'" (S. 46). Die Unterzeile weitet die Wirkungspotentiale wiederum auf alle Zuschauer in Deutschland aus und nutzt dabei die Evidenz der Quantifizierung: „127 Minuten täglich sitzt der Durchschnittsdeutsche vor dem Fernsehgerät – Kinder eingeschlossen". Im Nachfolgenden wird berichtet, dass in einer durchschnittlichen Fernsehwoche „80 Leichen" und „200 Verbrechen" gezeigt werden. Die Exaktheit der Zahlen soll offenkundig darüber hinwegtäuschen, dass die Evidenz äußerst lückenhaft ist. Weder wird die Fernsehnutzung der Kinder konkretisiert noch ist mit diesen Zahlen gesagt, welche Angebote der „Durchschnittsdeutsche" nutzt und wie er diese wahrnimmt. Um die besondere Wirkung auf Kinder zu verdeutlichen, wird innerhalb der Titelgeschichte eine Szene gezeigt, in der eine Gruppe von vier Kindern aus geringer Entfernung gebannt auf den Fernsehbildschirm starrt. Diese exemplarische Darstellung wird mit einer quantifizierenden Information verbunden: „Kinder vor dem Bildschirm: 110.000 sehen noch um Mitternacht." (S. 49) Suggeriert wird ein Wissen über die Intensität und den Kontext der Nutzung (ohne elterliche Aufsicht), das faktisch nicht vorhanden ist. Im Weiteren wird die Gewalt in der Gesellschaft durch die Gewalt im Fernsehen erklärt – und Kinder als besonders stark Betroffene dargestellt. Dieser spezifische Topos der medialen Gefährdung der Kindheit wird in den Aufmachern des *Spiegel* regelmäßig zum Thema gemacht und verdient deshalb eine eigene Betrachtung.

## Die mediale Gefährdung der Kindheit

Die schädlichen Medienwirkungen auf Kinder werden bis in die 1980er Jahre hinein vor allem mit dem Fernsehen verbunden. Später treten der Computer im Allgemeinen und das Internet im Speziellen hinzu. Thematisiert wird dann, wie Bildschirmmedien auf die Entwicklung von Kindern einwirken. Die Mediengewalt ist hierbei ein wichtiger Topos.

## Die Verbreitung und Wirkung des Fernsehens

Das zeigt sich besonders deutlich beim Titelcover „Gefährliche Bilder. Fernsehen und Kind" (Nr. 4, 1972, siehe Abb. 2). Gezeigt werden vier Kinder unterschiedlichen Alters und Geschlechts, die exemplarisch die Kindheit repräsentieren und deren Nutzungsweise durch die Schlagzeile „Fernsehen und Kind"

Abb. 2: *Der Spiegel*, Nr. 4, 1972

generalisiert wird. Sie schauen alle auf einen bestimmten Punkt im Raum. Das Fernsehgerät selbst ist nicht im Bild, jedoch stellt die Schlagzeile explizit den Kontext des Fernsehens her. Die Kinder sehen ohne elterliche Aufsicht fern. Ihr Blick ist auf das Geschehen im Fernsehen gerichtet, aber in ihrem Gesicht liegt keine Begeisterung. Der Raum ist dunkel und wird lediglich vom nicht sichtbaren Fernsehgerät beleuchtet. Das mutmaßlich Jüngste der Kinder, dessen Kindlichkeit durch das Festhalten eines Kuscheltiers symbolisiert wird, zeigt mit seiner Handbewegung zu den Augen eine Geste starker Übermüdung. Impliziert wird also nächtliches Fernsehgucken, das pathologische Züge annimmt und die Kinder vom Schlaf abhält. Die sprachlich verkürzte Frage „Gefährliche Bilder?" ist damit eine rhetorische Frage. Der Betrachter des Bildes sieht zwar nicht, was die Kinder sich anschauen. Er bekommt aber durch das nächtliche Fernsehen nahegelegt, dass es sich nicht um kindgerechte Inhalte handelt und dass sich die Fernsehnutzung schädlich auswirkt.

Es handelt sich um einen dramatisierenden Aufmacher, der durch die Inhalte der Titelgeschichte nicht gedeckt wird. Hier werden Statistiken gezeigt, die dafür sprechen, dass der Fernsehkonsum von Kindern ganz überwiegend tagsüber stattfindet und auf kindgerechte Inhalte ausgerichtet ist (S. 37). Der Anteil nächtlichen Fernsehens ist verschwindend gering. Zur Frage, ob die Kinder fokussiert zuschauen oder nicht zeitgleich anderen Beschäftigungen nachgehen und inwieweit die Fernsehnutzung unbeaufsichtigt stattfindet, werden keine Zahlen beigebracht. Der Aufmacher stellt also ein typisches Nutzungsverhalten vor Augen, das gegen das vorliegende Wissen spricht und zudem über unser Wissen hinausgeht.

Ähnlich dramatisierend ist das Titelcover zu „Die süchtigen Kinder. Droge Fernsehen" (Nr. 19, 1989). Hier wird das Sucht- und Gefahrenpotential nicht nur impliziert, sondern mit der Schlagzeile explizit gemacht. Während die Textebene das Nutzungsverhalten generalisiert, wird durch die Bildebene eine exemplarische Evidenz vermittelt. Gezeigt wird ein Kleinkind in einer Wiege, in der ein eingeschaltetes Fernsehgerät untergebracht ist. Dies hat symbolischen Charakter: Das Fernsehen wird dem Kind also sprichwörtlich in die Wiege gelegt, es wird damit sozialisiert und nimmt es gewissermaßen wie die ‚Muttermilch' auf. Der Betrachter des Aufmachers sieht über den Hinterkopf des Kleinkindes hinweg auf den Bildschirm und sieht, was das Kind sieht: eine schreiende Frau in blau getönter Atmosphäre. Das nicht kindgerechte, angsteinflößende Programm wird also zur eigentlichen Außenwelt des Kindes. Wenn es die Augen öffnet und die Welt betrachtet, wird diese Welt vom Fernsehen bestimmt. Die Begriffe „Droge" und „süchtig" unterstreichen, dass sich Kinder anormal entwickeln und hochgradig gefährdet sind. In der Titelgeschichte wird mehrfach betont, dass in Deutschland „bisweilen" 650 000 Kinder im Alter von bis zu 13 Jahren noch um 23 Uhr vor dem Bildschirm sitzen (S. 220). Welche Altersstufen dies genau betrifft,

in welchem Kontext die Nutzung stattfindet und ob dies wirklich die durchschnittliche Nutzung abbildet, kann aus dem Bericht nicht geschlossen werden.
Der Aufmacher „Horror-Video. Blutrausch im Kinderzimmer" (Nr. 11, 1984) greift ebenfalls diese Thematik auf, fokussiert dabei aber in einer generalisierenden Weise die Videonutzung von Kindern. Gezeigt wird ein überproportional großes Monster, das aus dem Bildschirm herausragt und sich auf drei Kinder zubewegt, die sich das Video anschauen. Die Schrift „Horror-Video" ist rot unterlegt und läuft nach unten mit Blutfäden aus. Dies korrespondiert mit dem Begriff „Blutrausch". Die dargestellten Kinder dürften etwa im Alter zwischen sechs und zehn Jahren sein. Das Mädchen hat ihre Haare zu zwei Zöpfen gebunden. Zusammen mit dem Begriff „Kinderzimmer" verkörpert dieses exemplarische Szenario den Kontrast zwischen Unschuld und Kindlichkeit auf der einen Seite und Gewalt und Grausamkeit auf der anderen Seite. Die Unterzeile der Titelgeschichte betont dagegen, dass Horrorfilme „Hits auf dem expandierenden Video-Markt" sind und „vor allem Jugendliche" anziehen. Insofern gibt es auch hier einen Bruch zwischen der Evidenz, die der Aufmacher erzeugt und jener, die dann im Bericht zum Titelthema hergestellt wird.
Mit der gesellschaftlichen Verbreitung des Internets ergeben sich neue Thematisierungsmöglichkeiten einer medialen Gefährdung der Kindheit. Der Aufmacher „Kinder im Netz" stellt zur Frage „Erweitern oder blockieren Computer und Internet den Blick für die Wirklichkeit?" (Nr. 42 / 1999). Hier handelt es sich nicht um eine rhetorische Frage, sondern um das Aufwerfen von zwei potentiellen Wirkungsmöglichkeiten, zu denen die bildliche Darstellung keine näheren Aufschlüsse gibt. Visualisiert wird ein Junge im Alter von etwa zehn bis zwölf Jahren, der sich frei schwebend in einem digitalen Raum bewegt und dabei Tastatur und Computermaus bedient. Diese exemplarische Darstellung verbindet die Internetnutzung also mit einem jungen, männlichen Nutzer, der sich alleine und selbstständig des Internets bedient. Im Unterschied zu den mehrheitlichen Darstellungen der Fernsehwirkungen werden hier nicht konkrete Inhalte als Gefahr dargestellt, sondern die Technik selbst in ihren Einflusspotentialen.
Dies trifft auch auf den Aufmacher „Wie viel Computer und Fernsehen verträgt ein Kind?" (Nr. 20, 2007) zu. Computer und Fernsehen werden als ein gemeinsames Wirkungspotential betrachtet. Thematisiert wird, wie sich die quantitative Nutzung von Bildschirmmedien auf die kindliche Entwicklung auswirkt und ab wann bestimmte Grenzwerte erreicht sind. Auf der Bildebene werden keine näheren Hinweise dazu gegeben. Stattdessen wird exemplarisch eine Überschreitung dieser Grenze visualisiert. Das Cover wird vom Gesicht eines Kindes ausgefüllt, dessen Alter und Geschlecht nicht näher bestimmt werden können. Dieses Kind hat eine blasse Hautfarbe und zeigt dem Betrachter einen fokussierten und weitgehend emotionslosen Blick. Allerdings sind die Augenbrauen angespannt und machen einen aggressiven Eindruck. Die Augenlinsen sind viereckig und enthalten jeweils einen Pfeil (Cursor). Das Kind ist also technisiert: die Medientechnik hat sich gewissermaßen schon in den Körper eingeschrieben. Während es sich bei dieser Darstellung um einen extremen Grenzfall handeln könnte, erklären Schlag- und Unterzeilen der Titelgeschichte diese körperlichen und psychischen Veränderungen in generalisierender Weise zur Normalität: „Aliens im Kinderzimmer. Fernsehen, Gameboy, Computerspiele, Internet: Die modernen Medien verändern die Kindheit" (S. 42).

## Die digitalisierte und vernetzte Gesellschaft

Seit den 1990er Jahren steht überwiegend das Internet im Fokus der Medienberichterstattung des *Spiegel*. Mit dem Aufmacher „Die Welt online. D@s Netz" (Nr. 11, 1996) wird das Internet als bahnbrechende Innovation thematisiert. Auf der Ebene des Textes wird in generalisierender Weise ein globales Publikum vor Augen gestellt („Die Welt online"). Visuell begleitet wird dies durch die Darstellung eines

Computerfensters, in dem ein weithin aus der Sixtinischen Kapelle bekannter Ausschnitt aus Michelangelos Kunstwerk *Die Erschaffung Adams* dargestellt ist. In dieser Szene erweckt Gottvater mit ausgestrecktem Zeigefinger Adam zum Leben. Der Ausschnitt legt in Verbindung mit dem Schriftzug „D@s Netz" nahe, dass es sich beim Internet um einen evolutionären Neuanfang handelt, dem sich kein Mensch entziehen kann. In der Schlag- und Unterzeile der Titelgeschichte wird dies durch Quantifizierungen und Generalisierungen unterstrichen: „Klick in die Zukunft. Unaufhaltsam breitet sich das Internet aus: Mehr als 30 Millionen Menschen weltweit haben Zugang zum globalen Datennetz, und täglich werden es mehr." (S. 66) Ohne Frage sind diese Zahlen mit Blick auf die Weltbevölkerung wenig beeindruckend und sagen überdies nichts über die Qualität der Nutzung aus. Zehn Jahre später wird der freie Fluss der Daten problematisiert, erneut unter Einbindung eines Kunstwerks von Michelangelo. In Verbindung mit der Schlagzeile „Ich im Internet. Wie sich die Menschheit online entblößt" (Nr. 29, 2006) steigt aus dem Globus die Skulptur des *David* empor. Insofern wird das Internet als Kampf gegen den Riesen Goliath assoziiert. Die Figur *David* ist von blauen Datenströmen durchzogen, sein Herz besteht aus einem At-Zeichen. *David* ist bereits durch die Technik transformiert worden und steht stellvertretend für den generalisierenden Ausdruck „die Menschheit". Zugleich steht das Internet für die Gleichzeitigkeit von Individualität („Ich") und Kollektivität („Menschheit"). In der Titelgeschichte wird hervorgehoben, dass „die Nutzer" im Internet selbst ihre Inhalte schaffen und dabei ihre Seele „entblättern" (S. 61). In eine ähnliche thematische Richtung geht der Aufmacher „Die Unersättlichen. Milliarden-Geschäfte mit privaten Daten. Facebook & Co" (Nr. 2, 2011). Unter Adaption des Kunstwerks *Das Gerücht* von A. Paul Weber wird ein Krake dargestellt, der mit seinen Datenleitungen unzählige Nutzer und ihre Daten einfängt und in sich einverleibt. Da kein Nutzer von dem Kraken verschont bleibt, handelt es sich um eine generalisierende Darstellung. Das Internet wird nun mit wirtschaftlichen Großkonzernen verbunden, die ihre Macht kontinuierlich ausweiten. Dies wird zu Beginn der Titelgeschichte mit Quantifizierungen verdeutlicht: „In jeder Sekunde, ticketitack, gewinnt Facebook sechs Mitglieder; am Ende jedes Tages sind, grob geschätzt, wieder eine halbe Million hinzugekommen." Dadurch wird der beständige Zuwachs der Nutzergemeinschaft in die Gegenwart des Lesers geholt und anschaulich gemacht. Nicht die Nutzung selbst und ihre unmittelbare Wirkung werden problematisiert, sondern dass was als langfristige Folge der Internetnutzung entsteht. In diesem Kontext fragt der *Spiegel* nur ein Jahr später: „901 Millionen Menschen gefällt das: Facebook. Warum eigentlich?" (Nr. 19 / 2012). Der insgesamt schlicht gehaltene Aufmacher rückt die Zahl der „901 Millionen Menschen" in den Mittelpunkt. Damit wird nicht nur die schiere Menge der Nutzer vermittelt und eine Exaktheit suggeriert („901"), sondern auch eine positive Bewertung der Nutzer zum Ausdruck gebracht. Hier entsteht die Vorstellung einer ungemein großen und begeisterten Nutzergemeinschaft. Mit diesen Evidenzstrategien werden zwei Probleme verdeckt: Zum einen ist die Haltung der Nutzer zu Facebook nur in Ansätzen bekannt. Zum anderen ist die genaue Benennung der Nutzeranzahl schwierig. Die Angabe von genauen Nutzerzahlen ist eine Marketingstrategie von Facebook selbst, um mit eindrücklichen Zahlen weitere Nutzer anzuziehen und zu einem guten Börseneinstieg beizutragen. Die wichtige Frage danach, wer eigentlich als Facebook-Nutzer gilt, wird dabei ausgespart (wöchentliche / monatliche / jährliche Nutzung oder auch inaktive Profile?). Der Aufmacher stellt aber nicht die Zählung dieser Nutzergemeinschaft zur Frage, sondern die Motive der Nutzung. Hinterfragt wird, warum Nutzer angesichts des problematischen Datenumgangs von Facebook Teil des Netzwerks sind. Die Unterzeile zur Titelgeschichte generalisiert: „Gelingt dem Datensammler-Konzern die freundliche Übernahme einer ganzen Generation?"

Abb. 3: *Der Spiegel*, Nr. 33, 2008

Der *Spiegel* thematisiert darüber hinaus auch die allgemeinen Wirkungspotentiale des Internets und fragt auf dem Titelcover: „Macht das Internet doof? Vernetzt, Verquatscht, Verloren" (Nr. 33, 2008 , siehe Abb. 3). Das Wort „doof" steht im Vordergrund dieser Abbildung; der Schrifttyp wurde dabei analog zum Google-Schriftzeichen gewählt. In Verbindung mit der Darstellung einer Suchmaske ist damit deutlich, dass Google als Repräsentant des Internets symbolisiert wird und für die typische Internetnutzung steht. Im Bild sichtbar sind die Suchbefehle „VERNETZT, VERQUATSCHT, VERLOREN", die bereits eine generalisierende Antwort auf die gestellte Frage liefern. Als Suchoptionen werden dargestellt: „Freunde", „Sex" und „Irgendwas". Der hier nicht sichtbare Nutzer war bereits aktiv und hat auf „Irgendwas" geklickt. Die mit dem Internet einhergehende Utopie einer neuen Informationsgesellschaft und gestärkten Partizipation aller Bürger wird also parodiert.[11] Die Vorstellung einer Informationsvielfalt wird zum Informationsallerlei degradiert, das ablenkt und desorientiert. Die Nutzung ist nicht zielorientiert und mit einem bestimmten Nutzen verbunden, sondern zum Selbstzweck geworden und trägt bereits Züge eines Suchtverhaltens. Dies wird durch die Schlagzeile der Titelgeschichte unterstrichen: „Die Daten-Sucht" (S. 80). Damit wird das vielfältige Verhalten verschiedenster Nutzer auf einen Nenner gebracht und in ähnlicher Weise diskutiert wie vormals das Fernsehen.

## Fazit

Die Aufmacher und Titelgeschichten des *Spiegel* zeigen, dass Medien sich nicht nur selbst an ein Publikum wenden, sondern das Publikum anderer Medien sichtbar machen und gesellschaftliche Medienwirkungen diskutieren. Die Evidenzstrategien der Exemplifizierung, Quantifizierung und Generalisierung des Publikums erweisen sich dabei als zentrale Mittel. Sie werden häufig miteinander kombiniert, um die Evidenz der Aussagen und die Bedeutsamkeit des Themas zu verstärken. Zu diesem Zweck werden die Strategien auch in den Titelgeschichten als Einstieg in das Thema genutzt. Hier spielen Quantifizierungen eine weitaus größere Rolle als auf den Titelcovern. Zahlen zur gesellschaftlichen Mediennutzung werden also selten als direkter Aufmacher gewählt, bilden aber gleichwohl den Hintergrund, vor dem das Thema dann im Detail diskutiert werden kann. Die Entstehung der Zahlen und ihre begrenzte Aussagekraft werden nicht berücksichtigt. Ebenso wenig wird die mangelnde Verallgemeinerbarkeit der Exemplifizierungen einbezogen. Allerdings arbeiten sich die Titelgeschichten häufig an den Generalisierungen ab, die mit dem Aufmacher in den Mittelpunkt gestellt worden sind. Der *Spiegel* erregt so zunächst die Aufmerksamkeit der Leser, um dann in seinen Berichten das Für und Wider solcher Positionen aufrollen zu können. Zum Teil folgen die Aufmacher einer starken Dramatisierung, die mit den Informationen der Titelgeschichte nicht in

Übereinstimmung zu bringen sind. Sie stellen beispielsweise die schädlichen Wirkungen auf Kleinkinder dar, obschon die zugehörigen Berichte dies nicht erhärten können oder andere Nutzergruppen zum Fokus haben.
Die Evidenzstrategien sorgen letztlich dafür, dass die gesellschaftsweite Mediennutzung und die gesellschaftlichen Medienwirkungen überschätzt werden. Sie schließen von der intensiven Nutzung Einzelner auf die intensive Nutzung einer ganzen Gruppe und interpretieren die kurzfristige Wahrnehmung eines Angebots als aufmerksame Nutzung des gesamten Angebotes. Auch gehen sie von allgemeingültigen Nutzungs- und Wirkungsweisen der Medien aus und vernachlässigen dabei Nutzungsunterschiede sowie alle diejenigen, die diese Medien gar nicht oder nur selten nutzen. In der Vielfalt aller vorhandenen Medien und Medienangebote lassen sie einzelne Medien als besonders bedeutsam erscheinen und legen dem Leser dabei zwei unterschiedliche Schlussfolgerungen nahe: Die vor Augen geführte, enorme Mediennutzung ist
a) Zeichen eines starken Sucht- und Gefährdungspotenzials, dem Einhalt geboten werden sollte (Aufruf zur Diätetik).
b) Zeichen eines gesellschaftlichen Trends, der das soziale Leben prägt und zunehmend prägen wird und dem sich keiner entziehen kann (Aufruf zur Teilnahme).
Insofern nehmen *Spiegel*-Bilder des Publikums selbst einen potenziellen Einfluss auf das gesellschaftliche Mediennutzungsverhalten. Sie schaffen eine Evidenz, die Orientierungsmöglichkeiten bietet und Anreize gibt, den eigenen Medienkonsum (und denjenigen der eigenen Kinder) in Teilen zu überdenken und anders auszurichten. Sie prägen Vorstellungen davon, wie andere Menschen die Medien nutzen und liefern Maßstäbe dafür, wie dies bewertet werden kann. Auf diese Weise entstehen sowohl negative als auch positive Vorstellungen von unserer Gesellschaft.
Die vom *Spiegel* beständig neu aufgelegten Evidenzen des Medienpublikums können aber auch dekonstruiert werden. Wenn wir die dahinterstehenden Evidenzstrategien aufdecken und als unzureichend ausweisen, wissen wir zugleich weniger *und* mehr. Dann verlieren wir die Möglichkeit, das Publikum mit wenigen Aussagen auf den Punkt zu bringen und gewinnen die Einsicht, dass das Publikumsverhalten komplexer ist und Medienwirkungen vielfältiger sind.

1 Jürgen Wilke: Leitmedien und Zielgruppenorgane, in: Mediengeschichte der Bundesrepublik Deutschland, Köln, Weimar und Wien 1999, S. 318.

2 Ebd., S. 318 f.

3 Vgl. Ebd., S. 304, 319 f.

4 Vgl. Christine Drentwett: Vom Nachrichtenvermittler zum Nachrichtenthema. Metaberichterstattung bei Medienereignissen, Wiesbaden 2009, S. 26.

5 Vgl. Uwe Hasebrink: Nutzungsforschung, in: Öffentliche Kommunikation. Handbuch Kommunikations- und Medienwissenschaft, Wiesbaden 2003, S. 101–127.

6 Vgl. dazu Irmela Schneider: Passiv und gebildet, aktiv und diszipliniert. Diskurse über das Zuschauen und den Zuschauer, in: Medienkultur der 60er Jahre. Diskursgeschichte der Medien nach 1945, Bd. 2, Wiesbaden 2003, S. 73–97; Irmela Schneider: Das beschirmte Kind. Zur Diskursgeschichte *Kind und Fernsehen*, in: Medienkultur der 70er Jahre. Diskursgeschichte der Medien nach 1945, Bd. 3, Wiesbaden 2004, S. 217–230; Christina Bartz: ‚Das geheimnisvolle Fenster in die Welt geöffnet' – Fernsehen, in: Einführung in die Geschichte der Medien, Paderborn 2004, S. 199–223.

7 Vgl. Klaus Merten: Evolution der Kommunikation, in: Die Wirklichkeit der Medien. Eine Einführung in die Kommunikationswissenschaft, Opladen 1994, S. 141, 150–162; ders.: Einführung in die Kommunikationswissenschaft, Berlin 2007, S. 184–213.

8 Vgl. Albert Kümmel, Leander Scholz, Leander und Eckhard Schumacher: Einführung in die Geschichte der Medien, Paderborn 2004; Patrick Rössler: Between Online Heaven and Cyberhell. The Framing of 'the Internet' by Traditional Media Coverage in Germany, in: New Media and Society, Jg. 3, Heft 1, 2001, S. 49–66.

9 Silke Fürst: Öffentlichkeitsresonanz als Nachrichtenfaktor – Zum Wandel der Nachrichtenselektion, in: Medien Journal, Jg. 37, Heft 2, Thema „Journalismus im Wandel", 2013, S. 4–15.

10 Vgl. Silke Fürst: ‚The audience is the message'. Die journalistische Berichterstattung über Publikumsresonanz, in: Journalismus und (sein) Publikum. Schnittstellen zwischen Journalismusforschung und Rezeptions- und Wirkungsforschung, Wiesbaden 2014, S. 131–149; Tilo Hartmann und Marco Dohle: Publikumsvorstellungen im Rezeptionsprozess, in: Publizistik, Jg. 50, Heft 3, 2005, S. 287–303.

11 Vgl. Philomen Schönhagen: Soziale Kommunikation im Internet. Zur Theorie und Systematik computervermittelter Kommunikation vor dem Hintergrund der Kommunikationsgeschichte, Bern 2004, S. 5–19.

Sabine Brem
und Thomas Thiemeyer

# Spurensuche.
Sammlungen und Archive am
Ludwig-Uhland-Institut
für Empirische Kulturwissenschaft

„Am Sonntag wird ‚getrödelt'" titelte die Jugendzeitschrift *ran* in der Juni-Ausgabe von 1983. Auf dem Cover ist eine Ansammlung alter Gegenstände zu sehen, darunter eine Eisenpfanne, eine Nähmaschine, ein Rattansitzmöbel sowie ein Christbaumständer. Es handelt sich um Alltagsgegenstände, die sich so auch in der Sammlung der Alltagskultur des Ludwig-Uhland-Instituts (LUI) finden könnten. Das klingt zunächst nicht schmeichelhaft, doch die Probe auf's Exempel auf einem Tübinger Flohmarkt verdeutlicht: Viele Gegenstände, die dort angeboten werden, sind auch in der Sammlung des Instituts vorhanden. Dazu gehören Postkarten, Fotos und Dias, Hausrat, technische Geräte, Medaillen und Abzeichen, Wandschmuck, Weihnachtsdekoration, Textilien, Schmuck, Spielzeug, Heftromane und Zeitschriften. Die Liste könnte weiter ergänzt werden; denn wenn es um Alltag geht, sind die ‚Phänomene' vielfältig – auch und vor allem im Bereich der materiellen Kultur. Diese Heterogenität spiegelt sich in der Sammlung der Alltagskultur wider, die aus mehreren Teilsammlungen und Archiven besteht: Neben der Zeitschriftensammlung, die im Rahmen des MAM|MUT-Projektes in den Fokus gerückt wurde, gibt es eine Sammlung von Zeitungsausschnitten und eine von Plakaten, eine Sachkultursammlung und eine Sammlung zur Institutsgeschichte, daneben je ein Bild-, Ton- und Filmarchiv, ein Projektarchiv und ein sogenanntes ‚Erzählarchiv'.[1]

Ein Großteil der Sammlungen und Archive wurde zur Entstehungszeit des Instituts in den 1930er Jahren angelegt. In der Nachkriegszeit wurden – vor dem Hintergrund der inhaltlichen und methodischen Neuausrichtung der Disziplin – die bestehenden

Abb. 1: *ran*, Nr. 6, 1983

Sammlungen ergänzt und neue Sammlungsbereiche eingerichtet. Die heutige Sammlung der Alltagskultur ist somit das Ergebnis einer jahrzehntelangen institutionellen Sammeltätigkeit. Die Folge dieser Sammeltätigkeit sind überbordende Regale und Schränke in mehreren Institutsräumen sowie ordnerweise Listen und Karteien, die einen Überblick über das Gesammelte geben sollen. Wenngleich vieles mittlerweile auch elektronisch erfasst ist, gehört das Aufspüren von Objekten und Beständen nach wie vor zur praktischen

Abb. 2: Ein Teil des Zeitschriftenbestandes vor der Neuordnung

Abb. 3: Ein Teil des Zeitschriftenbestandes nach der Neuordnung

Sammlungsarbeit. Dieser spezifische Aspekt der Sammlungsarbeit wird im Folgenden aufgegriffen, indem zunächst nach Spuren gesucht wird, die die einzelnen Teilsammlungen im Institut hinterlassen haben. Anschließend wird – aus aktuellem Anlass – die Zeitschriftensammlung näher in den Blick genommen. Dabei steht die Suche nach Provenienzen und somit die Frage nach dem Zustandekommen der Sammlung im Vordergrund.

## Der Stellenwert der Sammlung

Das heutige Ludwig-Uhland-Institut für Empirische Kulturwissenschaft wurde 1933 als ‚Seminar für deutsche Volkskunde' gegründet. 1934 stieg das Seminar zum Institut auf. Damit verbunden war der Umzug von der Alten Aula in die bis heute genutzten Räue auf dem Schloss Hohentübingen – in die sogenannte ‚Kalte Herberge' und den Haspelturm.

Letzterer wurde 1935 in erster Linie zum Zweck der Unterbringung der Sammlungen des Instituts um- und ausgebaut. Am Ende der Umbauphase standen für die Aufbewahrung und Präsentation der Sammlungen und der Archive mehr als die Hälfte der im Institut vorhanden Räume und Flure zur Verfügung.[2] Die Sammlungsgegenstände wurden in eigens angefertigten und den räumlichen Gegebenheiten angepassten Vitrinen zur Schau gestellt. Sie waren im Institutsalltag stets präsent. Dass den Sammlungen und den Archiven so viel Platz zur Verfügung gestellt wurde, zeugt von der zentralen Bedeutung dieser beiden Abteilungen innerhalb des neu gegründeten Instituts.[3] Wie andere wissenschaftliche Disziplinen war auch die Volkskunde eng mit der nationalsozialistischen Ideologie verwoben. Als „ausgesprochen völkische Wissenschaft"[4] eignete sie sich jedoch in besonderer Weise dazu, die nationalsozialistische Volkstums- und Deutschtumsideologie ‚wissenschaftlich'

Abb. 4: Von Studierenden ‚dekoriertes' Hausmodell

zu legitimieren. Das Tübinger Institut sollte in diesem Kontext als beispielhafte nationalsozialistische Universitätseinrichtung aufgebaut und eingerichtet werden. Bei der Einrichtung und Ausstattung der Räume wurde streng darauf geachtet, überall „die Linie arteigener Überlieferung" einzuhalten.[5] So adaptiert die damals angefertigte Inneneinrichtung des Instituts historische Stile und Motive. Betrachtet man die – in großen Teilen bis heute erhaltenen – Türen, Geländer und Möbelstücke als fest eingebaute Sammlungsgegenstände, kann berechtigterweise gesagt werden: Das Institut *hatte* keine Sammlung, es *war* eine. Noch deutlicher wird die damals prominente Stellung der Sammlung, wenn man die heutige räumliche Situation betrachtet: Ein Teil der Sammlung wurde mittlerweile in die Außenstelle des Instituts in der Biesinger Straße ausgelagert.[6] Andere Bestände befinden sich dicht zusammengedrängt im Depot im Untergeschoss der ‚Kalten Herberge'.[7] Sieht man einmal von den fest eingebauten Sammlungsgegenständen ab, ist die Sammlung im Institut heute praktisch unsichtbar.

## Das Hausmodell

Nur vereinzelt verweisen Spuren auf die vorhandenen Sammlungen, so etwa das große Hausmodell im Untergeschoss der ‚Kalten Herberge'. Zusammen mit einer Reihe Umzugskartons, die unter dem Modell gelagert werden, scheint es nur auf seinen Abtransport zu warten. Als ernstzunehmender Repräsentationsgegenstand der Sammlung ist das Modell in seiner Umgebung nicht zu erkennen, zumal es von Studierenden mit allerlei Plastikfiguren und Kleinspielzug ‚dekoriert' wurde. Dennoch gehört das Hausmodell zur **Sachkultursammlung** des Instituts. Es wurde 1937 in der institutseigenen Werkstatt für die Sammlung angefertigt. Haus- und Siedlungsforschung gehörte zu den zentralen Forschungsbereichen des Instituts und wurde daher auch in den Sammlungskategorien berücksichtigt. Neben Objekten zu Siedlung und Hausbau sollten insbesondere Gegenstände aus den Bereichen Volkskunst, Brauchtum und Trachten zusammengetragen werden. Das Sammlungsgut aus dem Bereich der Volkskunst umfasste in erster Linie Hafnerkeramiken, Ziergeschirr, Kacheln und Fliesen, Möbel und Hausgerät sowie Tierfiguren. Um Bräuche darzustellen, wurden vor allem Gegenstände gesammelt, die mit Festen und Feierlichkeiten im Jahreslauf in Zusammenhang standen, darunter Nussknacker, Weihnachtspyramiden, Ostereier, Fastnachtsmasken sowie Pfingst- und Erntedankkränze. Trachten machten in der Sammlung der 1930er Jahre trotz der expliziten Sammelabsicht nur einen geringen Anteil aus. Zusammengetragen wurden Einzelteile wie etwa Borten, Gürtel, Hauben und Schäppel. Eine komplette Tracht fand sich jedoch nicht in der Sammlung.

Heute befinden sich nachweislich noch 63 Objekte dieses sogenannten Altbestandes in der Sachkultursammlung.[8] Zwischen 1960 und 2000 wuchs der Bestand der Sachkultursammlung auf 2000 Objekte an. Interessanterweise wurde die Sammlungsstrategie in den ersten beiden Nachkriegsjahrzehnten kaum verändert. Es wurden weiterhin Trachten beziehungsweise Trachtenteile, Keramiken und Fastnachtszubehör gesammelt. Wie schon in der Vorkriegszeit bildete die Sammlung die Basis für Ausstellungen im Institut. Die der Sammlung und den Ausstellungen zugrunde liegende Intention hatte sich jedoch entscheidend gewandelt: In den 1930er Jahren bestimmte die weltanschauliche Ausrichtung der nationalsozialistischen Volkskunde den Inhalt und den Aufbau der Sammlungen und Ausstellungen. Gesammelt und präsentiert wurde vorwiegend, „was der Sichtbarmachung und Erkenntnis der Arteigenheit des deutschen Wesens" diente.[9] Das gesammelte Material wurde nicht kritisch-analytisch infrage gestellt, sondern dokumentarisch-deskriptiv als Beleg für jene ‚Arteigenheit' eingesetzt. In diesem Sinne war Sammeln nicht nur eine Methode, sondern autonome wissenschaftliche Arbeit, die zur Bestätigung einer völkischen Ideologie herangezogen wurde.[10]

Im Gegensatz dazu war für die Institutsausstellungen der 1960er Jahre die kritische Auseinandersetzung mit den Exponaten von zentraler Bedeutung. Für die 1961 im Institut gezeigte Ausstellung „Schwäbisch-Alemannische Fasnacht" stellte Wolfgang Brückner beispielsweise anerkennend fest, dass es „keine einsträhnige Linie, kein Deutungsprogramm, keine These, unter die alle Phänomene geordnet worden wären" gab. Die einzelnen Phänomene seien lediglich nebeneinander dargestellt worden „und waren somit dem kritischen Auge zugänglich gemacht."[11]

Später, in den 1970er und 1980er Jahren, wurde die Sachkultursammlung in erster Linie durch Materialien aus Studienprojekten ergänzt. Diese zwei- bis dreisemestrigen Projekte wurden 1973 eingeführt, um den Studierenden durch die Erarbeitung von Ausstellungen, Buch-Publikationen und anderen medialen Präsentationsformen mehr praxis- beziehungsweise berufsbezogene Kompetenzen zu vermitteln.[12] Im Zuge der Einführung der Studienprojekte entstand am Institut auch ein eigenes **Projektarchiv**, in dem unter anderem Korrespondenz, Zeitungsartikel, Feldforschungsberichte und Interviewmitschriften verwahrt werden.

## Die Dunkelkammer

Setzt man die Suche nach Indizien fort, die auf die vorhandenen Sammlungen im Institut hinweisen, so findet man im Untergeschoss der Kalten Herberge, in einem Gang, der von Studierenden kaum frequentiert wird, eine Rundbogentür, auf der ein Schild mit der Beschriftung „Dunkelkammer" angebracht ist. Das Schild stammt vermutlich noch aus den 1930er Jahren. Durch Hinzufügen eines Tremas ist aus der Dunkelkammer inzwischen die Dünkelkammer geworden.

1935 hatte man mit der Einrichtung der Dunkelkammer begonnen, nachdem ein erster Fotoapparat angeschafft worden war.

Abb. 5: Schild an der Tür der ehemaligen Dunkelkammer

Der Bestand des Bildarchivs wuchs schnell: 1935 besaß das Institut „schon viele Hundert seltener und wertvoller Aufnahmen von volkskundlich wichtigen Erscheinungen aus allen deutschen Landschaften und Stammesgebieten"[13]. 1936 waren es bereits „einige 1.000 wissenschaftlich notwendige Bilder [...] aus allen Zweigen der Volkskunde"[14]. Fotografiert wurden in erster Linie Trachtenfeste und (Fastnachts-)Umzüge. Neben der Dokumentation (reanimierten) Brauchtums galt das fotografische Interesse vor allem den Themen Handwerk und Hausbau. Zwei Drittel der etwa 8000 Fotos und Dias der 1930er Jahre wurden von Institutsmitarbeitern angefertigt. Den Rest kaufte das Institut bei Bildagenturen, in Buchhandlungen, bei Privatleuten oder bei Berufsfotografen an.
Wie die Sachkultursammlung wurde auch das Bildarchiv in den 1960er bis 1990er Jahren erweitert. Neuen Forschungsbereichen entsprechend ergänzte man die klassischen volkskundlichen Sammlungskategorien. So finden sich in der Sammlungssystematik der 1960er Jahre zusätzliche Kategorien wie ‚Tourismus/Fremdenverkehr' und ‚Moderne Tendenzen: Kitsch, Andenken, Reklame'. In den 1980er Jahren kamen zahlreiche Fotos und Kleindias hinzu, die im Rahmen von Studienprojekten entstanden waren. Bei den Aufnahmen handelt es sich in der Regel um Abbildungen von Exponaten und Ausstellungsvitrinen, um Reproduktionen historischer Aufnahmen und um Bilder, die auf Exkursionen und bei Feldforschungen angefertigt wurden. Jüngst sind in das Bildarchiv Fotos vom Depot des Instituts eingegangen – Ab-Bild eines wiederum gewandelten, selbstreflexiven Blicks auf die Sammlung.

## Die Zeitschriftensammlung

Fotos, die im September 2013 aufgenommen wurden, zeigen Holzregale, deren Böden bis auf den letzten Millimeter mit Zeitschriftenbündeln bedeckt sind. Nach Reihentiteln und Erscheinungsjahren geordnet, lagerte die **Zeitschriftensammlung** auf diese Weise jahrzehntelang im Depot. Eine Studentin verglich die Aufbewahrungssituation einmal mit einer Sammelecke für die nächste Altpapier-Abfuhr – kein schmeichelhafter, doch ein treffender Vergleich. Die Aufbewahrungssituation verhinderte die Erschließung des Bestandes und beeinträchtigte die Arbeit mit der Sammlung.

Abb. 6: Sortieraktion im Fünfeckturm durch die MAM|MUT-Mitarbeiter Sabine Brem und Dr. Edgar Bierende

Mittlerweile wurden die Zeitschriften im Rahmen des MAM|MUT-Projektes sortiert, in Archivkartons verpackt und in einer Datenbank ‚Reihen-weise', zum Teil auch einzeln inventarisiert. Eine Überschlagszählung ergab, dass die Sammlung rund 20 000 Zeitschriften aus etwa 500 Reihen umfasst. Warum verfügt das Institut über eine solche Sammlung? Woher kommen die ganzen Zeitschriften? In welchem Rahmen wurden und werden sie genutzt? Wieder heißt es: Spuren suchen.
Die Zeitschriftensammlung gehört im Institut zu einem Sammlungskomplex, der neben den Zeitschriften auch Zeitungen und Heftromane beinhaltet. Zeitungen, genauer Zeitungsausschnitte, wurden im Institut bereits in den 1930er Jahren gesammelt. Der damalige Institutsleiter Gustav Bebermeyer hob diese so genannte **Zeitungsausschnittsammlung** als „besondere Abteilung des Gesamtarchivs" hervor. In diesem Archiv fanden „volkskundliche Aufsätze von Belang, die in den deutschen und ausländischen Tages- und Fachzeitungen erscheinen" ihre Aufnahme.[15] Das Themenspektrum der gesammelten Zeitungsausschnitte war breit: Handwerk und Gewerbe, Haus und Siedlung, Brauchtum im Jahres- und Lebenslauf, Volkskunst, Symbole und Zeichen, Flora und Fauna, Trachten, Nahrung, Volkstanz, Volkslied, Volksschauspiel, Volkssprache und Mundart sowie Sagen und Märchen bildeten den Schwerpunkt. Den größten Teil der Ausschnitte bezog das Institut über ein Berliner Zeitungsausschnittbüro. Zudem wurden auch von Institutsmitarbeitern Zeitungsausschnitte gesammelt.[16] Bis heute sind die Zeitungsausschnitte der 1930er Jahre erhalten und zugänglich.
Nach einer kriegsbedingten Pause in den 1940er Jahren begann man im Institut Mitte der 1950er Jahre erneut mit dem Sammeln von Zeitungsausschnitten. Vorausgegangen war im Wintersemester 1952/53 eine Übung, die „Zeitung und Zeitschrift als volkskundliche

Quelle" in der Lehre thematisiert hatte.[17] Das Sammeln geschah zunächst „privat und regional eingeschränkt" für den volkskundlichen Teil einer geplanten oberschwäbischen Kreisbeschreibung.[18] Von der Mitte der sechziger Jahre an und bis in die achtziger Jahre hinein wurde die Zeitungsausschnittsammlung schließlich systematisch auf- und ausgebaut. Dazu sahen studentische Hilfskräfte regelmäßig eine Reihe von südwestdeutschen Lokalzeitungen durch, mitunter auch überregionale Zeitungen. Kulturwissenschaftlich relevante Artikel wurden ausgeschnitten, aufgeklebt, datiert, mit Ziffern versehen und systematisch geordnet.[19] Martin Scharfe, der damals als wissenschaftlicher Assistent am Institut tätig war, kommt rückblickend zu dem Schluss, dass der Aufbau des Zeitungsausschnittarchivs zum einzig richtigen und auch einzig möglichen Zeitpunkt erfolgte. Er spricht von einer „einmaligen historischen Konstellation". Diese Konstellation sei im Wesentlichen von drei Faktoren beeinflusst gewesen: erstens durch den relativ geringen Umfang des Archivs, der einen Ausbau geradezu provozierte, zweitens die Bereitschaft der Bearbeiter, „Systematisierungs-Last und -Frust" zu erleiden und drittens vor allem der Versuch des Faches, sich theoretisch, methodisch und materiell neu zu orientieren.[20] Damit einher ging ein neues Selbstverständnis der Disziplin als alltagsbezogene, gegenwartsorientierte und empirische Wissenschaft, die die ‚Kultur der breiten Masse' ins Zentrum von Forschung und Lehre stellte.

Vor dem Hintergrund dieser Neuorientierung konnte und wollte das Fach die zunehmende gesellschaftliche Bedeutung der Massenpresse in den 1960er und 1970er Jahren nicht ignorieren. Im Gegenteil: Die Medien- beziehungsweise Massenkommunikationsforschung gehörte in dieser Zeit zu den Forschungsschwerpunkten im Institut.

In den 1960er Jahren war die Medienforschung am Institut noch stark mit der Erzählforschung verbunden und konzentrierte sich auf die inhaltliche und strukturelle Analyse von Heft- und Fortsetzungsromanen. Unter den ersten dreißig Bänden der Publikationsreihe des Instituts befassen sich mehrere mit Unterhaltungsliteratur verschiedenen Zuschnitts, so etwa mit Liebesromanen, Wildwestromanen, Kriegsromanen und Science-Fiction. Die Beschäftigung mit Heftromanen stellte die Forscher jedoch vor ein grundsätzliches Problem: Die Romanhefte waren schwer zu besorgen, da sie weder von Bibliotheken, noch von Antiquariaten gesammelt wurden. Es gab zwar Buchausgaben, doch diese waren relativ teuer. Über Zeitungsaufrufe, wie etwa 1967 im *Steinlach-Boten*[21], kam man an das gewünschte Material. Darüber hinaus behalf man sich mit Zeitschriften, in denen regelmäßig Fortsetzungsromane veröffentlicht wurden, wie etwa die Programmzeitschrift *Hör zu*, die in diesem Kontext zu den ersten gesammelten Zeitschriften des Instituts zählt.[22]

Das Bindeglied zwischen bestehender Zeitungsauschnittsammlung und entstehender Zeitschriftensammlung war die *Bild*-Zeitung. Sie wurde seit Mitte der 1960er Jahre für die Zeitungsausschnittsammlung erworben, jedoch nicht wie die anderen abonnierten Zeitungen zerschnitten, sondern gebündelt „als Kulturdenkmal" aufbewahrt.[23] Mittlerweile besitzt das Institut mehrere hundert *Bild*-Zeitungen, größtenteils aus den 1970er Jahren. Zu Beginn der 1970er Jahre fand die Inhaltsanalyse von Heftromanen auch Eingang in die Lehre. Das Feld wurde vor allen von dem Volkskundler und Literaturwissenschaftler Rudolf Schenda bearbeitet, der von 1962 an am Institut tätig war. Schenda dehnte die Analyse bald auch auf Zeitungen und Zeitschriften und andere mediale Formen aus.[24] Gleichzeitig rückten in der Forschung sozialgeschichtliche und kultursoziologische Fragestellungen stärker in den Vordergrund. Es entstanden zum einen Arbeiten, die Zeitschriften und Zeitungen als Quellen oder Belege für übergeordnete Fragestellungen nutzten und zum anderen solche, die das Medium an sich thematisierten. Margret Tränkle beispielsweise arbeitete für ihre 1972 publizierte Dissertation *Wohnkultur und Wohnwelten* mit den Zeitschriften *zuhause* und *Schöner Wohnen*. Aus Platzgründen entschied sie sich nach der Dissertation, die in den Jahren 1967 bis 1973 erworbenen Exemplare der Zeitschrift *zuhause* an die Sammlung des Instituts abzugeben.[25] Wegwerfen wollte sie die Ausgaben nicht, weil diese „ja doch irgendwo einen Wert besaßen, gerade für die Gegenwartsforschung".[26] Die Tatsache, dass das Institut ohnehin gerade damit begonnen hatte, Zeitungen und Zeitschriften aufzubewahren, bestärkte sie in ihrem Entschluss, die Zeitschriften abzugeben.

Zwei Jahre später, 1974, publizierte der Philologe und Literaturwissenschaftler Horst Neisser seine Dissertation zum Thema *Die Anzeigenwerbung. Ihre Motive und möglichen Wirkungen*. Für seine Analyse griff er auf verschiedene Zeitschriftengenres zurück. Dazu gehörten Nachrichtenmagazine (*Stern, Spiegel, Konkret*) und Wirtschaftsmagazine (*Capital, Manager Magazin*) ebenso wie Frauenzeitschriften (*Jasmin, Für Sie*), Programmzeitschriften (*TV Hören und Sehen*), Jugendzeitschriften (*Bravo, Twen*), Illustrierte (*Quick, Das Neue Blatt*) und Wissenschaftsmagazine (*Bild der Wissenschaft, X-Magazin*) – vorwiegend aus dem Jahr 1971. Nahezu alle verwendeten Zeitschriften sind heute Bestandteil der Zeitschriftensammlung am Ludwig-Uhland-Institut.

Die Zeitschriftensammlung wurde jedoch nicht nur im Rahmen von Qualifikationsarbeiten ergänzt, sondern auch durch Projektseminare und Studienprojekte. Der *Altöttinger Liebfrauenbote*, das *Katholische Sonntagsblatt* und das *Regensburger Bistumsblatt* sind beispielsweise durch das Studienprojekt „Wallfahren heute" (Wintersemester 1983/84 bis 1984/85), das sich mit der Aktualität von Volksfrömmigkeit beschäftigte, in die Sammlung eingegangen.

Mitunter wurden Zeitschriften auch in Folge von Kooperationen mit anderen Hochschulen und Institutionen gesammelt und anschließend archiviert. Das Institut stand in den fünfziger und sechziger Jahren beispielsweise regelmäßig mit Südtiroler Studierenden im Austausch. In dieser Zeit wurde dem Institut vom Kooperationspartner die Zeitschrift der Südtiroler Hochschüler *Der fahrende Skolast* zugesandt. Durch eine etwas weniger ‚offizielle' Kooperation gelangten die DDR-Zeitschriften *Urania* sowie *Film und Fernsehen* in die Sammlung. Zunächst hatte die Bibliothek der Friedrich-Schiller-Universität Jena die Zeitschriften abonniert. Von dort fanden sie ihren Weg ins Institut für Politikwissenschaft in Tübingen und schließlich ins Ludwig-Uhland-Institut. Offenbar war man im LUI stolz auf die Errungenschaft: „Habe ich von den Politologen abgestaubt!", heißt es auf einer Notiz, die an einer Ausgabe der Zeitschrift *Film und Fernsehen* haftet.[27]

Schließlich stellten auch Lehrende gelegentlich ihre privat abonnierten Zeitschriften der Sammlung zur Verfügung, wenn sie annahmen, dass die Zeitschriften dem Institut von Nutzen sein könnten. Von Hermann Bausinger, einem der führenden Köpfe der deutschen Volkskunde der Nachkriegszeit, stammen beispielsweise mehrere Ausgaben des *Nachrichtenblattes der Denkmalpflege in Baden-Württemberg*, vorwiegend aus den sechziger Jahren.

Die Beispiele zeigen, dass bei der Zeitschriftensammlung des Instituts keinesfalls von einer gezielten, systematischen Sammlung die Rede sein kann. Vielmehr handelt es sich um eine ‚An-Sammlung', die in den 1960er bis 1980er Jahren je nach aktuellem Forschungsinteresse sporadisch und fragmentarisch ergänzt wurde.

Darüber hinaus spielte für das Zustandekommen der Sammlung der Zufall eine große Rolle. So hatte Horst Neisser keineswegs geplant, die von ihm untersuchten Zeitschriften für einen längeren Zeitraum aufzubewahren. „Ich wundere mich, dass die Zeitschriften noch vorhanden sind", sagt er heute.[28] Aussagen dieser Art hört man im Rahmen der Provenienzforschung immer wieder. Viele der einstigen Abonnenten erinnern sich auf Nachfrage an ihre Zeitschriftenabonnements; auf die Frage, wie die Zeitschriften in die Sammlung des Instituts gelangt sein könnten, haben die meisten jedoch keine Antwort. Im Gegenteil: Sie sind – wie Horst Neisser – überrascht, dass die Zeitschriften Bestandteil der Sammlung sind. Die Wege, über die die Zeitschriften ins Institut gelangten, sind vielfältig und heute nur noch teilweise rekonstruierbar. In der Re-

gel war eine dauerhafte Übernahme der Zeitschriften in die Sammlung nicht geplant, sie sind mehr oder weniger zufällig dem Bestand hinzugefügt worden. Dazu drei Beispiele:
Auf den älteren in der Sammlung vorhandenen Ausgaben des *Stern* ist Rotraud Haug als Abonnentin genannt. Frau Haug studierte von 1961 bis 1963 unter anderem Volkskunde in Tübingen, danach ging sie in die ‚Babypause'. Die Zeitschriftenausgaben in der Sammlung, die eindeutig ihr zugewiesen werden können, stammen jedoch aus den Jahren 1965 bis 1967, einer Zeit, in der Rotraud Haug selbst keinen Kontakt mehr zum Institut hatte. An dieser Stelle kommt ihr Ehemann, Jörg Haug, ins Spiel. Er studierte von 1962 an ebenfalls Volkskunde in Tübingen und promovierte 1968 bei Hermann Bausinger zum Thema ‚Heimatkunde und Volkskunde'. Jörg Haug erinnert sich, dass das Institut damals noch relativ klein war und es einen regen Austausch zwischen den Studierenden gab. Wahrscheinlich – ganz genau erinnert er sich nicht mehr – hatte er die Zeitschriften mit ins Institut gebracht, um sie seinen Kommilitonen zur Verfügung zu stellen.[29] Offenbar wollte das Ehepaar ursprünglich einige *Stern*-Ausgaben wieder zurück haben, darauf deutet jedenfalls die handschriftliche Notiz „bitte zurück" auf einigen Heften hin. Andere Hefte enthalten die Notiz „nicht zurück". Unabhängig von der jeweils notierten Bitte gelangten alle Hefte in die Sammlung; insbesondere der *Stern*-Bestand wurde in den 1970er und 1980er Jahren gezielt ergänzt und gehört heute zu den größten Beständen der Sammlung.
Die Zeitschrift *Pardon* befindet sich ebenfalls seit Ende der siebziger Jahre in der Sammlung. Sie wurde einst von Monika Tretbar abonniert, die zu dieser Zeit Sozialpädagogik in Tübingen studierte. Monika Tretbar erinnert sich, dass sie im Rahmen ihres Studiums auch Veranstaltungen in der Empirischen Kulturwissenschaft belegt hatte; über welche Wege die Zeitschriften letztlich in die Sammlung des Instituts gelangt sein könnten, ist ihr heute ein Rätsel.[30]
Ebenso wenig wie Monika Tretbar kann Regina Schultze erklären, wie und warum die von ihr abonnierte Zeitschrift *Emma* in die Sammlung gelangt ist. Frau Schultze hatte in den 1980er Jahren Germanistik und Sportwissenschaft in Tübingen studiert. Sie erinnert sich, die Zeitschriften bei einer Tübinger ‚Frauenstelle'[31] abgegeben zu haben, weil sie zu Hause keinen Platz mehr dafür hatte, die Zeitschriften aber auch nicht wegwerfen wollte.[32] Von dort müssen die Zeitschriften, die aus den Jahren 1987 bis 1996 stammen, in die Zeitschriftensammlung des Instituts gelangt sein. Vielleicht wurden sie für ein Seminar gebraucht – Genderforschung war Ende der neunziger Jahre – vertreten durch Ute Bechdolf, Sabine Kienitz und Helga Kotthoff – regelmäßiger Bestandteil des Lehrprogramms.
Als Bestandteil von Nachlässen gelangten weitere Zeitschriften ans Institut. Dazu zählt insbesondere ein Teil der Zeitschriften aus den dreißiger Jahren wie die *Berliner Illustrirte Zeitung*, *Die junge Dame* und der *Stern*, sowie eine Reihe weniger bekannter Kunden- und Kinderzeitschriften, etwa die *Rama-Post vom kleinen Coco*, die *Rama-Post vom lustigen Fips* oder *Der kleine Genossenschafter*. Aus den sechziger Jahren sind mehr als 40 weitere Reihen von Kundenzeitschriften in der Sammlung vorhanden. Zu den größten Beständen gehören *Die freie Stunde für alle Sparer*, die *Reformrundschau* sowie *Die Fleischer-Kundenpost*.
Die Medienforschung spielte am Institut bis Ende der 1980er Jahre eine große Rolle. Bereits Ende der siebziger Jahre hatte das Interesse an den Printmedien zugunsten der Fernsehforschung stark nachgelassen. Damit verlor auch das Sammeln von Zeitschriften an Bedeutung. Nichtsdestotrotz entstanden von den 1980er bis in die 2000er Jahre hinein immer wieder Abschlussarbeiten mit oder über Zeitschriften – auch auf der Basis der Zeitschriftenbestände des Instituts.[33]

## Das vergessene Archiv

Als im Rahmen des MAM|MUT-Projektes damit begonnen worden war, die Zeitschriftenbestände im Depot zu sichten und zu ordnen, erinnerte sich der ehemalige Sammlungsbetreuer, Bernd Jürgen Warneken, an einen weiteren zur Sammlung gehörenden Zeitschriftenbestand: das sogenannte **,Tüte-Archiv'**. Dieses von Institutsmitarbeitern und Studierenden weitgehend vergessene Archiv befindet sich im Fünfeckturm, einem Gebäudeteil des Schlosses, das 1997 dem Institut für die Einrichtung zusätzlicher Büros teilweise zur Verfügung gestellt worden war.
Bei der *Tüte*, genauer den *Tü*binger *Te*rminen, handelt es sich um eine ehemalige Tübinger Stadtzeitung, die von 1980 bis 1992 erschien. Wie andere Stadtzeitungen und -magazine[34] wurde die *Tüte* gegründet, weil die etablierte Presse die Alternativkultur in der Berichterstattung nicht berücksichtigte. Mit der Gründung des Magazins sollte eine Gegenöffentlichkeit geschaffen werden.
Die *Tüte*-Redaktion stand mit anderen Stadt- und Alternativzeitschriften in Kontakt. Im Rahmen eines Schriftentausches wurden die jeweils aktuellen Ausgaben einander zugesandt. So entstand im Laufe der Jahre das ,Tüte-Archiv' mit etwa 6500 Zeitschriften aus über 200 Reihen. Bei den Zeitschriften im Archiv handelt es sich in erster Linie um Stadt- und Veranstaltungsmagazine aus dem deutschsprachigen Raum, darunter auflagenstärkere Titel wie der Frankfurter *Pflasterstrand*, das Münchner *Blatt*, der Nürnberger *Plärrer*, die Bonner *Schnüss*, die Berliner *Zitty*, der Hannoveraner *Schädelspalter* oder der Wiener *Falter*, aber auch weniger bekannte Titel wie der *Motzer* (Bad Schussenried), *Die Wage* (Detmold) oder das *Esslinger Stadtblatt*. Daneben gehören auch Verbandszeitschriften[35], Schüler- und Studentenzeitschriften[36] sowie Alternativzeitschriften ohne spezifischen Stadt- und Regionalbezug[37] zum Bestand.
Aufgrund der veränderten Medienlandschaft musste die *Tüte* ihr Erscheinen 1992 einstellen. Das umfangreiche Archiv wurde zunächst der Universitätsbibliothek Tübingen angeboten; diese hatte an der Übernahme des Bestandes jedoch kein Interesse. Deshalb wandte man sich an das Ludwig-Uhland-Institut. Dieser Schritt lag nahe, denn ein Großteil der Redaktion bestand aus Studierenden und Absolventen der Empirischen Kulturwissenschaft. Welf Schröter, der zum Zeitpunkt der Auflösung Mitglied der *Tüte*-Redaktion war, erinnert sich, dass das Archiv kurz nach der Einstellung der Stadtzeitung an das Ludwig-Uhland-Institut übertragen wurde, der genaue Zeitpunkt ist unklar.[38] Diesen herauszufinden wird eine der zahlreichen Aufgaben der gerade erst begonnenen Provenienzforschung sein.
Es sind Bestände wie das *Tüte*-Konvolut mit seinen Alternativ-Zeitschriften, die die Sammlungen des Ludwig-Uhland-Instituts heute auszeichnen. Diese Zeugnisse der Alltagskultur haben nur wenige andere Archive aufgenommen. Sie sind heute (fast) vergessenes Kulturgut, weil sie durch ihre Ausrichtung auf Sub- und Gegenkulturen lange Zeit als nicht sammelwürdig galten.

## Die Zukunft

Ein Blick auf und in die Sammlungen des Ludwig-Uhland-Instituts bringt ein buntes Sammelsurium an (Alltags-)Gegenständen zum Vorschein. Die besondere Bedeutung dieser Gegenstände ist in der Regel nicht auf ihren Seltenheits- oder Materialwert zurückzuführen. Gemessen an ihrem Alter, ihrem Zustand und der gegenwärtigen Häufigkeit ihres Vorkommens sind die Gegenstände durchaus mit Flohmarktartikeln vergleichbar. Während die Objekte auf dem Flohmarkt jedoch noch Teil des ökonomischen Kreislaufes sind, also einen gewissen Gebrauchswert haben, sind die Sammlungsgegenstände ausschließlich symbolisch von Bedeutung. Mittels der Spuren, die sie hinterlassen haben oder die an ihnen haften, verbinden sie die sichtbare Welt der Gegenwart mit der unsichtbaren der Vergangenheit.[39] Als Zeugnisse der Alltagskultur und als ,Zeugen' der Instituts- und Fachgeschichte,

mit deren Hilfe sich nicht nur große Entwicklungslinien, sondern auch kleine Ereignisse rekonstruieren lassen, sind die Sammlungsgegenstände für das Institut buchstäblich von ‚Grund-legender' Bedeutung.
Im Rahmen des MAM|MUT-Projektes wurde mit der datenbankgestützten Inventarisierung der Sammlungsbestände des LUI begonnen. Sämtliche Zeitschriftenreihen wurden erfasst; beginnend mit der Sachkultursammlung sollen weitere Teilbestände folgen.
Mit der voranschreitenden digitalen Erfassung wird es in Zukunft einfacher sein, einzelne Spuren zu einem stimmigen Ganzen zusammenzusetzen und eine zielgerichtete Sammlungspflege zu betreiben. Darüber hinaus wird der Zugang zu den Beständen mit Hilfe der Datenbank wesentlich erleichtert. Damit kann die Sammlung auch wieder stärker in Forschung und Lehre einbezogen werden. Das Interesse seitens der Lehrenden und Studierenden ist groß: Bereits in den letzten zwei Jahren wurde die Sammlung regelmäßig für Seminare, Projekte, Ausstellungen und Selbststudien genutzt. Ab dem Wintersemester 2014/15 wird die Sammlung der Alltagskultur zusammen mit dem Archiv der ehemaligen Hochschule für Gestaltung in Ulm die Grundlage für das dreisemestrige Studienprojekt „Sammlungen im Dialog" bilden.

1 Zu den einzelnen Beständen vgl. die Überblicksdarstellung auf der Institutshomepage: www.wiso.uni-tuebingen.de/faecher/empirische-kulturwissenschaft/institut/archiv-und-sammlungen.html (30.3.2014).

2 Zur Raumbelegung vgl. Sabine Besenfelder: „Staatsnotwendige Wissenschaft". Die Tübinger Volkskunde in den 1930er und 1940er Jahren, Tübingen 2002, bes. S. 159.

3 Die Sammlungen und das Archiv gehörten 1935 zu den drei Hauptabteilungen des Instituts, vgl. Gustav Bebermeyer: Sammlung für Volkskunde, in: Albert Schramm (Hg.): Die Tübinger Sammlungen, Tübingen 1935, S. 41.

4 Gustav Bebermeyer: Das Institut für deutsche Volkskunde in Tübingen, in: Schwäbisches Heimatbuch, hg. im Auftrag des Bundes für Heimatschutz in Württemberg und Hohenzollern von Felix Schuster, Stuttgart 1937, S. 85–91, hier S. 87.

5 Ebd., S. 89.

6 In der Außenstelle sind das Zeitungsausschnittarchiv, das Bildarchiv, das Tonarchiv, das Filmarchiv und das Projektarchiv untergebracht.

7 Im Institut wird das Depot als ‚Pferdestall' bezeichnet, weil sich an dieser Stelle früher der Marstall des Schlosses befand. Im ‚Pferdestall' sind die Sachkultursammlung, die Zeitschriftensammlung und das Erzählarchiv untergebracht.

8 Vgl. Maria Kechaja, Sarah Kleinmann, Christian Kretschi: „Original, Kopie, Modell: Sammeln am ‚Institut für deutsche Volkskunde'", in: Gudrun M. König (Hg.): Anschauungsmaterial. Fachgeschichte als Sachgeschichte, Tübingen 2007, S. 79–90, hier S. 82.

9 Bebermeyer 1937 (wie Anm. 4), S. 90.

10 Zur Bedeutung und Instrumentalisierung des Sammelns im Institut der 1930er Jahre vgl. Wolfgang Hesse, Christian Schröter: „Sammeln als Wissenschaft. Fotografie und Film im ‚Institut für deutsche Volkskunde Tübingen' 1933–1945", in: Zeitschrift für Volkskunde, 81, 1985, S. 51–75.

11 Wolfgang Brückner: „Volkskundliche Ausstellung in Tübingen", in: Zeitschrift für Volkskunde, 57, 1961, S. 117 f.

12 Eine kurze Beschreibung aller am Institut abgeschlossenen Studienprojekte findet sich auf der Institutshomepage unter http://www.wiso.uni-tuebingen.de/faecher/empirische-kulturwissenschaft/studium/studienprojekte/abgeschlossen.html (31.3.2014).

13 Bebermeyer 1935, S. 41.

14 Zit. n. Besenfelder 2002, S. 220.

15 Bebermeyer 1937, S. 90.

16 Zum Thema Zeitungsausschnitt siehe auch Anke te Heesen: Der Zeitungsausschnitt. Ein Papierobjekt der Moderne, Frankfurt am Main 2006.

17 Vgl. die Liste der vom Wintersemester 1947/48 bis zum Sommersemester 1956 abgehaltenen Übungen in: Hermann Bausinger: Ludwig-Uhland-Institut für deutsche Altertumswissenschaft, Volkskunde und Mundartforschung an der Universität Tübingen, in: Württembergisches Jahrbuch für Volkskunde 1956, S. 131–133, hier S. 132.

18 Martin Scharfe: Das Zeitungsarchiv am Ludwig-Uhland-Institut für Empirische Kulturwissenschaft der Universität Tübingen, in: Klaus Beitl: Methoden der Dokumentation zur Gegenwartsvolkskunde. Die Zeitung als Quelle (Mitteilungen des Instituts für Gegenwartsvolkskunde, Bd. 15), Wien 1988, S. 171–177, hier S. 172. Martin Scharfe behandelt in seinem Artikel jenes Archiv, das heute die Bezeichnung Zeitungsausschnittarchiv trägt.

19 Rudolf Schenda: Die Zeitung als Quelle volkskundlicher Forschung. Ein Leitfaden, in: Württembergisches Jahrbuch für Volkskunde 1970, S. 156–168, hier S. 159. Die Zeitungsausschnittsammlung ist durch einen Arbeitskatalog mit über 400 Stichwörtern erschlossen und zugänglich.

20 Scharfe 1988, S. 174.

21 [O.A.]: Tarzan in der Wissenschaft, in: Steinlach-Bote, 17.11.1967; vgl. LUI Zeitungsausschnittarchiv, 1.3.

22 Die ersten gesammelten Exemplare der *Hör zu* stammen aus dem Jahr 1964. Heute gehören mehrere Programm- und Fernsehzeitschriften zum Bestand, unter anderem die *Funkuhr*, die *TV Hören und Sehen*, und die *Illustrierte Wochenzeitung* (IWZ). Auch Filmzeitschriften aus verschiedenen Jahrzehnten, wie die *Filmpost*, der *Illustrierte Filmkurier* oder die *Cinema* sind Teil der Sammlung.

23 Scharfe 1988, S. 175.

24 In der Beschreibung zum Seminar „Einführung in die Inhaltsanalyse" (Wintersemester 1971/72) heißt es zum Beispiel: „Das Seminar soll in den gesellschaftstheoretischen Zusammenhang, die Methoden, die Techniken und die Anwendungsgebiete der Inhaltsanalyse ein- und zur Arbeit an einem praktischen Beispiel hinführen. Aus den zahlreichen Anwendungsgebieten der Inhaltsanalyse (Zeitungen und Zeitschriften, ‚literarische' Texte, Plakate und Posters, Rundfunk, Film und Fernsehen, illustrierte Heftchen etc.) soll eines ausgewählt und von einer Arbeitsgruppe analysiert werden [...].", in: Tübinger Korrespondenzblatt, Nr. 5, 1971, S. 10 f.

25 Die Zeitschrift *Schöner Wohnen* hat Margret Tränkle behalten und über vier Jahrzehnte hinweg gesammelt. Die Exemplare sind bei ihr bis heute „in ständiger Benutzung". Fernmündliche Mitteilung von Margret Tränkle im April 2014.

26 Fernmündliche Mitteilung von Margret Tränkle im April 2014.

27 Ein von 1993 bis 1995 am Tübinger Forschungsinstitut für Arbeit, Technik und Kultur e.V. (FATK) angesiedeltes Archivierungs- und Forschungsprojekt beschäftigte sich mit der Regionalgeschichte der DDR-Gewerkschaften. Im Rahmen des Projektes wurden die archivalischen Bestände zur Geschichte des FDGB-Kreises Jena unter der Leitung von Prof. Dr. Gerd Meyer (Institut für Politikwissenschaft) sowie Prof. Dr. Bernd Jürgen Warneken (Ludwig-Uhland-Institut für Empirische Kulturwissenschaft) gesichtet und verzeichnet. Vermutlich gelangten die DDR-Zeitschriften über Bernd-Jürgen Warneken ins Institut.

28 Schriftliche Mitteilung von Horst Neisser im Februar 2014.

29 Fernmündliche Mitteilung von Rotraud und Jörg Haug im April 2014. Die Angabe ‚Schule' auf dem Adressstempel erklärt sich folgendermaßen: Jörg Haug war parallel zu seinem Studium als Lehrer in Hagelloch tätig. Das Ehepaar Haug wohnte daher im Schulgebäude.

30 Fernmündliche Mitteilung von Monika Tretbar im April 2014.

31 Wahrscheinlich ist das Bildungszentrum und Archiv zur Frauengeschichte e. V. (BAF) gemeint.

32 Fernmündliche Mitteilung von Regina Schultze im April 2014.

33 So griffen etwa Thomas Riedmiller und Lioba Schlör für ihre Doktor-/Magisterarbeiten auf Sammlungsbestände zurück, vgl. Thomas Riedmiller: Arbeitslosigkeit als Thema der Bild-Zeitung, Tübingen 1988; Lioba Schlör: Geschlechter-Posen. Aspekte ‚weiblicher' und ‚männlicher' Körpersprache in der Kosmetikwerbung von Frauen-Zeitschriften. Eine empirische Untersuchung in vier Jahrzehnten, unveröffentlichte Magisterarbeit, Universität Tübingen, Ludwig-Uhland-Institut 2001.

34 Vgl. Nadja Büteführ: Zwischen Anspruch und Kommerz. Lokale Alternativpresse 1970 bis 1993, Münster/New York 1995.

35 Zum Beispiel das *Umweltmagazin* (Bundesverband der Bürgerinitiativen Umweltschutz e.V., BBU) und das *Frauen-Informationsblatt* (Zentraleinrichtung zur Förderung von Frauenstudien und Frauenforschung an der Freien Universität Berlin).

36 Zum Beispiel *Diesel 1* (Leonberg) und *Diskus: Frankfurter Student-innenzeitschrift*.

37 Zum Beispiel: *Friedens-Forum*, *Graswurzelrevolution*, *Schwarzer Faden* und *Ärzte ./. Atomkrieg*.

38 Fernmündliche Mitteilung vom ehemaligen Redaktionsmitglied Welf Schröter im März 2014.

39 Vgl. Krzysztof Pomian: Der Ursprung des Museums. Vom Sammeln, Berlin 1993.

# Frederik Efferenn und Frank Duerr

## Anmachen – aufmachen – draufmachen. Verlauf eines bewegenden Projekts

## Anmachen

Inzwischen ist dieses Kursangebot des Museums der Universität Tübingen MUT schon Konvention geworden und auch die verliehenen Lehrpreise des Career Service sind quasi fest eingeplant. Dennoch verändert sich immer wieder der entscheidende Teil des nächsten Projekts: die zu behandelnde Sammlung. Dieses Jahr war die Aufarbeitung und Präsentation der Zeitschriftensammlung des Ludwig-Uhland-Instituts geplant. Wieder einmal unter der Leitung von Frank Duerr sollte ein neues Service-Learning-Seminar über zwei Semester diese Sammlung retten, bewahren und in er Ausstellung präsentieren. Die Vorzeichen standen äußerst gut: das Ministerium für Wissenschaft, Forschung und Kunst finanzierte das Drittmittelprojekt MAM|MUT und damit die drei wichtigen Kräfte Dr. Edgar Bierende, Sabine Brem und Peter Moos, die die Inventarisierung und Digitalisierung der Sammlung übernahmen. Für den Studierendenkurs konnten auch die Kosten für die 14 externen Referenten sowie für Ausstellung und Publikation durch MAM|MUT abgedeckt werden. Es fehlte nur noch eine Horde Studierender, die man auf dieses tolle Projekt loslassen durfte. Mit dem Ankündigungsplakat *Aufmacher. Titelstorys deutscher Zeitschriften* (Abb. 1) warben wir an der gesamten Universität für dieses Projekt. Über 50 Studierende meldeten sich an und besuchten die Pilotsitzung. Danach konnten sich alle Beteiligten für ein spezifisches Beschäftigungsfeld entscheiden, wodurch sich folgende acht Arbeitsgruppen formierten: Event, Ausstellungsbau, Finanzen, Presse, Medien, Konzept, Redaktion und Design. Jede Gruppe wählte einen Teamleiter,

Abb. 1: Judith Wilking war für die Strategiegruppe im Einsatz

der die verschiedene Aufgaben innerhalb seiner Gruppe delegierte und kontrollierte. Ebenso wurde der Projektmanager durch eine demokratische Wahl im Plenum bestimmt. Frederik Efferenn übernahm als rechte Hand des Kurators Frank Duerr die Koordination der Aufgaben und förderte die Kommunikation zwischen den Teamleitern. Bald war allen klar, dass lediglich durch eine strukturierte und konzentrierte Teamleistung das Vorgegebene zu schaffen war. Um sich aus allen Arbeitsbereichen ein Grundwissen anzueig-

Abb. 2: Die Referenten Udo Andraschke und Alexander Minx im Seminar

nen, wurden externe Experten aus Wirtschaft und Forschung eingeladen, die anschaulich und praxisbezogen Arbeitsbereiche erklärten. Den ersten theoretischen Input lieferte Joachim Sieber (Universität Zürich). Er sprach über die Interdisziplinarität innerhalb der zeitgenössischen Zeitschriftenforschung und über die verschiedenen Analysemöglichkeiten eines Covers. Dabei wurden auch Fragen nach den grundlegenden Anforderungen und den besonderen Strategien eines guten Zeitschriftencovers erörtert. Tolle Einblicke in Entstehungsphase und Ausarbeitung eines Konzepts sowie in die Ausstellungsgestaltung erhielten die Studierenden durch Udo Andraschke (Universität Erlangen) und Alexander Minx (Geschäftsführer von space4). Beide sprachen auch über die grundlegenden Arbeitsschritte der Objektsichtung, die Entwicklung einer inhaltlichen Essenz und wie diese anschließend für die Besucher vermittelt werden kann (Abb. 2). Dr. Philipp Aumann (damals *Museum für Kommunikation Frankfurt*, heute *Historisch-Technisches Museum Peenemünde*) zeigte, was ein Objekttext leisten muss, um gelesen und verstanden zu werden. Ebenfalls hohe Standards galt es auf der gestalterischen Ebene von Druckmedien einzuhalten: Der Grafikdesigner Marc Engenhart inszenierte die Möglichkeiten eines gelungenen Corporate Designs im Seminarraum kurzerhand mit Stuhl, Klebeband und Klemmleuchte – ein wahres Spektakel. Eine Woche später zeigte Markus Passera (Projektleiter von *Jangled Nerves*) anhand der *red dot awards*-Ausstellung wie ein Interviewfilm richtig beim Betrachter ankommen kann. Mit der Wahrnehmung des Besuchers beschäftigte sich auch Professor Stephan Schwan (*Leibniz-Institut für Wissensmedien*). Mit seiner Einführung in den Schwerpunkt der Museumsforschung veranschaulichte er, welche Angebote von Besuchern wahrgenommen und aufmerksam konsumiert werden. Dass eine

Abb. 3: Ein Teil der Zeitschriftensammlung im Fünfeckturm des Schlosses Hohentübingen

perfekte Ausstellung keine Besucher hat ohne die richtige Kultur-PR erklärte Thomas Hirthe (*hirthe_SERVICES Agentur für Kultur & Text*). Sein differenzierter Vortrag handelte von den wichtigen kleinen Arbeitsschritten, die von medialer Kontaktaufnahme bis hin zu einer voll ausgereiften Pressearbeit benötigt werden. Darauf aufbauend zeigte Jens Kenserski (Geschäftsführer *pulsmacher*), welche Mittel eingesetzt werden müssen, um aus einem Event eine erfolgreiche Werbekampagne zu machen. Da das Projekt eigenständig von den Studierenden realisiert werden sollte, gehörten natürlich auch Projektmanagement und Fundraising zu ihren Aufgaben. Dafür entwarf Dr. Matthias Kramer (Innovation Consultant *mantro.net*) eine anschauliche Darstellung eines komplexen Feldes. In einer weiteren Sitzung führten Dr. Edgar Bierende, Peter Moos und Sabine Brem (*MAM|MUT*) in die Digitalisierung und Inventarisierung von Zeitschriften ein. Im Anschluss daran wurden in über 900 Mannstunden essentielle Zeitschriftentitel in die Datenbank transformiert, nachdem die Zeitschriften durch die MAM|MUT-Mitarbeiter professionell sortiert und aufbereitet wurden. Dabei wurde auch eine neue Teilsammlung von Subkulturheften gehoben (Abb. 3).

## Aufmachen

Bereits während der ersten Inputphase arbeiteten die Studierenden in ihren Teams an der konkreten Planung und Realisierung der Ausstellung. Zusammen mit der Projektleitung entwickelte die Konzeptgruppe um Gaia Englert ein, an den Raum angepasstes, Konzept aus sieben Zeitgeistkategorien, welche die Strukturen von Titelblättern deutscher Zeitschriften anhand eines chronologischen Aufbaus verdeutlichen sollen. Die Kategorien „Aufbruch in eine moderne Welt", „Gleichgeschaltete Ästhetik", „Wunder!", „Im Rausch

Abb. 4: Exkursion ins Literaturmuseum der Moderne Marbach

der Liebe", „Umwelt bewegt", „Jetzt wächst zusammen...", „Millennium" und die Sonderkategorie „Rollenbilder in Zeitschriften" bieten dem Besucher die Möglichkeit die Entwicklung der deutschen Illustrierten anhand eines losen Zeitschemas nachzuverfolgen.
Nach der konzeptionellen Vorarbeit musste nun die Gestaltungsgruppe ihr Können und ihre Kreativität unter Beweis stellen. Zur Inspiration für die Möglichkeiten der Ausstellbarkeit von Flachware und dem Design einer Ausstellung besuchte ein Teil des Aufmacher-Teams das Literaturmuseum der Moderne in Marbach und das Porsche Museum in Stuttgart (Abb. 4 und 5). Auf Grundlage dieser Hilfestellung und langer Überlegung wie die Ausstellung aussehen sollte, wurde ein großer Schritt gewagt: Da der Kabinettraum in seiner originalen Farbgebung und Form nicht für eine ästhetische Präsentation der Zeitschriften geeignet ist, wurde er komplett umgestaltet. Angelehnt an das Corporate Design entschied sich das Seminar für einen komplett neuen Wandeinbau in Knallrot. Zunächst entwickelten die Gestalter dafür einen exakten 3D-Plan des Raumes (Abb. 6), um in diesen alle Veränderungen Stück für Stück einzuarbeiten. Zusammen mit Stephan Potengowski wurde die Architektur des neuen Raums auch in einem Modell entworfen. Anschließend wurde jede einzelne Zeitgeistkategorie genau unter die Lupe genommen und visuell an den Wänden umgesetzt. Denn die Gestalter waren nicht nur für das grafische Design zuständig, sondern konnten auch ihr handwerkliches Können unter Beweis stellen. Um den Kabinettraum in die Aufmacher-Ausstellung zu verwandeln, schuftete die Arbeitsgruppe um Nicolas Dittgen Tag und Nacht. Das Team und seine freiwilligen Helfer bauten neue Wände, verlegten einen neuen Boden, lackierten und beschrifteten die neue Grundfläche, fassten alle Objekte in Plexiglas, montierten Monitore, bauten jede einzelne Kategorie sorgfältig auf

Abb. 5: Die Exkursionsgruppe im Porsche-Museum Stuttgart

und vieles mehr. Um den Exponaten so viel eigenen Raum und Aussagekraft wie möglich zu geben, bilden Abteilungstexte sowie die Audioguide-Nummerierungen die einzigen weiteren visuellen Informationsquellen der Schau. Nach viel Schmutz, Schweiß und Anstrengung war der Kabinettraum nicht wiederzuerkennen und die 100 Exponate erstrahlten auf einen frischen und rot gefärbten Hintergrund.

Die Signalfarbe Rot spielte auch bei der Designgruppe um Hanna Diedrichs eine wesentliche Rolle. In Zusammenarbeit mit den jeweiligen anderen Projektgruppen entwarfen sie Sponsorenfolder, Flyer, Plakate, Merchandise-Artikel und vieles mehr. Neben diesen Aufgabenbereich konzipierten sie die angebotenen Führungen und das museumspädagogische Programm.

Die Gruppe für audiovisuelle Medien hatte ebenfalls ein gutes Stück Arbeit vor sich: Sie führten die in der Ausstellung zu sehenden Interviews mit Redakteuren, Kuratoren sowie Privatsammlern. Ebenso kooperierte Sebastian Seefeldts Gruppe mit dem *Blended Library Projekts* der Universität Tübingen (Abb. 7) und dem *Institut für Wissensmedien*, um zum ersten Mal einen Multi-Touch-Table in eine MUT-Ausstellung zu integrieren. Die hervorragende Arbeit des Medienteams zeigte sich auch im gedrehten Werbetrailer „Aufmacher – Was man in einer Nacht alles erleben kann" (Abb. 8–11), der schon vor der Ausstellungseröffnung eine beachtliche Zahl an Aufrufen auf YouTube vorzuweisen hatte und für große Freude in den Tübinger Kinos sorgte.

Um die Finanzierung des Projekts zu ermöglichen, setzte sich die Finanzgruppe schon sehr früh zusammen, um potentielle Förderer zu gewinnen. Sie erstellten Umfragen und Statistiken, sie entwarfen einen Sponsorenfolder und verbrachten Stunden über Stunden im Büro des MUT, um die verschiedenen Unterstützer telefonisch zu erreichen. Am Ende

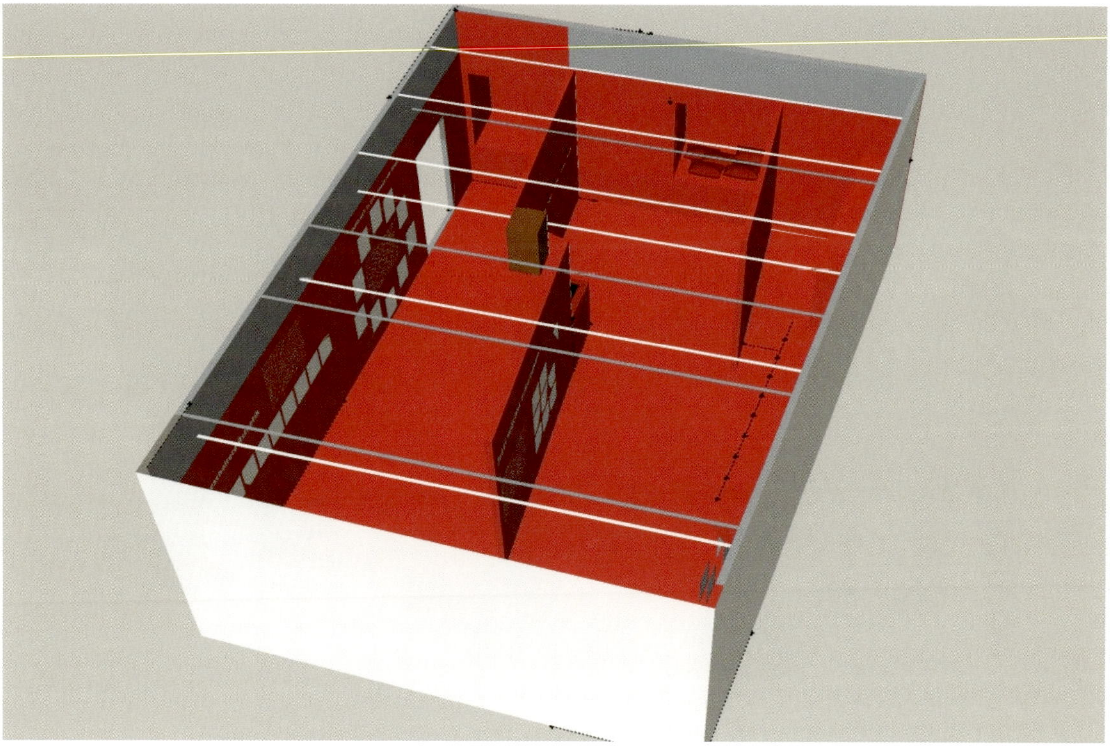

Abb. 6: Digitales Modell der Aufmacher-Ausstellung

konnten Laura Daubner und ihre Kolleginnen eine beachtliche Zahl an Sponsoren präsentieren: Ministerium für Wissenschaft Forschung und Kunst Baden-Württemberg, Kreissparkasse Tübingen, Scriptum Tübingen, Studierendenwerk Tübingen, Universitätsbund Tübingen e.V., Stadtwerke Tübingen, Ritter Sport, EtiTech, Scriptum, Clever fit, Pustefix und Blumen Florian stützten das Projekt finanziell oder per Sachspende. Neben dem Fundraising war die Finanzgruppe aber auch mit der Verwaltung des gesamten Budgets beauftragt. Durch ständige Bearbeitungen des Finanzplans und einen Adlerblick auf die Ausgaben, schafften sie es jedem einzelnen Arbeitsbereich die nötigen finanziellen Mittel zu gewährleisten. Ein Teil dieser Mittel floss auch in die hier vorliegende Publikation. Die projekteigenen Redakteure, mit Teamleiterin Natalie Savas, kümmerten sich um die komplexen Redaktionsaufgaben. Auch wenn nicht alles immer rund lief, hielten sie stets den Kontakt zu den Autoren, lektorierten die Texte und entwarfen das Masterlayout für den vorliegenden Band. Ein schwieriges Aufgabenfeld bildeten die Reprorechte und Genehmigungen der einzelnen Zeitschriftenverlage, um die Exponate auch im vorliegenden Band abbilden zu können. Im Zusammenhang mit der Publikation bekam auch jeder Teilnehmer des Seminars die Chance, mindestens einen eigenen Objekttext zu verfassen.

Während all dieser Arbeitsschritte konzipierte die Pressegruppe um Johanna Hermann unaufhörlich die Öffentlichkeitsarbeit und die Werbemaßnahmen der Ausstellung. In einem regelmäßigen Turnus versorgte sie die Webseite und den Facebook-Auftritt mit kreativen und frischen Artikeln. Zum Zeitpunkt der Ausstellungseröffnung freute man sich riesig über 400 Follower.

In den letzten Wochen arbeitete das Team engagiert an einer Verstärkung der Werbemaßnahmen, kontaktierte verschiedene

Abb. 7: „Sprechstunde" bei Blended Library Projekt

Presseanstalten und leitete Ankündigungen wie im Kundenmagazin TüWelt der Stadtwerke Tübingen in die Wege. Je näher der Tag der Ausstellungseröffnung rückte, desto bekannter wurde das Projekt: Das Klassikradio, das Uniradio, Campus TV sowie die *TüWelt* berichteten schon im Vorfeld von *Aufmacher – Titelstorys deutscher Zeitschriften*. Besonders die selbstentworfenen Plakate, Groundposter, Citycards, Türanhänger, Jutebeutel, Faltschachtel-Geschenke und weitere Merchandise-Artikel wiesen auf die Ausstellung hin. Dabei leistete auch die Eventgruppe unter der Fahne von Katharina Palmer Schützenhilfe: Sie organisierte einen Flashmob auf dem Tübingen Holzmarkt, der ein kleines Presseecho auslöste. Ebenso wurde eine *Eventbox* entworfen. Der rote Kasten bot Passanten auf der Straße die Möglichkeit, sich in mit einfallsreichen Zeitschriftentiteln ablichten zu lassen. So wurden Menschen aus der Region Neckar-Alb selbst zu Covermotiven.

## Draufmacher

Alle Anstrengungen geschahen mit einem entschlossenen Blick auf die Vernissage am 12. Juni 2014, die eingebettet in die 6. Sammlungstagung und mit Rektorempfang stattfand. Für die anschließende *Draufmacher-Party* konnte man die *Bravo*-Band *Split*, einen DJ, die Aufmacher-Eventbox und Public Viewing des Fußball-WM-Spiels um Platz 3 aufbieten. Das SchloßCafé ist und bleibt dafür der perfekte Ort.

Wir freuen uns über das schöne Ergebnis und bedanken uns bei den vielen Kooperationspartnern, Helfern und Förderern. Bedanken möchten wir uns aber vor allem bei sämtlichen Studierenden dieses Projekts – ihr habt Außergewöhnliches geleistet.

Wir wünschen den Teilnehmern, Teamleitern und der Leiterin des nächsten Projekts viel Erfolg!

Abb. 8: Hauptdarstellerin Lorena Pistone Nascone bei den Dreharbeiten des Kino-Trailers

Abb. 9: Karina Dipold übernahm bei allen Filmen des Projekts Drehbuch, Regie, Kamera und Schnitt

Abb. 10: „Prinzessin“ Trixi-Sophia Schmidtchen im Einsatz vor der Kamera

Abb. 11: Julia Biel spielte die Aufmacher-Diva

# ANHANG

MACHER

# LITERATUR


Altemann, Dirk: Über den guten Geschmack des Publikums, in: Medien, 3/1, 1981

Andel, Jaroslav: Avant-Garde Page Design 1900–1950, New York 2002

Anz, Thomas: Der Sturm ist da – Literatur im „expressionistischen Jahrzehnt", in: Faulstich, Werner (Hg.): Das zweite Jahrzehnt, München 2007, S. 89–108

Ard, Kurt: So gesehen... Das Leben eines Künstlers in Text und Bild, Hamburg 2004

Aumann, Philipp, Duerr, Frank: Ausstellungen machen, Stuttgart 2013

Aynsley, Jeremy: Designing Modern Germany, London 2009

Aynsley, Jeremy: Grafik-Design in Deutschland 1890–1945, Mainz 2000

Bartz, Christina: Das geheimnisvolle Fenster in die Welt geöffnet. – Fernsehen, in: Kümmel, Albert/ Scholz, Leander, Schuhmacher, Eckhard: Einführung in die Geschichte der Medien, Paderborn 2004, S. 199–223

Bauer, Thomas: Deutsche Programmpresse 1932 bis 1941. Entstehung, Entwicklung und Kontinuität der Rundfunkzeitschriften, München u.a. 1993

Becker, Rolf: Die neue Gartenlaube. Über die deutsche Rundfunk–Illustrierte „Hör zu", in: Der Monat, 13/145, 1960, S. 52–58

Bohrmann, Hans: Über Zeitschriftenforschung als Teil der Publizistik- und Kommunikationswissenschaft, in: Andreas Vogel, Holtz-Bacha, Christina (Hg.): Zeitschriften und Zeitschriftenforschung, Wiesbaden 2002, S. 28–41

Boventer, Hermann: „Die Illustrierten", in: Emil Dovifat (Hg.): Handbuch der Publizistik, 3 Bde., Berlin 1969, Bd. 3, S. 536–546

Burke, Kenneth: A Rhetoric of Motives, New York 1995

Buske, Sybille: Fräulein Mutter und ihr Bastard, Eine Geschichte der Unehelichkeit in Deutschland 1900–1970, Göttingen 2004

Crowley, David: Magazine Covers, London 2003

Dogramaci, Burcu: Großstadt. Motor der Künste in der Moderne, Berlin 2010

Drentwett, Christine: Vom Nachrichtenvermittler zum Nachrichtenthema. Metaberichterstattung bei Medienereignissen, Wiesbaden 2009

Duerr, Frank, Ulrich, Anne: Rhetorik des Aufmachers. Coveranalysen der Programmpresse im 20. Jahrhundert, Tübingen 2014

Duperray, Stéphane, Vidaling, Raphaele: Front Page. Covers of the Twentieth Century, London 2003

Eco, Umberto: Apokalyptiker und Integrierte. Zur kritischen Kritik der Massenkultur, Frankfurt am Main 1986, S. 78

Eco, Umberto: Einführung in die Semiotik, München 2002

Elert, Konrad: Sport im Bild. Kultur, Gesellschaft, Mode, Bd. 40, Berlin 1934

Fabian, Tanja: Analyse der Zeitschrift „Die Dame" 1932–1941 unter besonderer Berücksichtigung des nationalsozialistischen Einflusses auf die Mode, Universität Wien 2006 (unveröff. Magisterarbeit)

Fahey, David, Rich, Linda: Masters of Starlight. Photographers in Hollywood, London 1988

Faulstich, Werner: Das zweite Jahrzehnt, München 2007

Ferber, Christian: Die Dame. Ein deutsches Journal für den verwöhnten Geschmack 1912–1943, Berlin 1980

Flemming, Jens: „Creme nationale": Der Krieg und die Kulturen des Alltags, in: Faulstich, Werner (Hg.): Das zweite Jahrzehnt, München 2007, S. 109–124

Fürst, Silke: Öffentlichkeitsresonanz als Nachrichtenfaktor – Zum Wandel der Nachrichtenselektion, in: Medien Journal, 37/2, 2013 (im Druck)

Fürst, Silke: The Audience Is The Message. Die journalistische Berichterstattung über Publikumsresonanz, in: Losen, Wiebke (Hg.): Journalismus und (sein) Publikum: Schnittstellen zwischen Journalismusforschung und Rezeptions– und Wirkungsforschung, Wiesbaden 2014, S. 131–149

Gaede, Peter-Matthias: Aufgaben und Nutzen der Programmzeitschriften, in: Aufermann, Jörg/ Scharf, Wilfried, Schlie, Otto (Hg.): Fernsehen und Hörfunk für die Demokratie. Ein Handbuch über den Rundfunk in der Bundesrepublik Deutschland, Opladen 1979, S. 467–484

Genette, Gérard: Paratexte. Das Buch vom Beiwerk des Buches, Frankfurt am Main 2001

Glaser, Hermann: Kleine Kulturgeschichte Deutschlands im 20. Jahrhundert, München 2002

Gordon, Mel: Voluptuous Panic. The Erotic World of Weimar Berlin, Los Angeles 2006

Gray, Camilla, Rodchenko, Alexander: A Constructivist Designer, in: Herbert Spencer (Hg.): The Liberated Page. A Typographica Anthology, San Fransisco 1987, S. 179–197

Grow, Gerald: Magazine Covers and Cover Lines. An Illustrated History. Journal of Magazine and New Media Research, 5/1, Web. 2002. <http://aejmcmagazine.asu.edu/fall2002.html>

Haacke, Wilmont: Die Zeitschrift – Schrift der Zeit, Essen 1961

Hägele, Werner: Individualisierung und Körperkultur in nationaler Moderne und globaler Postmodern, München 2008

Hartmann, Tilo, Dohle, Marco: Publikumsvorstellungen im Rezeptionsprozess, in: Publizistik, 50/3, 2005, S.287–303

Hartung, Gerd, Moritz, Cordula: Linienspiele. 70 Jahre Mode in Berlin, Berlin 1991

Hasebrink, Uwe: Nutzungsforschung, in: Öffentliche Kommunikation. Handbuch Kommunikations– und Medienwissenschaft, Wiesbaden 2003, S. 101–127.

Held, Gudrun: Überlegungen zur visuell-verbalen Rhetorik auf Zeitschriften-Covers, in: Rita Franceschini u.a.: Retorica. Ordnungen und Brüche, Tübingen 2006.

Heller, Steven, Fili, Louise: Cover Story. The Art of American Magazine Covers 1900–1950, San Fransisco 1996

Heller, Steven: Merz to Emigre and Beyond: Avant-Garde Magazine Design of the Twentieth Century, London 2003

Hermand, Jost: Deutsche Kulturgeschichte des 20. Jahrhunderts, Darmstadt 2006

Hirdina, Klaus: Neues Bauen Neues Gestalten. Das neue Frankfurt/ die neue Stadt. Eine Zeitschrift zwischen 1926 und 1933, Berlin 1982

Honsowitz, Herbert: Fernsehen und Programmzeitschriften. Eine Aussageanalyse der Programmpresse, Berlin 1975

Horton, Donald, Wohl, R. Richard: Massenkommunikation und parasoziale Interaktion. Beobachtungen zur Intimität über Distanz, in: Grundlagentexte zur Fernsehwissenschaft. Theorie – Geschichte – Analyse, Konstanz 2002

Huey, John: Fortune. The Art of Covering Buisness, Utah 1999

Jaeger, Roland: Bleibende Dokumente des Neuen Sehens. Der Verlag Hermann Reckendorf, Berlin, in: Manfred Heidin und Roland Jaeger (Hg.): Autopsie. Deutschsprachige Fotobücher 1918 bis 1945, Bd. 1, Göttingen 2012, S. 248–267

Janello, Amy, Jones, Brennon: The American Magazine, New York 1991

Kermer, Wolfgang: Willi Baumeister. Typographie und Reklamegestaltung, Stuttgart 1989

Kery, Patrica Frantz: Art Deco Graphics. Patrica Frantz Kery, New York 1986

Kery, Patrica Frantz: Great Magazine Cover of the World, New York 1982

Knape, Joachim: Persuasion, in: Gert Ueding: Historisches Wörterbuch der Rhetorik, Bd. 6, Darmstadt 2003, S. 874.

Knape, Joachim: Rhetorik der Künste, in: Ulla Fix u.a.: Rhetorik und Stilistik. Ein internationales Handbuch historischer und systematischer Forschung, Berlin 2009, Bd. 1, S. 894–927, S. 918.

Knape, Joachim: Rhetorik, in: Klaus Sachs-Hombach (Hg.): Bildwissenschaft. Disziplinen, Themen, Methoden, Frankfurt am Main 2005, S. 134-148, hier S. 140.

Knape, Joachim: Was ist Rhetorik?, Stuttgart 2000, S. 37.

Knape, Joachim: Zwangloser Zwang. Der Persuasions-Prozeß als Grundlage sozialer Bindung, in: Gert Ueding und Thomas Vogel (Hg.): Von der Kunst der Rede und Beredsamkeit, Tübingen 1998, S. 54–69.

Kniewel, Peter: Unser Fernsehen 1952–1979. Geschichte und Geschichten des Mediums, der Menschen, der Sender und Sendungen, Hamburg 1979

Knoll, Gabriele: Kulturgeschichte des Reisens. Von der Pilgerfahrt zum Badeurlaub, Darmstadt 2006

Knop, Karin: Zwischen Werbung und Propaganda: Werbewesen und Werbemedien von 1910 bis 1920, in: Faulstich, Werner (Hg.): Das zweite Jahrzehnt, München 2007, S. 173–184

Koeppler, Karlfritz: Strategien erfolgreicher Kommunikation, München 2000 und Joachim Knape: Persuasion, in: Gert Ueding (Hg.): Historisches Wörterbuch der Rhetorik, Bd. 6, Darmstadt 2003, S. 874–907

Kriegeskorte, Michael: 100 Jahre Werbung im Wandel. Eine Reise durch die deutsche Vergangenheit, Köln 1995

Kübler, Hans–Dieter: Kriegszeit und demokratischer Umbruch. Die Presse im zweiten Jahrzehnt, in: Faulstich, Werner (Hg.): Das zweite Jahrzehnt, München 2007, S. 41–72

Kühn, Christine: Neues Sehen in Berlin. Fotografie der Zwanziger Jahre, Berlin 2005

Kümmel, Alber, Scholz, Leander, Schumacher, Eckhard: Einführung in die Geschichte der Medien, Paderborn 2004

Leslie, Jeremy: magCulture. The New Magazine Design, London 2003

Ley, Andreas: Die Frau am Steuer – Mode als Waffe, in: Münchner Stadtmuseum (Hg.): Die 20er Jahre. Mode Graphik Kunstgewerbe, Wolfratshausen 2005, S. 10–21

Malik, Maja: Journalismus–Journalismus. Funktion, Strukturen und Strategien der journalistischen Selbstthematisierung, Wiesbaden 2004

McLean, Ruari: Magazine Design, London 1969

Merten, Klaus: Evolution der Kommunikation, in: Die Wirklichkeit der Medien. Eine Einführung in die Kommunikationswissenschaft, Opladen 1994, S. 141–162.

Moholy-Nagy, László: Malerei, Photographie, Film, München 1925

Nerdinger, Winfried: 100 Jahre Deutscher Werkbund 1907–2007, München u.a. 2007

Neue Gesellschaft für bildende Kunst (NGBK): Wem gehört die Welt. Kunst und Gesellschaft in der Weimarer Republik, Berlin [3]1977

Oels, David: Die Koralle – Eine populärwissenschaftliche Illustrierte im Ullstein Verlag, Vortrag auf der Tagung „Deutsche illustrierte Magazine – Journalismus und visuelle Kultur in der Weimarer Republik", Erfurt 2013

Otto, Elizabeth, Rocco, Vanessa: The New Woman International. Representations in Photography and Film from the 1870s through the 1960s, Michigan 2011

Owen, William: Modern Magazine Design, New York 1991

Packer, William: The Art of Vouge Covers 1909–1940, New York 1980

Pankowska, Barbara, Milberg, Janina: Ein Refugium für Lust und Last. Das Automobil als Sinnbild der Moderne, in: Adelheid Rasche und Anna Zika (Hg.): Styl. Das Berliner Modejournal der frühen 1920er Jahre, Stuttgart 2009, S. 146–151

Postman, Neil: Wir amüsieren uns zu Tode, Frankfurt am Main 1992

Preger, Sven: Mangelware Recherche, Berlin 2004, S. 64.

Reinemann, Carsten, Huismann, Jana: Beziehen sich Medien immer mehr auf Medien? Dimensionen, Belege, Erklärungen, in: Publizistik, 52. Jg., 2007, S. 465–484

Robling, Franz-Hubert: Personendarstellung im Spiegel. Erläutert an Titelstories der Großen Koalition, Tübingen 1983

Rogers, Everett: Diffusion of Innovations, New York [5]2003

Rössler, Patrick (Hg.): Moderne Illustrierte – Illustrierte Moderne. Zeitschriftenkonzepte im 20. Jahrhundert, Stuttgart 1998, S. 14–17

Rössler, Patrick, Bonte Achim, Leiskau, Katja: Digitization of Popular Print Media as a Source for Studies on Visual Communication: Illustrated Magazines of the Weimar Republic, in: Historical Social Research/ Historische Sozialforschung (HSR) 2012, S. 172–190

Rössler, Patrick: Between Online Heaven and Cyberhell. The Framing of ‚the Internet' by Traditional Media Coverage in Germany, in: New Media and Society, 30/1, 2001, S. 49–66

Rössler, Patrick: Das Bauhaus am Kiosk. die neue linie 1929–1943, Bielefeld 2007; überarbeitete Neuauflage: The Bauhaus at the Newsstand. Das Bauhaus am Kiosk. die neue linie 1929–1943, Bielefeld 2009

Rössler, Patrick: Die ‚Neue Typographie' und das Buch. Fachdiskurse und Umschlagentwürfe zwischen den Kriegen, in: Christof Windgätter (Hg.): Wissen im Druck. Zur Epistemologie der modernen Buchgestaltung, Wiesbaden 2010a, S. 68–98

Rössler, Patrick: die neue stadt. Visionen von Urbanität und urbanem Leben in der illustrierten Massenpresse. Ausstellungskatalog, 16.–18. Mai, Berlin 2012

Rössler, Patrick: Frankfurt, Leipzig, and Dessau: ‚Neue Typographie' – The New Face of a New World. das neue frankfurt (1926–33) and die neue linie (1929–43), in Peter Brooker, Andrew Thacker (Hg.): The Oxford Critical and Cultural History of Modernist Magazines , Bd. III: Europe, Oxford 2013a (im Druck)

Rössler, Patrick: Global Players, Émigrés, and Zeitgeist. Magazine Design and the Interrelation between the U.S. and Germany, in: Journalism Studies 8, 2007, S. 566–583.

Rössler, Patrick: Markante Profile & edle Körper. Zum visuellen Framing der ›Neuen Frau‹ in der illustrierten Massenpresse der 1920er–Jahre, in: Stephanie Giese / Katharina Lobinger (Hg.): Visual Framing Perspektiven und Herausforderungen der Visuellen Kommunikationsforschung, Köln 2013b, S. 286–310

Rössler, Patrick: Moderne Illustrierte – illustrierte Moderne. Zeitschriftenkonzepte im 20. Jahrhundert, Stuttgart 1998

Rössler, Patrick: VIEWing our LIFE and TIMES. A Cross–Cultural Perspective on Media Globalization, Ausstellungskatalog ICA Conference, Dresden 2006

Rössler, Patrick: Zwischen ‚Neuem Sehen' und der bildpublizistischen Massenware. Der Aufstieg des Fotojournalismus in Uhu, Querschnitt und Berliner Illustrirte Zeitung, in: Ute Schneider und David Oels (Hg.): „Der ganze Verlag ist eine Bonbonniere" 2014 (im Druck)

Rössler, Patrick: Zwischen Typofoto und Telehor. Medieninnovationen im Spiegel der Publikumspresse 1918–1939, Stuttgart 2010b

Rust, Holger: Programmzeitschriften, Fernsehseiten, Vorkritik – Orientierungspfade oder Holzwege?, in: Medien, 3/1, 1981, S. 19.

Scheidig, Walter: Bauhaus Weimar. Werkstattarbeiten 1919–1924, Leipzig 1966

Schenk, Michael: Medienwirkungsforschung, Tübingen $^{3}$2007

Scher, Peter: Simplicissimus, Bd. 32, München 1927–1928, München 2007

Schneider, Irmela: Das beschirmte Kind. Zur Diskursgeschichte Kind und Fernsehen, in: Medienkultur der 70er Jahre. Diskursgeschichte der Medien nach 1945, Bd. 3, Wiesbaden 2004, S. 217–230

Schneider, Irmela: Passiv und gebildet, aktiv und diszipliniert. Diskurse über das Zuschauen und den Zuschauer, in: Medienkultur der 60er Jahre. Diskursgeschichte der Medien nach 1945, Bd. 2, Wiesbaden 2003, S. 73–97

Schönhagen, Philomen: Soziale Kommunikation im Internet. Zur Theorie und Systematik computervermittelter Kommunikation vor dem Hintergrund der Kommunikationsgeschichte, Bern 2004, S. 5–19

Schreck, Folkher C.: Die Bedeutung des Stars für die Programmzeitschriften, in: Faulstich, Werner/ Korte, Helmut (Hg.): Der Star. Geschichte-Rezeption-Bedeutung, München 1997

Schütt, Hans-Dieter, Schwarzkopf, Oliver: Die SPIEGEL-Titelbilder 1947–1999, Berlin 1999

Schwarz, Felix, Gloor, Frank: „Die Form". Stimme des Deutschen Werkbundes 1925–1934, Gütersloh 1969

Seegers, Lu: Fernsehstars und „freie Liebe". Zur Karriere der Programmzeitschrift „HÖR ZU" (1965–1974), in: Zeithistorische Forschungen, Studies in Contemporary History, 1/2, Göttingen 2004, S. 214–235

Selle, Gerd: Die Geschichte des Design in Deutschland von 1870 bis heute. Entwicklung der industriellen Produktkultur, Köln $^{2}$1978

Seywald, Aiga: Die Presse der sozialen Bewegungen 1918–1933, Essen 1994

Stöber, Rudolf: Deutsche Pressegeschichte. Einführung, Systematik, Glossar, Konstanz 2000

Straßner, Erich: Zeitschrift, Tübingen 1999, S. 16.

Strobel, Ricarda/Faulstich, Werner: Die deutschen Fernsehstars. Bd. 1: Stars der ersten Stunde, Göttingen 1998

Taut, Bruno: Die neue Wohnung. Die Frau als Schöpferin. Leipzig $^{5}$1928

Taylor, Steve: 100 years of magazine covers, London 2006, S. 7.

Thiel, Christian-Andreas: Der Leser staunte: Das bin ja ich!, in: Hamburger Abendblatt, 23. Oktober 2004, Web 20. März 2014 <http://www.abendblatt.de/vermischtes/journal/article707095/Der-Leser-staunte-Das-bin-ja-ich.html>

Time Magazine, Aufmacher „Person Of The Year: You" 25. Dezember 2006. Web. 20. März 2014 <http://content.time.com/time/covers/0,16641,20061225,00.html>

Van Waasen, Günter: Anwalt des Zuschauers, in: Medien 3/1, 1981

von Faber, Karin: 40 Jahre Goldene Kamera, Presseinformation Hör zu, Axel Springer Verlag, Web. 20.März 2014. <http://www.goldenekamera.de/de/images/pdf/40jahre_goka.pdf>

Waetzold, Stephan: Einleitung, in: Waetzoldt, Stephan: Tendenzen der Zwanziger Jahre. 15. Europäische Kunstausstellung Berlin 1977, Berlin 1977, S. 22–26

Wagner, Gretel: Fixierte Eleganz, in: Franz Christian Gundlach und Uli Richter (Hg.): Berlin en vouge. Berliner Mode in der Fotografie, Tübingen, Berlin 1993, S. 113–146

Wagner, Martin/ Behne, Adolf: Das neue Berlin. Grossstadtprobleme. Reprint der Ausgabe von 1929, Basel, Berlin, Boston 1988

Weise, Bernd: Fotojournalismus. Erster Weltkrieg – Weimarer Republik, in: Honnef, Klaus/ Sachse,Rolf/ Thomas, Karin (Hg.): Deutsche Fotografie. Macht eines Mediums 1870–1970, Bonn 1997, S. 72–87

Wenning, Christine: Eine Zeit der Gegensätze. Berlin in den Goldenen Zwanzigern, in Rasche, Adelheid/ Anna Zika (Hg.), Styl. Das Berliner Modejournal der frühen 1920er Jahre, Stuttgart 2009, S. 18–23

Wichmann, Hans: Design contra Art Déco. 1927–1932 Jahrfünft der Wende, München 1993

Wilk, Christopher: Modernism: Designing a New World 1914–1939, London 2006

Wilke, Jürgen: Leitmedien und Zielgruppenorgane, in: Mediengeschichte der Bundesrepublik Deutschland, Köln, Weimar und Wien 1999, S. 304–319

Wrede, Hartmut: Die Programmzeitschriften suchen den lebendigen Dialog, in: Medien, 3/1, 1981

# ABBILDUNGSNACHWEIS

S. 9: © Hanna Gabriela Diedrichs gen. Thormann
S. 17: © Hanna Gabriela Diedrichs gen. Thormann
S. 21: © Hanna Gabriela Diedrichs gen. Thormann
S. 24–35: o.A.
S. 36: LUI-Zs-0217-1935_16, o.A.
S. 37: LUI-Zs-0120-1936_01, © Axel Springer Verlag
S. 38: LUI-Zs-0120-1936_01, o.A.
S. 39: LUI-Zs-0533-1937_21, o.A.
S. 40: LUI-Zs-0146-1939_09, o.A.
S. 41: LUI-Zs-0128-1940_06, o.A.
S. 42: LUI-Zs-0139-1941_02, o.A.
S. 43: LUI-Zs-0216-1941_09, © DuMont Content Center, Berliner Verlag
S. 44: LUI-Zs-0145-1942_18, o.A.
S. 45: LUI-Zs-0222-1938_13, o.A.
S. 48: © Olympia Verlag
S. 49: LUI-Zs-0460-1955_01, o.A.
S. 50: LUI-Zs-0147-1958_05, o.A.
S. 51: LUI-Zs-0160-0000_4121, © Verlag fuer Filmschriften
S. 52: © DuMont Content Center, Berliner Verlag
S. 53: LUI-Zs-0214-1959_13, o.A.
S. 54: © SPIEGEL-Verlag Rudolf Augstein GmbH & Co. KG
S. 55: o.A.
S. 56: LUI-Zs-0248-1962_19, o.A.
S. 57: LUI-Zs-0203-1962_30, o.A.
S. 58: LUI-Zs-0180-1963_21, © Stiftung F.C. Gundlach
S. 59: LUI-Zs-0220-1963_47, o.A.
S. 60: LUI-Zs-0310-1967_38, o.A.
S. 61: LUI-Zs-0053-1969_14, o.A.
S. 62: LUI-Zs-0221-1969_33, © Picture Press
S. 66: LUI-Zs-0218-1971_02, o.A.
S. 67: o.A.
S. 68: LUI-Zs-0203-1962_33, o.A.
S. 69: LUI-Zs-0254-1964_01, © Dr. Johannes Hans A. Nikel
S. 70: LUI-Zs -0332-1966_07, o.A.
S. 71: LUI-Zs-0169-1967_01, © Gruner + Jahr
S. 72: LUI-Zs-0254-1967_02, © Dr. Johannes Hans A. Nikel
S. 73: LUI-Zs-0214-1968_03, o.A.
S. 74: LUI-Zs-0219-1968_32, © SPIEGEL-Verlag Rudolf Augstein GmbH & Co. KG
S. 75: LUI-Zs-0213-1969_05, © Dr. Johannes Hans A. Nikel
S. 76: LUI-Zs-0189-1970_11, o.A.
S. 77: LUI-Zs-0178-1971_03, o.A.
S. 78: LUI-Zs-0221-1971_24, © Picture Press
S. 79: LUI-Zs-0176-1971_35, © Bravo

S. 80: o.A.
S. 81: LUI-Zs-0221-1979_42, © Picture Press
S. 84: LUI-Zs-0049-1978_09, o.A.
S. 85: LUI-Zs-0085-1981_10, © Szene Hamburg
S. 86: LUI-Zs-0042-1981_11, o.A.
S. 87: o.A.
S. 88: LUI-Zs-0254-1982_04, © Dr. Johannes Hans A. Nikel
S. 89: LUI-Zs-0081-1983_29, © Marc Haug
S. 90: LUI-Zs-0429-1984_05, o.A.
S. 91: LUI-Zs-0017-1986_239, o.A.
S. 92: LUI-Zs-0003-1987_10, o.A.
S. 93: LUI-Zs-0044-1991_02, © Trotzdem Verlagsgenossenschaft
S. 96: LUI-Zs-0254-1976_07, © Dr. Johannes Hans A. Nikel
S. 97: LUI-Zs-0020-1989_11, © Verlag Titanic Magazin
S. 98: LUI-Zs-0219-1989_51, © SPIEGEL-Verlag Rudolf Augstein GmbH & Co. KG
S. 99: LUI-Zs-0003-1990_05, o.A.
S. 100: LUI-Zs-0184-1990_11, o.A.
S. 101: © Achim Deimling-Ostrinsky
S. 102: LUI-Zs-0402-1991_11, o.A.
S. 103: LUI-Zs-0016-1992_21, o.A.
S. 106: LUI-Zs-0064-1988_12, o.A.
S. 107: LUI-Zs-0001-1992_03, © Schädelspalter Hannovers Stadtillustrierte
S. 108: LUI-Zs-0219-1996_01, © SPIEGEL-Verlag Rudolf Augstein GmbH & Co. KG
S. 110: © Wislaw Smetek, Verlag Ringier
S. 111: LUI-Zs-0127-2011_11, © Jonnie Craig
S. 114: o.A.
S. 115 : Abb. 1, 2 : o.A.
S. 115: © EMMA
S. 116: © EMMA
S. 117: o.A.
S. 118: o.A.
S. 119: Abb. 1: o.A.
S. 119: Abb. 2: © Picture Press
S. 119: Abb. 3, 4: © Dr. Johannes Hans A. Nikel
S. 120: © Dr. Johannes Hans A. Nikel
S. 121, S. 124: o.A.
S. 123: Abb. 1, 2: © Schädelspalter Hannovers Stadtillustrierte
S. 123: Abb. 3: o.A.
S. 123: Abb. 4: © Picture Press
S. 127: © Hanna Gabriela Diedrichs gen. Thormann

Konrad Dussel
Abb. 1–6: © Axel Springer Verlag

Peter Hanisch
Abb. 1–5: o.A.
Abb. 6: o.A.

Joachim Sieber
Abb. 1–7: Abgeltung bei ProLitteris
Abb. 9, 16–17: © 2013 werk, bauen + wohnen, Repros: Swiss electronic academic library service, ETH-Bibliothek Zürich
Abb. 10: © 2013 visarte, Repros: Schweizer Nationalbibliothek (SNB), Bern
Abb. 11: Repro: Joachim Sieber, Original zur Verfügung gestellt von der Bibliothek des Zentrums für Fotografie Winterthur
Abb. 12, 13: © Werkbundarchiv – Museum der Dinge, Repros: Werkbundarchivs, Berlin
Abb. 14, 15: © bpk - Bildagentur für Kunst, Kultur und Geschichte 2013, Repros: Staatsbibliothek zu Berlin
Abb. 18: © foto binia bill, copyright max, binia + jakob bill stiftung /ProLitteris, Zürich.
Abb. 19: Repro: Staatsbibliothek Moskau, Grafisches Department,Moskau
Abb. 20: Aus: Anton Holzer, „Fotografisches Feuilleton. Der Sonntag"

Patrick Rössler
Abb. 1: © Willi Baumeister: VG Bild-Kunst
Abb. 2–11: o.A.
Abb. 12: © Axel Springer Verlag

Anne Ulrich
Abb. 1, 3: o.A.
Abb. 2: o.A.
Abb. 4–8: © Axel Springer Verlag
Abb. 9: o.A.

Franz-Hubert Robling
Abb. 1–4: © SPIEGEL-Verlag Rudolf Augstein GmbH & Co. KG

Silke Fürst:
Abb. 1–3: © SPIEGEL-Verlag Rudolf Augstein GmbH & Co. KG

Sabine Brem und Thomas Thiemeyer:
Abb. 1–6: Ludwig-Uhland-Institut für Empirische Kulturwissenschaft

Frederik Efferenn und Frank Duerr:
Abb. 1: Aufmacher-Team
Abb. 2: Fabian Halm
Abb. 3: Frank Duerr
Abb. 4–6: Aufmacher-Team
Abb. 7: Frank Duerr
Abb. 8–11: © Hanna Gabriela Diedrichs gen. Thormann

S. 243, 264–269: © Hanna Gabriela Diedrichs gen. Thormann

# AUTOREN

Sabine Brem, studentische Mitarbeiterin am Museum der Universität Tübingen MUT und Studentin der Empirischen Kulturwissenschaft an der Universität Tübingen

Frank Duerr, Wissenschaftlicher Mitarbeiter am Museum der Universität Tübingen MUT, Lehrbeauftragter und Doktorand der Allgemeinen Rhetorik.

Prof. Dr. Konrad Dussel, Professor für Neuere und Neueste Geschichte der Universität Mannheim

Frederik Efferenn, Student der Empirischen Kulturwissenschaft an der Universität Tübingen

Prof. Dr. Bernd Engler, Rektor der Eberhard Karls Universität Tübingen

Dr. Silke Fürst, Wissenschaftliche Mitarbeiterin am Department für Medien- und Kommunikationswissenschaft der Université du Fribourg

Peter Hanisch, Doktorand der mittelalterlichen und modernen Sprachen an der Universität Oxford

Dr. Franz-Hubert Robling, Dozent am Seminar für Allgemeine Rhetorik der Universität Tübingen

Prof. Dr. Patrick Rössler, Professor für Kommunikationswissenschaft der Universität Erfurt

Prof. Dr. Ernst Seidl, Leiter des Museums der Universität Tübingen MUT

Joachim Sieber, Wissenschaftlicher Mitarbeiter am Lehrstuhl Geschichte der bildenden Kunst

Prof. Dr. Thomas Thiemeyer, Juniorprofessor am Ludwig-Uhland-Institut für Empirische Kulturwissenschaft

Dr. Anne Ulrich, Akademische Rätin am Institut für Allgemeine Rhetorik der Universität Tübingen

# DANK

Jens Albus, Kreissparkasse Tübingen
Udo Andraschke, Zentralkustos Universität Erlangen-Nürnberg
Fred Arndt, Universitätsbund Tübingen e.V.
Dr. Philipp Aumann, Historisch-technisches Museum Peenemünde
Florian Martin Barth, Blumen Florian Tübingen
Prof. em. Dr. Hermann Bausinger, Ludwig-Uhland-Institut für Empirische Kulturwissenschaft
Bavaria Film
Thomas Beck, Freie Universität Berlin
Janek Bettinger, Webdesign Bettinger
Dieter Betz, Arsenal Kinobetriebe Stefan Paul KG
Dr. Edgar Bierende, Museum der Universität Tübingen MUT
Alexandru Bogorin, Blended Library Project, Tübingen
Christian Bornefeld, Museum der Universität Tübingen MUT
Sabine Brem, Museum der Universität Tübingen MUT
BuchVerlag für die Frau GmbH
Bundesministerium für Bildung und Forschung
Eva Maria Burk
Campus TV, Tübingen
Cicero – Magazin für politische Kultur
Jonnie Craig
Achim Deimling-Ostrinsky
Katharina Krämer
Elisabeth Gedigk
Deutsches Sport & Olympia Museum
DIE ZEIT
Rahel Dippert, Restauration und Bücherwerkstatt der Universitätsbibliothek Tübingen
Dr. Mathias Döpfner, Axel Springer Verlag, Berlin
DuMont Content Center
Waldemar Dürr, EtiTech Metzingen
Prof. Dr. Konrad Dussel, Historisches Institut Universität Mannheim
EDEKA ZENTRALE AG & Co. KG
EMMA
Marc Engenhart, Engenhart * Bureau for design, visual and verbal communication
Prof. Dr. Bernd Engler, Rektor der Eberhard Karls Universität Tübingen
Stephanie Fischer, Bayerische Staatsbibliothek
Silke Fürst, Université du Fribourg
Kurt Glank, Scriptum Tübingen
Dipl.-Designer Marko Goller
Prof. Dr. Elke Greifeneder, Royal School of Library and Information Science Kopenhagen
Gruner+Jahr AG & Co. KG
Peter Gulde, Gulde Druck GmbH & Co. KG
Heike Haftstein, Ritter Sport Waldenbuch
Peter Hanisch, Universität Oxford

Oliver Häußler, Campus TV Tübingen
Herzogin Anna Amalie Bibliothek Weimar
Dr. Thomas Hirthe, hirthe_SERVICES Agentur für Kultur & Text
Angela Hölzer, Stadtwerke Tübingen swt
Nicole Hoppe, Studierendenwerk Tübingen – Hohenheim
Dr. Gesa Ingendahl, Ludwig-Uhland-Institut für Empirische Kulturwissenschaft
Gesa Kannenberg, Stadtwerke Tübingen
Jens Kenserski, Geschäftsführer pulsmacher GmbH Stuttgart
André Klemke, Leibniz-Institut für Wissensmedien, Tübingen
Prof. Dr. Gudrun M. König, TU Dortmund
Ursula Konnertz, Career Service der Universität Tübingen
Dr. Matthias Kramer, Innovation Consultant mantro.net München
Dr. Birgit Krämer, Kommunikation und Marketing, Stadtwerke Tübingen GmbH
Oliver und Jana Kulpanek, Esslingen
Volker Lamm, Vereinigte Lichtspiele GmbH & Co. KG
Heinz Lackner, Penthouse, Wien
Valentin Marquardt, valentin marquardt photography
Ministerium für Wissenschaft, Forschung und Kunst Baden-Württemberg, Stuttgart
Alexander Minx, Geschäftsführer space4 Stuttgart
Peter Moos, Museum der Universität Tübingen MUT
Dr. Ulrike Mönnich-Lux, Hochschulkommunikation
Christine Nawa, Museum der Universität Tübingen MUT
Dr. Horst Neisser, Bibliotheksdirektor a.D.
NEON Magazin
Corinna Notter, Ordnung und Gewerbe, Universitätsstadt Tübingen
Dr. Uwe Oestermeier, Leibniz-Institut für Wissensmedien, Tübingen
Olympia-Verlag GmbH
Gabriela Parditka, Blended Library Project, Tübingen
Markus Passera, Projektleiter Jangled Nerves, Stuttgart
Picture Press Bild- und Textagentur GmbH
Maximilian von Platen, Hochschulkommunikation
Stephan Potengowski, Formgebung, Kirchentellinsfurt
Pustefix
Julia Reuter, Tübingen
RitterSport, Waldenbuch
Habil. D. R. Dr. Franz-Hubert Robling, Seminar für Allgemeine Rhetorik, Tübingen
Prof. Dr. Patrick Rössler, Universität Erfurt
Martin Rottach, Tübingen
SCHÄDELSPALTER Hannovers Stadtillustrierte
Sabrina Schatz, Esslingen
Manuel Schreibmüller, Clever Fit Tübingen
Sigrid Schumacher, Museum der Universität Tübingen MUT
Prof. Dr. Stephan Schwan, Leibniz-Institut für Wissensmedien Tübingen
Schweizerische Nationalbibliothek
Joachim Sieber, Institut für Kunstgeschichte Universität Zürich
SLUB Dresden
SPIEGEL-Verlag Rudolf Augstein GmbH & Co. KG

SPLIT
Axel Springer Syndication GmbH
Stadtarchiv Leipzig
Stadtbücherei Tübingen
Stadtverwaltung Chemnitz
Stiftung F.C. Gundlach
SZENE HAMBURG
Prof. Dr. Thomas Thiemeyer, Ludwig-Uhland-Institut für Empirische Kulturwissenschaft
TITANIC Magazin
Trotzdem Verlagsgenossenschaft eG
Ullstein Buchverlage GmbH
Dr. Anne Ulrich, Allgemeine Rhetorik der Universität Tübingen
Universitätsbibliothek Heidelberg
Universitätsradio Tübingen
VG Bild-Kunst
Verlag für Filmschriften
Verlagsgruppe Patmos
Dr. Thomas von Schell, Career Service Universität Tübingen
Jonathan Walter
Prof. em. Bernd-Jürgen Warneken, Ludwig-Uhland-Institut für Empirische Kulturwissenschaft
Widolf Wedlich, Tübingen
Dorothea Werner, Stadtbibliothek Reutlingen
Sandra Wessner, Kreisparkasse Tübingen
Wohnheim Münzgasse, Tübingen
Wüste Welle Tübingen

Ein großes Dankeschön geht auch an alle Schauspieler und Statisten des Kinotrailers, an alle Hausmeister, Techniker, Helfer, Freunde, Gönner, Besucher, Ratgeber, Unterstützer, Kooperationspartner, Familienmitglieder, Verlage, Sekretärinnen und Sekretäre sowie alle anderen Ansprechpartner sämtlicher Institute und Unternehmen, die dieses Projekt begleiteten.

# FÖRDERER

Baden-Württemberg
MINISTERIUM FÜR WISSENSCHAFT, FORSCHUNG UND KUNST

Universitätsbund
Tübingen e. V.

Ritter SPORT

Verein der Freunde
des Museums Schloss
Hohentübingen

STUDIERENDENWERK
Tübingen - Hohenheim

clever fit TÜBINGEN

Kreissparkasse Tübingen

EtiTech
Druck- und Etikettiersysteme

Scriptum

swt
Stadtwerke Tübingen

# AUFMACHER-TEAM

Leitung: Frank Duerr und Frederik Efferenn

Events: Katharina Palmer (Teamleiterin), Michaela Gfrörer, Natalie Clauss, Christine Handke (v. li. n. re.), Jochen Schlotterbeck (nicht im Bild)

Ausstellungsgestaltung: Nicolas Dittgen (Teamleiter), Julia Biel, Laura Koch, Trixi-Sophia Schmidtchen, Iris Schüz

Strategie und Finanzen: Laura Daubner (Teamleiterin), Mareike Lyssy, Sophie Reinbold, Corinna Mevißen, Pia Snella, Saskia Koch, Judith Wilking

Presse und Werbung: Johanna Katharina Herrmann (Teamleiterin), Luise Böhm, Fabian Halm, Greta Lang, Laura Schena, Carmen Buschhardt

Konzept und Sammlungsgeschichte: Gaia Englert (Teamleiterin), Ricarda Wolf, Florian Schwarz, Bernhard Eisel, Christian Wörner, Svenja Heißner (nicht im Bild)

Audiovisuelle Medien und Interviews: Anna Juana Cairoli Torres, Johann Luketscha, Laura Walter, Karina Dipold, Lorena Pistone Nascone (nicht im Bild), Sebastian Seefeldt (Teamleiter, nicht im Bild)

Redaktion und Publikationsgestaltung: Natalie Pembe Savas (Teamleiterin), Angela Krengel, Marvin Gedigk, Sarah Hergöth, Andreea-Loredana Minca

Corporate Design und Gestaltung: Hanna Gabriela Diedrichs gen. Thormann (Teamleiterin), Tanja Brodbeck, Burcin Sökücü, Lara Büchel, Christina-Maria Karvela, Astrid Rilling

# IMPRESSUM

AUFMACHER. TITELSTORYS DEUTSCHER ZEITSCHRIFTEN
(Schriften des Museums der Universität Tübingen MUT, hg. von B. Engler und E. Seidl, Band 5)

Diese Publikation erscheint anlässlich der gleichnamigen Ausstellung
im Schloss Hohentübingen (13. Juli bis 28. September 2014)

Herausgeber
Frank Duerr, Ernst Seidl

Gestaltung
Marvin Gedigk, Frank Duerr

Schriften
Neo Tech Pro, Zwo OT

Papier
LuxoArt Samt

Druck
Gulde Druck, Tübingen



Museum der Universität Tübingen MUT
Schulberg 2
72070 Tübingen

www.unimuseum.de
ISBN: 978-3-9812736-8-7